Was ist gerecht?

Was ist gerecht?

Die Welt ist ungerecht! Dass die Welt, dass das Leben durch die Durchsetzung der Gerechtigkeit besser werden müsse, bildet die grundlegende Übereinkunft aller modernen Gesellschaften. Aber nicht von ungefähr heißt es bei Friedrich von Schiller:

„Der Schein regiert die Welt und die Gerechtigkeit ist nur auf der Bühne."

Wer gesellschaftliche Gegebenheiten als ungerecht kritisiert, macht zwei Voraussetzungen: Die Gegebenheiten lassen sich nach einem einheitlichen moralischen Gerechtigkeitsmaßstab beurteilen, und sie lassen sich nach Maßgabe der moralischen Bewertung verändern. Für Werturteile, so Eckart Liebau unter dem Titel *Lob der Ungerechtigkeit*, gibt es aber bekanntlich keine allgemein gültigen Wahrheitsmaßstäbe. Gerechtigkeit wird dementsprechend vor dem Hintergrund kultureller und religiöser Differenzen höchst unterschiedlich verstanden. Werturteile, wie ethisch, religiös, rechtlich oder auch bloß gewohnheitsgemäß festgeschrieben sie sein mögen, bleiben immer im Bereich der Optionen, das heißt man kann sie akzeptieren oder ablehnen. Dass aber die Welt und das Leben in weiten Teilen ethischen Beurteilungen nicht zugänglich, dass sie mit Fragen der Gerechtigkeit nicht zu beschreiben oder zu beurteilen sind, sondern auf Differenz und Zufall basieren, ist kein Grund zur Klage, so Liebau, sondern ein Grund zur Freude: Unterschiede machen den Reichtum der Welt und des Lebens aus. Es gibt keine Gerechtigkeit bei der Verteilung der Anlagen und bei der primären Platzierung in der Welt – Kinder können sich ihre Eltern nicht aussuchen, und:

„Es gibt auch keine Gerechtigkeit in der Liebe."

Auch Stefan Gosepath zufolge treibt uns immer noch der Gedanke um, moralisch wertvolle Anstrengungen würden im Laufe der Zeit belohnt und moralisch schlechte Taten oder Personen bestraft. Als gerecht oder ungerecht aber könne nur gelten, was in der Verantwortung der betreffenden Menschen liege. Das Wetter, Naturkatastrophen, Krankheiten und so weiter können selbst nicht gerecht oder ungerecht sein. Auch wenn man nicht mehr an die Gerechtigkeit der Götter glaubt, so schreibt er unter dem Titel *Sind die Götter gerecht?*, bleibt die Frage nach dem Schicksal bestehen. Die Idee der Gerechtigkeit stellt an uns den Anspruch, das Schicksal auszugleichen, soweit es in unser Macht steht und gerechterweise von uns erwartet werden kann. Da wir das Schicksal jedoch nie ganz ausgleichen können, so Gosepath, wird der Umgang mit dem „Geschickten" zu einer persönlichen Haltung.

Während im Mittelalter das Walten des Schicksals als Ausfluss des gerechten göttlichen Willens hingenommen wurde, erachtete es schon Platon als ein Widerfahrnis, das nicht erduldet werden muss, sondern gestaltet werden kann. Für Platon ist Gerechtigkeit keine moralische Qualität einer Handlung, sondern der ideale harmonische Zustand der Seele. „‚Gerecht' ist der Mensch, bei dem jeder Seelenteil ‚das Seine tut', der folglich weder von inneren Konflikten zerrissen noch darauf aus ist, seinen Nachbarn zu schädigen", schreibt Thomas A. Szlezák im Portrait. Das gute Funktionieren des Staats wird für Platon dadurch garantiert, dass jeder in ihm das tut, was er auf Grund seiner natürlichen Anlagen am besten kann. Jeder übe daher nur die Funktion aus, die ihm seine Natur nahe legt und die ihm daher „zukommt" – kurz gesagt: Jeder „tue das Seine".

Entsprechend ist für Aristoteles der Gerechte derjenige, der maßvoll genau das will, was ihm zusteht. Als gerecht gilt ihm, „was in der politischen Gemeinschaft die Glückseligkeit und deren Teile hervorbringt und bewahrt"; aber: Das Gerechte „muss für alle etwas Gleiches sein". Gerechtigkeit ist für Aristoteles vor allem eine Tugend, die sich in der Praxis, als gerechtes Tun, selbst zu bewähren hat. „Wir werden gerecht, indem wir gerecht handeln", zitiert Ralf Elm in seinem Beitrag *Gerechtigkeit inmitten des Lebens* aus Aristoteles' *Nikomachischer Ethik*. Da das Recht seiner Natur nach nicht alle Einzelfälle berücksichtigen kann, muss das Gesetz, so Aristoteles, nach Maßgabe der Billigkeit, zu der das zur Sittlichkeit erziehende Gesetz die Menschen befähigt, immer wieder neu justiert werden.

Zur Würde und zum Leben in der Freiheit gehört die immer während Reparatur von Gerechtigkeitslücken, so resümiert im Interview auch der vormalige Bundesbeauftragte für die Unterlagen des Staatssicherheitsdiensts der ehemaligen DDR, Joachim Gauck. Aber nicht nur das Gesetz, sondern auch

„Die Idee der Gerechtigkeit muss immer wieder auf den Prüfstand."

Bärbel Bohleys Seufzer „Wir wollten Gerechtigkeit und haben den Rechtsstaat bekommen" hält er entgegen, dass Richter nicht Verteidiger der Gerechtigkeit, sondern Ingenieure des Rechtsstaats seien, die nicht

Normen schaffen, sondern deren Einhaltung überwachen und sanktionieren. Gleichwohl, so Gauck, darf das Recht nicht völlig abgehoben von der Idee der Gerechtigkeit sein, sonst gäbe es keine Möglichkeit, es zu kritisieren und zu verändern: „Die Rechtsordnungen der Völker müssen Bestand haben vor der Idee der Gerechtigkeit." Die Frage nach der Gerechtigkeit entscheidet sich für ihn nicht anhand der Verteilung von Gütern, sondern vielmehr in der Frage nach der Teilhabe an der Gestaltung der öffentlichen Angelegenheiten der Gesellschaft.

In der Auseinandersetzung mit der Gerechtigkeitstheorie von John Rawls kommt auch Wolfgang Kersting zu dem Schluss, dass eine vollständige Gerechtigkeitstheorie sich nicht auf die Lösung der Verteilungsprobleme der Wirtschaftsgesellschaft beschränken könne. Eine vollständige Theorie der Gerechtigkeit, so schreibt er unter dem Titel *Vertrag und Gerechtigkeit*, „muss auch weiterreichende Gerechtigkeitsprinzipien für eine Solidargemeinschaft entwickeln".

Dass ideologische und religiöse Gemeinschaften bestrebt sind, ihre Gerechtigkeitsvorstellungen weltweit nicht nur mit anderen, sondern auch gegen andere durchzusetzen, ist eine Erfahrung nicht erst seit den Zeiten der Globalisierung.

Der Streit geht um das „richtige" Verständnis von Gerechtigkeit; er ist nach wie vor tödlich.

Dementsprechend stellt Georg Meggle in seinem Beitrag *Gerechter Terror?* die Frage nach dem gerechten, moralisch rechtfertigbaren Einsatz von Gewalt. Zweifelsohne sei Gewalt nicht schön, aber manchmal notwendig: „Notwendig zum Beispiel, um das eigene Leben zu retten; notwendig manchmal zur Rettung des Lebens anderer. In Notwehr ist Gewaltanwendung erlaubt; bei Nothilfe mitunter sogar moralisch geboten." Logisch sei es nicht zu rechtfertigen, Gewalt einerseits eingeschränkt zu billigen, terroristische Akte andererseits uneingeschränkt zu verurteilen, zumal auch Staaten und Staatenverbünde terroristische Akte begehen können. Aber kann auch Terrorismus gerecht, unter Umständen gar moralisch geboten sein? Verneinen lässt sich diese Frage nur dann, so Meggle, wenn man die Kriege in Afghanistan, im Kosovo, im Irak sowie Sharons Anti-Palästina-„Krieg" als Verbrechen gegen die Menschlichkeit erachtet.

Um zu verhindern, dass das zwingende Recht allein von den Interessen der Mächtigen oder den Moden der Zeit diktiert wird, suchten viele Philosophen die Natur des wahren und gerechten Rechts zu ermitteln, das heißt für das Recht einen gerechten Maßstab und eine sittliche Orientierung zu finden. Für Claus Dierksmeier ist die Rede von der gemeinsamen menschlichen Natur kein Traum wirklichkeitsfremder Denker. Angesichts der Tatsache, dass viele Rechtstheorien kläglich versagen, wenn es darum geht, die Rechte derjenigen zu verteidigen, die sich nicht selbst vertreten können, gewinnt das von Immanuel Kant begonnene und von Karl Christian Friedrich Krause ausgeführte Projekt eines Naturrechts der Freiheit für ihn ungeheure Aktualität. Unter dem Titel *Naturrecht – das gerechtere Recht?* stellt er heraus, dass ein Recht, welches der menschlichen Natur gerecht wird, auch die ganz konkreten Bedingungen gelebter Freiheit mit einschließen muss: „Nicht, dass man dieser oder jener Mensch ist, sondern dass man überhaupt eine Person darstellt, macht den Grund aus, warum jemandem hier und jetzt Recht zuzuerkennen ist."

Dem stellt Werner Zips im Beitrag *Die Gerechtigkeit des Stachelschweins* mit dem kommunikativen Modell von Gerechtigkeit der Maroons auf Jamaika und der Asante in Afrika einen relativen Begriff von Gerechtigkeit entgegen: „Anstatt auf einen absoluten, gottgewollten und vorausgesetzten (unüberprüfbaren) Gehalt abzustellen", sollen rechtliche und politische Prozesse dahingehend hinterfragt werden, „in welchem Ausmaß sie einer rationalen Verhandlungslösung offen standen". Grundvoraussetzung für eine von allen Beteiligten anerkannte und daher legitime soziale Ordnung ist für ihn ein Konsens, der mittels kritisierbarer und rational diskutierter Geltungsansprüche kommunikativ hergestellt wurde.

Eine der Formen der Gerechtigkeit im Staat, so Georg Wilhelm Friedrich Hegel, ist die Strafe. Wird der Mensch als freies, vernunftbegabtes und zur Realisierung der Moral bestimmtes Subjekt verstanden, wäre es geradezu eine Missachtung der Menschenwürde des Straftäters, würde man ihn nicht bestrafen. In der Strafe, so Hegel, wird „der Verbrecher als Vernünftiges geehrt", und Johann Gottlieb Fichte erachtet es „als ein sehr nützliches und wichtiges Recht des Bürgers abgestraft zu werden". Weitgehend Einigkeit herrscht, so Hans-Joachim Pieper im Beitrag *Die gerechte Strafe*, dass man die Strafe als Mittel des Rechts strikt von der bloßen Vergeltung unterscheiden muss. Zu beachten gilt es jedoch, so Seneca: „Kein kluger Mensch straft, weil gefehlt worden ist, sondern damit nicht gefehlt werde." Pieper kommt zu dem Schluss: Eine Faustregel für das gerechte Strafmaß gibt es nicht. Für die Gerechtigkeit gibt es kein Rezept: Es gilt, sie immer wieder neu zu erringen.

Zu fragen bleibt, ob die Klage über die Ungerechtigkeit der Welt ebenso wie der Wunsch nach absoluter Gerechtigkeit letztlich nicht die Sehnsucht nach dem verloren geglaubten Paradies enthalten – oder ob es sich nicht so verhält, wie Ludwig Marcuse schrieb:

„Gepriesen sei der Zufall. Er ist wenigstens nicht ungerecht."

S. Reusch

Siegfried Reusch
Chefredakteur

Eckart Liebau

Lob der Ungerechtigkeit

Dass die Welt, dass das Leben ungerecht ist, lautet eine verbreitete Klage. Fatalismus und Fundamentalismus bilden die Extreme, zwischen denen sich die Haltungen bewegen: Man könne nichts machen und müsse sich in sein Schicksal fügen! Man müsse allüberall für die Durchsetzung der einen, der wahren Gerechtigkeit kämpfen! Die Klage aber bleibt allen gemeinsam, Ungerechtigkeit gilt als schlecht. Dass die Welt, dass das Leben durch die Durchsetzung der Gerechtigkeit besser werden müsse, bildet die grundlegende Übereinkunft aller modernen Gesellschaften. Der Streit geht um das „richtige" Verständnis von Gerechtigkeit; er ist nach wie vor tödlich.

Leben gibt es um des Lebens willen.

In den westlich-modernen Gesellschaften, die Fatalismus und Fundamentalismus ablehnen, aber dennoch auf die Durchsetzung von Gerechtigkeit setzen, hat Ethik Konjunktur: Wirtschaftsethik, Sozialethik, Medizinethik, Bioethik, Forschungsethik... Die Welt, das Leben soll gerecht(er) werden. Dafür sollen Werte und Normen geklärt, Konflikte gelöst, Rechtfertigungen beschafft werden. Im Hintergrund warten meistens rechtliche Fragen der Lebenspraxis: Wer darf was wann

Es gibt keine Gerechtigkeit in der Liebe.

wo wie und mit welchen Gründen tun? Wer haftet für was wann wo wie und mit welchen Gründen? Wer übernimmt Verantwortung, und wer ist verantwortlich zu machen? Dass es dabei nicht um technische Verfahrensregelungen, sondern um ethisch relevante Fragen geht, resultiert aus dem Gerechtigkeitsanspruch, der, wie gebrochen und verkümmert auch immer, hinter allen rechtlichen Regelungen liegt: dass Recht irgendwie auf Gerechtigkeit gründen solle, bildet, allen systemtheoretisch-technologischen Perspektiven (siehe Erläuterung) zum Trotz, nach wie vor die entscheidende

Der Mensch ist das einzige zur Ethik fähige Tier.

Voraussetzung aller rechtsstaatlichen Ordnung. Dass die Welt, dass das Leben ungerecht ist, darf nicht freuen, nicht bejubelt werden. Aber: Ist denn die Welt, ist denn das Leben ungerecht? Und wenn das der Fall sein sollte: Muss man das negativ bewerten?

Ob die Welt, das Leben ungerecht ist, lässt sich, wie uns Max Weber gelehrt hat, mit rein wissenschaftlichen Mitteln nicht entscheiden. Wissenschaftlich erfahren können wir nur, ob sie – und von wem, in welcher Hinsicht und aus welchen Gründen – für ungerecht gehalten wird. Die Zuschreibung von Gerechtigkeit zu welchen Verhältnissen auch immer basiert auf Werturteilen, nicht auf Erkenntnis allein. Für Werturteile gibt es aber bekanntlich keine Wahrheitsmaßstäbe; sie beziehen sich auf Fragen der Richtigkeit des Handelns, nicht auf Fragen der Wahrheit der Erkenntnis. Werturteile, wie ethisch, religiös, rechtlich oder auch bloß gewohnheitsgemäß festgeschrieben sie sein mögen, bleiben daher immer im Bereich der Optionen, das heißt man kann sie akzeptieren oder ablehnen. Daher können praktische, also ethische Fragen prinzipiell wissenschaftlich nicht entschieden werden; mit wissenschaftlichen Mitteln ist es lediglich möglich, ihre Voraussetzungen und gegebenenfalls ihre Folgen zu klären.

Politisches, pädagogisches, medizinisches, rechtliches, alltägliches Handeln ist nicht technologisch steuer- und regulierbar. Niklas Luhmann hat das als Technologie-Defizit bezeichnet. Aber diese Bezeichnung führt vollständig in die Irre, weil diese Handlungsformen prinzipiell durch wertgestützte Entscheidungen und Routinen reguliert werden, nicht durch Technologien. Was bleibt, ist der Glaube an Maßstäbe für richtiges Handeln. Solcher Glaube liegt allen praktischen Handlungsformen zu Grunde: Sie sind sinn- und nicht technologiereguliert. Also kommt es auf den Sinn und das sich in den praktischen Handlungen und Haltungen manifestierende Sinnverständnis an.

Allen politischen Deklarationen mit Weltanspruch (Menschenrechte, Kinderrechte, Patientenrechte...) zum Trotz gibt es aber in dieser Hinsicht keinen Konsens. Die Maßstäbe bleiben verschieden. Gerechtigkeit wird vor dem Hintergrund kultureller und religiöser Differenzen höchst unterschiedlich verstanden. Als Kinder der antiken, der jüdisch-christlichen und der Aufklärungstradition glauben wir als eingeborene Westler an die universale Geltung der Menschenrechte und an die Notwendigkeit ihrer universellen Durchsetzung, und wir halten entsprechende Bemühungen, so sie denn die Bedingungen des kategorischen Impe-

der blaue reiter

rativs (siehe Erläuterung) beherzigen, nicht nur für legitim, sondern für notwendig. Wir können Gerechtigkeitsvorstellungen nicht anerkennen, die den in unserer Tradition formulierten Menschenrechten als Ausdruck der Menschenwürde entgegenstehen. Wenn wir Gerechtigkeit in Verbindung mit Freiheit als obersten Wert setzen und die Welt und das Leben an diesem Maßstab messen, erscheinen die Welt und das Leben als zutiefst ungerecht. Es ist dann unsere Pflicht, für die Gerechtigkeit einzutreten. Dementsprechend unterscheiden sich die modernen abendländisch-westlichen Gerechtigkeitskonzeptionen zwar erheblich in ihren Begründungen; es liegen beispielsweise Welten

> **Schön ist das Leben, das sich selbst erhalten kann und erhält.**

zwischen der liberalen Konstruktion eines John Rawls und der katholischen Soziallehre. Aber die Konsequenz ist identisch: Die Konzeption soll praktisch umgesetzt werden. Das führt trotz aller Toleranzbeteuerungen zu Mission und damit zu Konflikt. Denn nach unseren Maßstäben ist die Welt, ist das Leben ungerecht eingerichtet. Wir halten das für schlecht. Wir wollen unsere Gerechtigkeitsvorstellung weltweit nicht nur mit anderen, sondern auch gegen andere durchsetzen. Es führt kein ethischer Ausweg aus diesem Widerspruch.

Ästhetik vor Ethik

Der Mensch ist das einzige zur Ethik fähige Tier. Die belebte außermenschliche Natur ist bekanntlich ethisch neutral. Die Evolution (siehe Erläuterung) ist keine ethische Veranstaltung. Sie enthält zwar mit der Möglichkeit des Menschen auch die Möglichkeit der Ethik. Aber die Grundlage allen Lebens ist das Interesse am Leben selbst, das Interesse am Überleben. Wie immer man die Evolution interpretiert – ob, wie zur Zeit in naturwissenschaftlich orientierten Theorien besonders beliebt, als quasi zweckrationale ökonomische Veranstaltung oder, wie in manchen romantischen und spätromantischen Vorstellungen, als ästhetische Verschwendung der Fülle der Möglichkeiten –,

> Die **Systemtheorie** ist eine formale Theorie, die komplexe Systeme aus unterschiedlichsten Bereichen (Gesellschaft, Natur, Technik) mit einheitlichen Begriffen zu untersuchen versucht. Nach dieser Theorie grenzen sich Systeme gegenüber ihren Umwelten ab; sie haben eine Tendenz zur Selbsterhaltung und ihr Verhalten kann nur als Ganzes verstanden werden. Niklas Luhmann hat entscheidend zur aktuellen Version dieses Ansatzes beigetragen.

> **Kategorischer Imperativ:**
> Unbedingt gültiges Pflichtgebot. Kategorischer Imperativ nach Kant: „Handle nur nach derjenigen Maxime, durch die du zugleich wollen kannst, daß sie ein allgemeines Gesetz werde." (Kant, Immanuel: Grundlegung zur Metaphysik der Sitten. BA 52)

bildet dies den gemeinsamen theoretischen Kern: Leben gibt es um des Lebens willen, und es will sich reproduzieren. Dabei können auch allerlei Änderungen geschehen, die sich mal durchsetzen, mal nicht; das hängt von den Bedingungen ab. Mit Fragen der Gerechtigkeit hat das nichts zu tun. Wenn man das Interesse am Leben überhaupt im Rahmen der klassischen philosophischen Disziplinen interpretieren kann, dann eher im Rahmen der Ästhetik als der Ethik. Denn das Interesse am Leben lässt sich im Kern verstehen als Interesse am Wohlbefinden, das mit einer optimalen Anpassung der Überlebensinteressen an die äußeren Lebensbedingungen erreicht wird. Man kann diesen Zustand als Anpassung (Charles Robert Darwin), als Ausgleich (Jean Piaget), als Gesundheit (Weltgesundheitsorganisation) oder auch als Glück deuten: Schön ist das Leben, das sich selbst erhalten kann und erhält. Das gilt auch für den Menschen. Das grundlegende Interesse des Menschen als Individuum wie als Gattungswesen liegt also, philosophisch gesehen, im ästhetischen Bereich.

> **„Geschmack klassifiziert – nicht zuletzt den, der die Klassifikationen vornimmt."** Pierre Bourdieu

Die Unterscheidungen zwischen dem Angenehmen und dem Unangenehmen, dem Schönen und dem Hässlichen gehen der Unterscheidung zwischen gut und böse, zwischen gerecht und ungerecht allemal voraus; sie bilden die Grundlage aller späteren Unterscheidungen. In Kants Anthropologie (Lehre vom Menschen) wird als Resultat des Vernunft-, Fortschritts- und Gerechtigkeitsglaubens der Aufklärung die Sinnlichkeit mit den an sie gebundenen Interessen am Wohlbefinden als unteres Erkenntnisvermögen vom Verstand als oberem Erkenntnisvermögen geschieden; sie wird damit im Namen der ethischen Pflichten zugleich radikal abgewertet. Dies stellt eine der zentralen Weichenstellungen dar, die in die modernen ethischen Widersprüchlichkeiten geführt haben. Dass diese Anthropologie einschließlich der zugehörigen Pädagogik zugleich eine hohe strukturelle Ähnlichkeit mit Konzepten einer streng gewissensorientierten Innerlichkeit aufweist, ist wenig überraschend. Sie ist verbunden mit einer Entkoppelung der Ästhetik von der Sinnlichkeit und damit den praktischen Lebensinteressen der Menschen: Die Beschränkung der

Ästhetik auf ein (angeblich) „interesseloses Wohlgefal-
len" bildet die Grundlage der Abtrennung der Sphäre
des Schönen von der alltäglichen Lebenspraxis und ihrer Isolation in einem vorgeblich autonomen Raum
der Kunst. Trotz zahlreicher Gegenbewegungen auch
in der Kunst selbst (zum Beispiel Arts-and-Crafts-Be-
wegung, Kulturkritik, Bauhaus) hat sich die hier ange-
legte Vorstellung der Unabhängigkeit und Selbstständigkeit erhalten; als verfassungsrechtlich geschützte
Freiheit der Kunst ist sie rechtlich hoch abgesichert.

Entscheidend aber ist, dass im Lebensalltag diese
Trennung nicht nur nicht nachvollzogen wurde, sondern, ganz im Gegenteil, eine immer engere Verknüpfung zwischen den praktischen und den ästhetischen
Lebensinteressen als eine der zentralen Tendenzen der
Moderne feststellbar ist. Dementsprechend eng ist,
worauf Thorstein Veblen und in jüngerer Zeit besonders Pierre Bourdieu hingewiesen haben, die Verknüpfung zwischen sozialer Lage und ästhetischer Orientierung: „Geschmack klassifiziert – nicht zuletzt den, der
die Klassifikationen vornimmt. Die sozialen Subjekte
... unterscheiden sich voneinander durch die Unterschiede, die sie zwischen schön und hässlich, fein und
vulgär machen und in denen sich ihre Position in den
objektiven Klassifizierungen ausdrückt oder verrät."

> **Die Zuschreibung von Gerechtigkeit basiert
> auf Werturteilen, nicht auf Erkenntnis.**

(Bourdieu 1982, Seite 25) Die Ästhetisierung und Sti-
lisierung des Lebens, sei es – traditionell – unter den
Bezeichnungen Geschmack und Geschmacksbildung,
sei es – modern beziehungsweise postmodern – unter
der Bezeichnung Lebensstil, begleitet die moderne
Gesellschaftsentwicklung seit Anbeginn (mit einer
deutlichen Steigerung in den letzten Jahrzehnten). Gesucht wird – vor dem Hintergrund der sozialen Differenzen – das Angenehme und das Schöne, und zwar
aus dem Interesse am Wohlbefinden: Kein Zufall also,
dass dem Leib – und sei es auch in der reduzierten

Form des Körpers – eine so starke neue Aufmerksamkeit gilt. In der Philosophie findet sich dazu neuer-
dings wieder das Stichwort „Lebenskunst" (Wilhelm
Schmid). Dieses Stichwort weist immerhin auf zwei
wichtige Aspekte hin, nämlich auf die Freiheit und auf
die Gestaltungsbedürftigkeit der Lebensführung. Wenn
erlaubt ist, was gefällt, muss dies grundsätzlich für alle
gelten. Da bekanntlich Unterschiedliches gefällt, muss
der Spielraum so groß sein, dass alle gemeinverträgli-
chen Varianten Platz haben. Damit ist freilich die Ethik
wieder im Spiel: Sie muss die Bedingungen klären, unter denen das größte Glück der größten Zahl möglich
ist, ohne dabei definieren zu dürfen, worin dieses
größte Glück jeweils besteht: Wohlbefinden bleibt –
trotz der Definitionen durch die Weltgesundheitsorganisation – subjektiv.

Wenn der Ästhetik der Vorrang gegenüber der Ethik
zukommt, wenn die grundlegenden Interessen von
Menschen als ästhetische bestimmt werden können
und wenn zugleich schon bei den fundamentalen Le-
bensbedürfnissen (Essen, Kleiden, Wohnen, Schlafen,
Zusammenleben) Differenz das entscheidende Kenn-

> **Ob die Welt ungerecht ist, lässt
> sich mit wissenschaftlichen
> Mitteln nicht entscheiden.**

zeichen ist, kommt alles darauf an, sie positiv zu werten und fruchtbar zu machen: die Differenz der Interessen und Orientierungen, der Fähigkeiten, der sozialen Verhältnisse, der Begabungen, der historischen,
sozialen, kulturellen, politischen, ökonomischen, kli-
matischen Kontexte, der Geschlechter, der gesellschaftlichen Sphären Arbeit, Kunst/Kultur, Politik und
Öffentlichkeit, Wissenschaft, Religion, Alltag und Frei-
zeit. Schon diese Differenzen beugen sich ethischen
Vorgaben nicht.

Noch viel weniger beugen sich die zufälligen Ge-
sellschafts- und Lebensereignisse solchen Vorgaben:
In welche historische Zeit, in welchen geografischen
Raum, in welches soziale, kulturelle und familiäre
Umfeld jemand hineingeboren wird, ist, individuell
gesehen, Zufall. Das Gleiche gilt für die genetische
Ausstattung. Es gibt keine Gerechtigkeit bei der Verteilung der Anlagen und bei der primären Platzierung in
der Welt.[1] Eltern können nach dem normalen Gang der
Natur das Kind nicht wählen; die „Ausstattung" des
Kindes ist ihr Schicksal. Umgekehrt gilt das Gleiche:
Das Kind kann seine Eltern nicht wählen; sie sind sein
Schicksal. Es gibt auch keine Gerechtigkeit in der Liebe; die Partnerwahl erfolgt in modernen Gesellschaften als gegenseitige Wahl nach ästhetischen Kriterien
– es geht um das wechselseitige Begehren, darum, ob
man sich gegenseitig gefällt. Und auch die Begegnung,
die zur Elternschaft geführt hat, war, durch welche
Wahrscheinlichkeiten auch immer begünstigt, zentral

9

durch den Zufall mitbestimmt. Zentrale Lebensereignisse, die unsteten Formen des Lebens also: Begegnungen mit Menschen, Dingen, symbolischen Formen, plötzliche Erkenntnis, Einfall, biografische Passagen, Berufsfindung, Familiengründung, Siege, Niederlagen, Krankheit, Tod werden zwar, soweit sie institutionalisiert sind, durch sinngebende Rituale begleitet, aber sie sind nicht ethisierbar.

Dass die Welt und das Leben in weiten Teilen ethischen Beurteilungen nicht zugänglich sind, dass sie mit Fragen der Gerechtigkeit überhaupt nicht zu beschreiben oder zu beurteilen sind, sondern auf Differenz und Zufall basieren, ist kein Grund zur Klage, sondern ein Grund zur Freude: Diese Formen der Differenz machen den Reichtum der Welt und des Lebens aus.

Freilich: Wenn das Interesse am Wohlbefinden als das fundamentale Interesse des Menschen bestimmt werden kann, ergeben sich daraus bestimmte materielle Mindestanforderungen für alle Menschen von selbst: Ohne eine Sicherung der Überlebensmöglichkeiten bleibt die Rede von der Anerkennung der Differenz bloß zynisch. Da hat die Ethik als Grundlegung der Politik und der Pädagogik ein weites Feld.

Eckart Liebau ist Professor für Pädagogik an der Universität Erlangen-Nürnberg.

Anmerkungen:

1. Eine der problematischsten Entwicklungen der Gegenwart liegt in der Ethisierung der Genetik, der neuen Eugenik, die zum Beispiel mit der vorgeburtlichen Diagnostik und den neuen Formen der Kindeszeugung verbunden ist.

Literatur:

– Bourdieu, Pierre: Die feinen Unterschiede. Kritik der gesellschaftlichen Urteilskraft. Frankfurt am Main 1982
– Kant, Immanuel: Anthropologie in pragmatischer Hinsicht. In: Kant, Immanuel: Werke VI (1800). Frankfurt am Main 1964, Seite 399–690
– Kant, Immanuel: Über Pädagogik. Herausgegeben von D. Friedrich Theodor Rink. In: Kant, Immanuel: Werke VI. Seite 693–761
– Liebau, Eckart: Erfahrung und Verantwortung. Werteerziehung als Pädagogik der Teilhabe. Weinheim/München 1999
– Luhmann, Niklas; Schorr, K. E.: Das Technologiedefizit der Erziehung und die Pädagogik. In: Luhmann, Niklas; Schorr, K. E. (Hrsg.): Zwischen Technologie und Selbstreferenz. Frankfurt am Main 1982, Seite 11 ff.
– Schmid, Wilhelm: Philosophie der Lebenskunst – eine Grundlegung. Frankfurt am Main ⁷2000
– Schuhmacher-Chilla, Doris (Hrsg.): Das Interesse am Körper. Strategien und Inszenierungen in Bildung, Kunst und Medien. Essen 2000
– Weber, Max: Gesammelte Aufsätze zur Wissenschaftslehre. Tübingen 1951

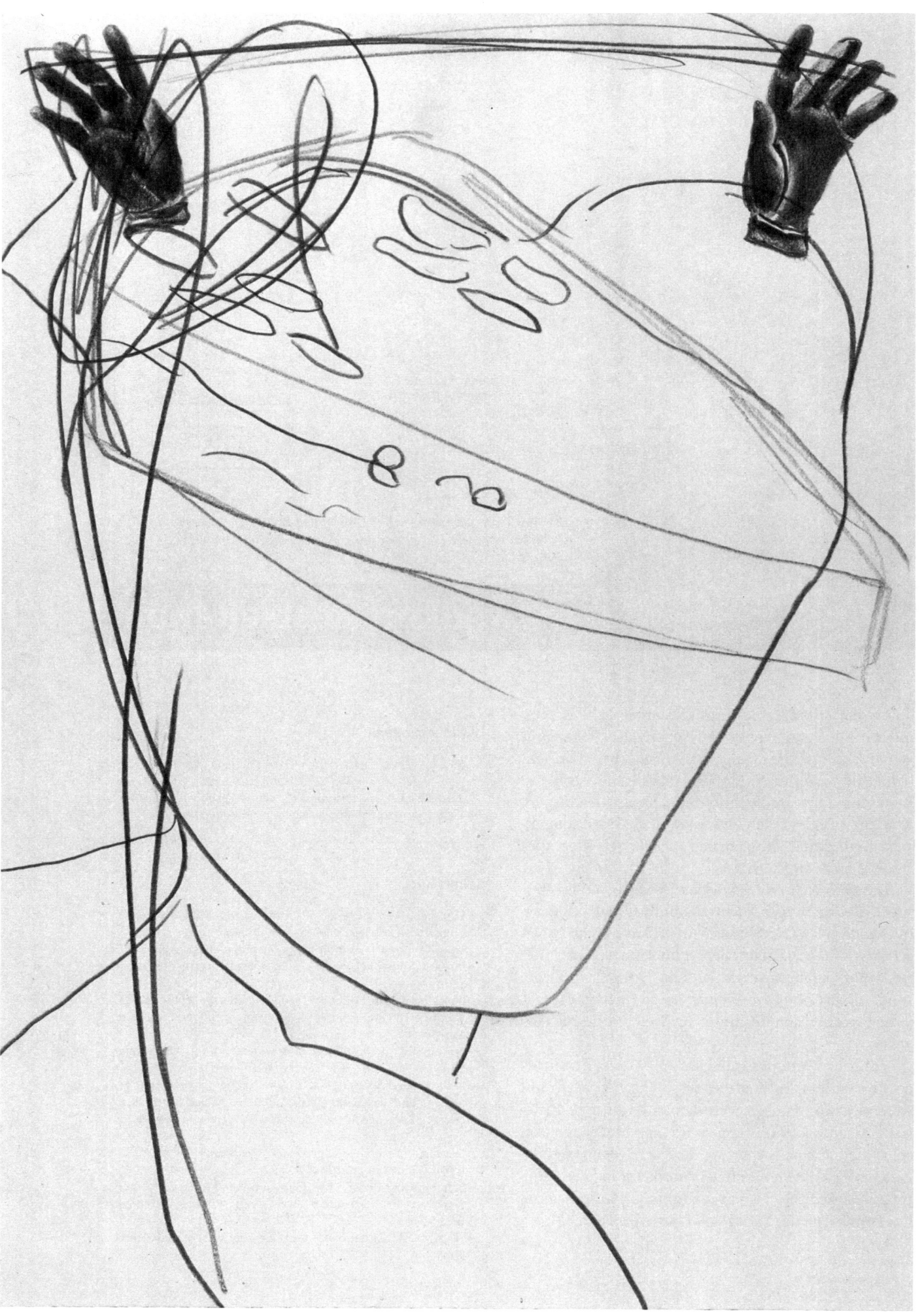

Ralf Elm

Gerechtigkeit inmitten des Lebens

Aristoteles und die Grundformen der Gerechtigkeit

„Die Männer sind die Polis" – dieser Satz aus dem Geschichtswerk des Thukydides¹ stellt in mehrfacher Hinsicht eine Provokation dar. Er fordert manche nicht nur zum Widerspruch auf Grund der Bevorzugung des einen Geschlechts heraus. Provokant ist er ebenso, weil er die politische Lebenseinheit, den griechischen Stadtstaat, gerade nicht von äußeren, etwa territorialen Gegebenheiten her bestimmt, sondern ausschließlich von dem „Sein" der die Polis bildenden Bürgerschaft. Dieses Sein ist ein spezifisches Tätigsein. „Wir allein", lässt Thukydides¹ den Athener Perikles sagen, „halten den, der am Politischen nicht teilnimmt, nicht für einen untätigen, sondern für einen unnützen (Bürger)." Die Polis ist die engagierte Praxis ihrer Bürgerschaft (politeia), deren Verfasstheit untrennbar mit dem Begriff der rechten und rechtlichen Verfassung (ebenfalls politeia) verwoben ist. Deshalb gehört zu jener Bürger-Praxis bei den Griechen früh schon das Nachdenken über die rechte Ordnung der eigenen Praxis, über Gerechtigkeit (dikaiosynê) und den besten Staat.

Die in der griechischen Geschichte niemals zur Ruhe kommende Auseinandersetzung um rechte Ordnung und Gerechtigkeit hat im klassischen fünften vorchristlichen Jahrhundert mit der athenischen Demokratie um Perikles zu einer besonderen Ausprägung des Politischen geführt. Breiteste Bürgerschichten identifizierten sich über Sonderinteressen hinweg mit dem Allgemeinen und dem Gemeinwesen. Die politische Identität wurde zum gemeinsamen und verbindenden Band der Lebenspraxis und realisierte sich als politische Herrschaft von Freien und Gleichen. Auf eine solche gelebte Sittlichkeit und Bürgeridentität bezieht sich, wenn auch in unterschiedlicher Weise, die entstehende klassische Philosophie von Sokrates, Platon und auch noch die von Aristoteles. Selbst in seiner praktischen Philosophie ist in einem bestimmten Sinne ein Reflex, ein Nachhall, jener gelebten Gemeinschaftsidentität freier und gleicher Bürger zu erkennen.

> **Nur wer im Gesetz erzogen worden ist, kann es verbessern.**

Die philosophische Bezugnahme darauf verdeutlicht bereits ein kurzer Blick auf den Begriff des Gesetzes (nomos). Von ihm her wird Gerechtigkeit immer wie-

der verstanden in einem allgemeinen gemeinschaftsbezogenen institutionellen Sinn und darüber vermittelt als Prinzip des gelingenden Zusammenlebens der Polismitglieder aufgefasst. Das ist möglich, weil im Unterschied zum modernen Verständnis der Gesetzesbegriff bei den Griechen einen umfassenderen Sinn hatte. Die ungeschriebenen Gesetze, die Gewohnheiten, die Sitten, kurzum die Gesetze des Herkommens, zusammen mit den geschriebenen Gesetzen gaben der politischen Gemeinschaft ihre konkrete

> **Der Gerechte ist derjenige, der maßvoll genau das will, was ihm zusteht.**

Gestalt. Sie ordneten in umfassender Weise die Lebenspraxis nach dem, was man zu tun und zu lassen hat. Weil Sokrates erkennt, dass ohne das Gesetz alles zusammenbräche, es die Polis trägt und sie immer schon getragen hat, unterstellt er auch sein Schicksal diesen Gesetzen – er zieht den Becher mit dem tödlichen Schierlingsgift der Flucht vor, da er der Auffassung ist, dass jeder Bürger verpflichtet sei, die Gesetze zu befolgen, selbst dann, wenn man einen Gerichtsentscheid im Einzelfall als ungerecht empfindet. Weil Platon selbst wiederum die Misere der bestehenden Stadtstaaten seiner Zeit in der Abwendung von den Gesetzen und in der Verselbstständigung der Eigeninteressen sah, sucht er im Idealstaat seiner *Politeia* die Einheit einer gerechten Ordnung vorstellig zu machen, in der jeder seine Aufgaben erfüllt, die seiner natürlichen Anlage entsprechen. Die Hoffnung bis ins Spätwerk der *Nomoi* ist immer wieder, dass über die Erziehung durch richtige Gesetze Gerechtigkeit realisierbar ist und vortreffliches Menschsein und Bürgersein in eins gehen. Diese sittlich-politische Identität, sei es vom Einzelnen, sei es von der gelebten gemeinschaftlichen Lebensform her gesehen, hat auch Aristoteles noch im Blick. Denn für ihn „besteht das Gerechte im Staate bei Menschen, die zur Erreichung der Autarkie (Selbstständigkeit) zu gemeinsamem Leben sich zusammengeschlossen haben und frei und gleich sind" (NE V 10, 1134 a 26 ff.), was geradezu synonym ist mit der Bestimmung der Vollzugsform der „Polis als Gemeinschaft des guten Lebens in Häusern und Familien um eines vollkommenen und selbständigen Lebens willen" (Pol. III 9, 1280 b 30 ff.). Gelingen kann ein solches Leben nach Aristoteles aber nur, wenn die Men-

11

schen nach Maßgabe der Gesetze im Rahmen des Polislebens durch Einübung und Gewöhnung sittliche Grundhaltungen (Tugenden) ausbilden. „Wir werden gerecht, indem wir gerecht handeln", heißt es (NE II 1). *Die Gerechtigkeit gilt als Inbegriff der Sittlichkeit und als vollkommene Tugend.* Sie befähigt als sittliche Grundhaltung den Menschen dazu, das Gerechte entschieden zu wollen und zu tun. Der gemeinschaftsbezogene institutionelle Sinn von Gerechtigkeit und der personale Sinn von Gerechtigkeit als Tugend sind so zwei Seiten einer Medaille.

Die allgemeine oder gesetzliche Gerechtigkeit

Im Ausgang vom Sprachgebrauch bestimmt Aristoteles Gerechtigkeit und Ungerechtigkeit vom weiten Verständnis des Gesetzes her. Auch uns gilt heute noch ähnlich wie zu Aristoteles' Zeiten als *ungerecht* der Gesetzesübertreter und als *gerecht* derjenige, der sich an die Gesetze hält. Gleichwohl verbirgt sich dahinter ein gravierender Unterschied. Denn bei unserer heutigen liberalen Sicht von Recht und Staat kommt dem Gesetz insbesondere die Funktion der Regulierung von Interessenkonflikten zu. Für die Griechen aber hat der Begriff des Gesetzes (nomos) den oben angedeuteten, radikal umfassenden gemeinschaftsbezogenen Sinn für die gesamte Lebenspraxis: „Denn das Gesetz gebietet, gemäß jeder einzelnen Tugend zu leben, und verbietet jede einzelne Schlechtigkeit. Was aber die gesamte Tugend hervorbringt, sind jene Gesetzesvorschriften, die über die Erziehung für die Gemeinschaft erlassen sind" (NE V 5, 1130 b 24 ff.). Weil auf diese Weise „die Gesetze *über alles* reden" und sich also auf die *gesamte Praxis* beziehen, gilt in diesem *allgemeinen Sinne* als gerecht, „was in der politischen Gemeinschaft die Glückseligkeit und deren Teile hervorbringt und bewahrt" (NE V 3, 1129 b 14 ff.). Weil nun aber das menschliche Leben im Kontext der Polis auf Dauer nur als sittliches gelingen, nur als sittliches das Glück und dessen Teile als das allen Zuträgliche hervorbringen kann, schreiben die Gesetze nichts anderes vor, als den einzelnen sittlichen Tugenden entsprechend zu leben und das

> „Die Verfassungen ..., die nur das Wohl der Regierenden im Auge haben, sind allesamt verfehlt." Aristoteles

Unsittliche zu lassen. So schreiben die Gesetze zum Beispiel vor, tapfer zu handeln und also nicht zu fliehen, besonnen zu handeln und also keine Gewalttaten zu begehen, sanftmütig, gelassen zu sein und also – man denke an das Verhalten im heutigen Straßenverkehr – nicht zu beleidigen oder gar zuzuschlagen. Die *entscheidende Voraussetzung* dabei ist allerdings, dass es sich um die *richtigen Gesetze* handelt, die über ihre Gebote und Verbote die sittlichen Grundhaltungen aufzubauen und durchzuführen helfen, um so tatsächlich das, was allen gemeinsam zuträglich ist, zu verwirklichen. Und nur in dieser Perspektive gibt es Chancen einer Übereinstimmung von gutem Menschsein und gutem Bürgersein.

Das Problem liegt auf der Hand, weil jene Voraussetzung nicht immer gegeben ist. Vor dem Hintergrund des Gerechten als des Gesetzlichen ist klar, „dass alles Gesetzliche (nur) *in einer gewissen Weise* gerecht ist" (NE V 3, Anfang). Mit der Einschränkung „in einer gewissen Weise" gibt Aristoteles zu verstehen, dass er nicht schon alles, was in einer Polis an Gesetzen da ist und was diese vorschreiben, allein deshalb, weil es gesetztes Recht ist, für gerecht hält. Letztlich gilt: Nur „soweit die Verfassungen das Gemeinwohl berücksichtigen, sind sie im Hinblick auf das schlechthin Gerechte richtig; diejenigen aber, die nur das Wohl der Regierenden im Auge haben, sind allesamt verfehlt." (Pol. III 6, 1279 a 17 ff.)

> Gerechtigkeit muss sich als gerechtes Tun bewähren.

Sollten in einer „guten Polis" unter „richtigen Gesetzen" die sittlichen Tugenden in der Lebenspraxis der Bürger vollendet verwirklicht sein, dann ist Aristoteles zufolge der Gerechte der sittlich Vollkommene, derjenige, der die einzelnen Tugenden umfasst und anzuwenden versteht, und zwar „im Hinblick auf den anderen Menschen" (pros heteron). Zustimmend erinnert Aristoteles an das Sprichwort „In der Gerechtigkeit ist alle Tugend zusammengefasst" und fährt dann fort: „Sie gilt vor allem als die vollkommene Tugend, weil sie die Anwendung der vollkommenen Tugend ist. Vollkommen ist sie, weil der, der sie besitzt, die Tugend auch dem anderen gegenüber anwenden kann und nicht nur für sich." (NE V 3, 1129 b 26 ff.)

Die Formen der partikularen Gerechtigkeit

In der Regel gilt uns nicht nur der Gesetzesübertreter als ungerecht. Besonders *ungerecht* kommen uns die Menschen vor, die „immer mehr haben wollen" beziehungsweise die Menschen, die sich schlechterdings „ungleich" verhalten, „unfair" sind. Demgegenüber ist *der Gerechte* derjenige, der maßvoll genau das will, was ihm zusteht, und in seinem fairen Handeln die *Gleichheit der Menschen* untereinander achtet. Während bei der Gerechtigkeit im allgemeinen Sinne der Begriff des Gesetzlichen das Schlüsselwort ist, so steht bei der Gerechtigkeit im engeren Sinne also der Begriff der Gleichheit im Zentrum.

Problematisch kann diese *besondere Gerechtigkeit* wiederum in zwei Formen werden, einmal *als verteilende Gerechtigkeit* (die wir heute als Verteilungsgerechtigkeit bestimmen), sodann *als ausgleichende Gerechtigkeit* (die ihrerseits noch weiter differenzierbar ist zunächst nach willentlichen und unwillentlichen Vertragsbeziehungen). Die Verteilungsgerechtigkeit betrifft die Zuteilung von öffentlichen Ämtern, Geld, Ehre und anderen Gütern, aber auch von Lasten, die unter die Mitglieder der Polis verteilt werden und von der Art sind, dass „hier der eine ungleich oder gleich viel erhalten kann wie der andere". Die ausgleichende Gerechtigkeit bezieht sich auf den gerechten Ausgleich im Rechtsverkehr zwischen den Einzelnen untereinander, zum Beispiel in Form des gerechten Güterausgleichs bei Kauf und Verkauf, Darlehen und Miete; sie bezieht sich aber auch auf den gerechten Ausgleich bei unerlaubten Handlungen. Die diesbezüglichen Formen der Ungerechtigkeit ergeben sich in beiden Fällen aus der Verletzung der Gleichheit. Doch ist diese Gleichheit bei der Verteilungsgerechtigkeit anders zu berücksichtigen als bei der Ausgleichsgerechtigkeit.

Die Verteilungsgerechtigkeit

Bei der Verteilungsgerechtigkeit ist immer eine *angemessene Berücksichtigung der Personen* erforderlich. Denn die „Streitigkeiten kommen daher, dass entweder Gleiche Ungleiches oder Ungleiche Gleiches haben und zugeteilt erhalten. Dies ergibt sich auch aus dem Moment der Würdigkeit. Denn alle stimmen darin überein, dass das Gerechte im Zuteilen auf einer bestimmten Würdigkeit beruhen müsse. Doch diese Würdigkeit gilt nicht für alle als dieselbe, sondern die Demokraten sehen sie in der Freiheit, die Oligarchen im Reichtum, andere in der Adligkeit, und die Aristokraten in der Tugend." (NE V 6, 1131 a 23 ff.) Wenn die Menschen in bestimmten Hinsichten *nicht gleich* sind (zum Beispiel nach Geburt, Begabung, Vorbildung, Charakter ...), wird es ungerecht, ihnen Gleiches (zum Beispiel bei der öffentlichen Ämtervergabe) zukommen zu lassen. Aristoteles bestimmt die angemessen zu berücksichtigende Ungleichheit unter den Menschen nach Maßgabe der Würdigkeit (axia). Damit ist aber nicht eine Art innerer Wert einer Person gemeint. Vielmehr ist unter Würdigkeit das zu verstehen, was jemand auf Grund seiner Fähigkeiten und seines Beitrags zur politischen Gemeinschaft beziehungsweise zur Verwirklichung ihres Ziels – des guten Lebens – verdient: „Wer darum zu einer solchen Gemeinschaft am meisten beiträgt, der hat auch einen größeren Anteil an dem Staate als jene, die an Freiheit und Abkunft gleich oder überlegen sind, aber an politischer Tugend weniger besitzen, oder jene, die an Reichtum hervorragen, an Tugend aber zurückstehen." (Pol. III 9, Ende) Insgesamt hat bei der Verteilungsgerechtigkeit eine angemessene Behandlung der Personen in der nach ihrer Würdigkeit (einschließlich ihrer Fähigkeiten) zu beurteilenden Zuteilung von Gütern und Lasten zu erfolgen. Wie Aristoteles ausführlich entwickelt, haben sich die zwischen mindestens zwei Personen verteilten Anteile so zueinander zu verhalten, wie sich die Personen in ihrer Würdigkeit zueinander verhalten.

13

Das Gerechte liegt als ein Mittleres in diesem Verhältnis. Das Ungerechte ist das, was gegen sie im Sinne eines Mehr oder Weniger verstößt. Denn wer Unrecht tut, bekommt vom Guten zuviel, und wer Unrecht erleidet, erhält davon zu wenig.

Die ausgleichende Gerechtigkeit

Im Gegensatz zu der bei der Verteilungsgerechtigkeit verlangten angemessenen Berücksichtigung der Personen (bei nur „relativer Gleichheit") erfordert die ausgleichende Gerechtigkeit im freiwilligen wie unfreiwilligen Rechtsverkehr ein *Absehen von der Person*. Der gerechte Güteraustausch beziehungsweise Schadensausgleich verlangt zwischen den Einzelnen gleichsam eine „absolute Gleichheit", einen Austausch beziehungsweise Ausgleich ohne Ansehen der Person: „Denn es macht nichts aus, ob ein anständiger Mensch einen schlechten beraubt oder umgekehrt, und ob ein Anständiger Ehebruch begeht oder ein Schlechter. Sondern das Gesetz betrachtet nur den Unterschied des angerichteten Schadens und behandelt die Personen als gleiche und fragt nur, ob der eine Unrecht tat,

> **Gerechtigkeit ist Inbegriff der Sittlichkeit und vollkommene Tugend.**

der andere Unrecht litt, der eine schädigte, der andere geschädigt wurde. Das Ungerechte ist da in solcher Weise ein Ungleiches, und der Richter versucht es auszugleichen." (NE V 1132 a 1 ff.) Bei dieser Art der Gerechtigkeit ist es entscheidend, dass es beispielsweise bei Vertragsabschlüssen wie Kauf und Verkauf fair zugeht beziehungsweise dass es, wo das nicht der Fall war, der Vertragspartner weder zu viel noch zu wenig bekommt, dass also im allgemeinen Rechtsverkehr kein ungerechter Gewinn gemacht wird beziehungsweise erlittene Schäden in vollem Umfang wieder ausgeglichen werden: „Das Zuviel an Gutem und Zuwenig an Üblem ist der Gewinn, das Entgegengesetzte der Schaden. Die Mitte davon ist das Gleiche und das Gerechte. So wird also die ordnende (Ausgleichs-)Gerechtigkeit die Mitte zwischen Schaden und Gewinn sein." (NE V 1132 a 16 ff.)

Ausgleichende Gerechtigkeit als Tauschgerechtigkeit

Der gerechte Ausgleich wie überhaupt das Phänomen der (Wieder-)Vergeltung beinhaltet für Aristoteles einen Gemeinschaftsbezug. So will man das Schlechte vergelten, und täte man es nicht, geriete man in eine Art von knechtischen Abhängigkeiten. Ebenso will man das Gute vergelten. Und gäbe es das nicht, so käme kein Austausch von Leistungen zu Stande, durch den doch das Gemeinschaftswesen zusammengehalten wird. Gabe und Gegengabe, erfahrenes Wohlwollen, Dankbarkeit und Gegendienste spielen Hand in Hand und bauen das Netzwerk der Polis auf.[2]

> **„Wir werden gerecht, indem wir gerecht handeln."** Aristoteles

Es dürfte diese Bedeutung von Tausch- und Austauschverhältnissen *für die Polis* gewesen sein, die Aristoteles dazu bewogen hat, das Phänomen des freiwilligen Tauschverkehrs mit einer ersten Theorie des Geldes zu verbinden. Er geht dabei von dem Faktum eines arbeitsteilig organisierten Gemeinwesens aus, dessen Mitglieder unterschiedliche Aufgaben haben und dementsprechend unterschiedliche Leistungen erbringen. Was aber ist eigentlich die ermöglichende Voraussetzung für einen solchen Austausch verschiedener Güter und Leistungen? Die, dass deren Unterschiede ausgeglichen werden können: „Darum muss auch alles, wovon es Tausch gibt, vergleichbar sein. Dazu ist das Geld bestimmt und ist sozusagen eine Mitte. Denn es misst alles, also auch das Übermaß und den Mangel und auch, wie viele Schuhe einem Haus oder Nahrungsmittel äquivalent sind." Gäbe es eine solche vermittelnde Maßinstanz nicht, durch die verschiedene Dinge wechselseitig aneinander gemessen werden können und wodurch eine verhältnismäßige Gleichheit unter ihnen hergestellt werden kann, dann „gäbe es weder Tausch noch Gemeinschaft".

Aber kann das Geld wirklich letzter Maßstab sein? Nein! Letzter Maßstab „ist in Wahrheit das Bedürfnis, das alles zusammenhält." Ohne Bedürfnis kommt kein Tausch zu Stande. Und das Geld ist auf Grund gemeinschaftlicher Übereinkunft als Repräsentant des Bedürfnisses eingeführt worden, so dass es selbst, wo gerade kein Bedürfnis vorliegt, als Bürge für die Zukunft dann einen Austausch möglich macht, wenn das Bedürfnis wieder eingetreten sein wird. Und so muss, um auf Dauer Austausch und Gemeinschaft zu gewährleisten, alles seinen Preis haben. Fazit: „Das Geld macht also wie ein Maß die Dinge messbar und stellt eine Gleichheit her. Denn ohne Tausch wäre keine Gemeinschaft möglich, und kein Tausch ohne Gleichheit und keine Gleichheit ohne Kommensurabilität (Vergleichbarkeit)." Aristoteles selbst sieht zwar die Grenzen der Vergleichbarkeit verschiedenartiger Dinge; was bei ihm aber gänzlich offen bleibt, sind Fragen wie zum Beispiel die nach gerechtem Lohn und gerechtem Preis.

Billigkeit

Wenn Aristoteles die Gerechtigkeit nach allgemeiner und besonderer Gerechtigkeit differenziert und die besondere Gerechtigkeit wiederum nach verteilender und ausgleichender, diese ausgleichende Gerechtigkeit schließlich auch nach freiwilligen und unfreiwilligen Vertragsbeziehungen gliedert, so kann mitunter aus dem Blick geraten, dass es sich bei der Gerechtigkeit für Aristoteles primär um eine Tugend handelt, die sich *in der Praxis, als gerechtes Tun* selbst zu bewähren hat. Mit dem Thema der auch systematisch zur Gerechtigkeit gehörenden Billigkeit (NE V 14) rückt die konkrete Anwendung der Gerechtigkeit wieder in den Vordergrund.

Alle Orientierung am Allgemeinen erfährt am Einzelnen eine Grenze. Denn das Allgemeine beispielsweise der geschriebenen Gesetze kann seiner Natur nach nicht alle Einzelfälle berücksichtigen. Der Grund liegt indessen nicht in einer aufhebbaren Schwäche des Gesetzes oder Gesetzgebers, sondern ergibt sich aus der Eigenart der Praxis, die immer wieder anders sein kann. Wenn sich nun „zufällig" ein besonderer Fall ergibt, der außerhalb der allgemeinen Bestimmung des Gesetzes liegt, so liegt die Leistung der Billigkeit genau darin, das Gesetz auf den neuen Fall hin zu verbessern und wieder neu zu „justieren". Diese „Korrektur des Gesetzes, soweit es auf Grund seiner

> ## Gerecht ist, „was in der politischen Gemeinschaft die Glückseligkeit ... hervorbringt und bewahrt". Aristoteles

Allgemeinheit mangelhaft ist", ist die Natur des Billigen. Das Gesetz auf einen unvorhersehbaren, außerhalb des Gesetzlichen liegenden Fall hin unmodifiziert anzuwenden bedeutete nicht mehr die Verwirklichung der Gerechtigkeit, sondern würde seine Anwendung („auf Biegen und Brechen") geradezu zum Unrecht werden lassen. Der Einzelfall beansprucht in gewisser Weise sein eigenes Recht. Deshalb stellen ein Nachlassen von der Strenge des Gesetzes und ein Berücksichtigen der Umstände des Einzelfalls kein schlechteres Recht dar. Die Billigkeit ist für Aristoteles nicht, wie für Kant in seiner *Metaphysik der Sitten*, „eine stumme Gottheit, die nicht gehört werden kann", sondern das bessere Recht.

Da niemals abzuleiten ist, welche Umstände für ein konkretes Handeln relevant sind, kann es auch kein allgemeines Verfahren seiner Behandlung geben. Gleichwohl lässt sich fragen, wie es zu einem Verhalten gemäß der Billigkeit kommen kann. Für dieses Problem ist dem 16. Kapitel des dritten Buchs der *Politik* des Aristoteles ein aufschlussreicher Hinweis zu entnehmen. Zuvor hatte Aristoteles die Frage, ob die Herrschaft des Gesetzes oder die von Menschen vorzuziehen sei, wiederholt dahingehend beantwortet, dass beides zusammenspielen müsse. Die Grundlage ist immer das Gesetz, das der im Einzelnen handelnde Mensch ergänzen muss, insbesondere dort, wo die Gesetze auf Grund ihrer Allgemeinheit nichts Genaues festlegen können. Dann aber wird eine paradox wirkende Voraussetzung gemacht: Nur wer im Gesetz erzogen worden ist, vermag es auch zu ergänzen und sogar zu verbessern. Das zur Sittlichkeit erziehende, „richtige" Gesetz bildet die Menschen derart, dass diese die dem Gesetz nicht vollends zugängliche Praxis „mit gerechtestem Sinn beurteilen und ordnen" können. Sodann befähigt es dazu, das Gesetz auch dort zu korrigieren, wo die Erfahrung seine Verbesserungsbedürftigkeit zeigt. Über die in seinem Sinne Erzogenen ermöglicht das Gesetz gleichsam seine eigene Verbesserung. (Vergleiche Pol. III 16, 1286 a 18 ff.)

Nur wer sich im Rahmen einer guten Polis das Gesetz und seine Vernunft vollkommen zu Eigen gemacht hat, kann es gegebenenfalls auch ändern und berichtigen. Daraus lässt sich schließen, dass insbesondere derjenige, bei dem die Aneignung des Gesetzes zur wirklichen Eigenständigkeit des sittlichen Seins geführt hat, dass nur, wer wirklich frei im Gesetz steht, es ebendeshalb den unterschiedlichen Situationen angemessen, billig, anzuwenden versteht. Für Aristoteles ist dies letztlich kein anderer als der Kluge, das heißt der gerechte, sittlich integre Mensch. Er steht den Handlungssituationen nicht einfach gegenüber, sondern sieht sie im Lichte des Gesetzes, des Ethos und konkret Allgemeinen. Aber weil er kraft seiner Seinsweise zugleich eigenständig und in diesem Sinne frei ist, ist er nicht vom Ethos schlechthin bestimmt.

Die Billigkeit gründet somit in der sittlich-gerechten Seinsweise selbst und qualifiziert sie zugleich als solche. Die Freiheit der in sich gefestigten sittlichen Grundhaltung beziehungsweise Seinsweise ermöglicht dem Gerechten als Klugen (beides ist nur als Mit- und Ineinander möglich) ein unverstelltes und situationsangemessenes, kreativ-billiges Urteil.

15

Privatdozent Dr. Ralf Elm ist Akademischer Rat im Fach Philosophie/Ethik an der Pädagogischen Hochschule Weingarten.

Anmerkungen:

1. Thukydides: Geschichte des Peloponnesischen Krieges. Zürich/München ²1976, VII 77, 7 und II 40, 2
2. Zitate in diesem Kapitel: Aristoteles: Nikomachische Ethik. Buch V, Kapitel 8

Literatur:

- Aristoteles: Nikomachische Ethik. **Im Text zitiert mit: NE, Band, Absatz, Zeilenzählung nach Becker**
- Aristoteles: Politik. **Im Text zitiert mit: Pol., Band, Absatz, Zeilenzählung nach Becker**
- Bien, Günther: Gerechtigkeit bei Aristoteles. In: Otfried Höffe (Hrsg.): Die Nikomachische Ethik. Berlin 1995, Seite 135–164
- Elm, Ralf: Klugheit und Erfahrung bei Aristoteles. Paderborn/München/Wien/Zürich 1996
- Meier, Christian: Die Entstehung des Politischen bei den Griechen. Frankfurt am Main 1983

Stefan Gosepath

Sind die Götter gerecht?

Gerechtigkeit und Schicksal

Gerechtigkeit ist seit den Anfängen eines der wünschenswerten Grundprinzipien der sozialen Organisation. In der abendländischen Denktradition gibt es hinsichtlich der formalen Bestimmung der Gerechtigkeit eine bemerkenswerte Einheitlichkeit. Allerdings ist dieser allgemein geteilte Gerechtigkeitsbegriff jeweils eingebettet in ganz unterschiedliche Auffassungen über die *Bedingungen* der Gerechtigkeit, also jene Verhältnisse, in denen „Gerechtigkeit" Anwendung findet. Welche Bedingung muss erfüllt sein, damit ausgesagt werden kann, dass etwas gerecht oder ungerecht ist? Dies betrifft insbesondere die Frage nach dem Verhältnis von Gerechtigkeit und Schicksal.

Die Prädikate „gerecht" oder „ungerecht" finden nach heute üblicher Meinung nur da Anwendung, wo wir es mit freiwilligem und verantwortbarem Handeln beziehungsweise Unterlassen zu tun haben. Das haben die Früheren, vor allem in der Antike, anders gesehen: Schicksal ist das von den Göttern Geschickte – es wird als iustitia divina, das heißt als göttliche Gerechtigkeit angesehen. In der Antike und im Mittelalter waren die Vorstellungen von Gerechtigkeit in einen religiösen Glauben eingebettet. Gerechtigkeit war gleichsam „divinisiert", das heißt vergöttlicht. Die Formen der Divinisierung waren jedoch je nach altorientalischer, hellinistisch-römischer oder biblischer Religion und Zeit verschieden. Ein Gott oder mehrere Götter bildeten in der Regel die letzte Instanz für die Fundierung und Sanktionierung der Gerechtigkeit. Damit auf Erden

Personen können Tiere ungerecht behandeln, aber es kann keine Ungerechtigkeit zwischen Tieren geben.

Gerechtigkeit herrscht, muss gemäß religiösem Glauben eine Instanz existieren, die als Weltenrichter über alle menschlichen Wesen ein Urteil fällt und dabei belohnend, strafend (rächend, strafend, vergeltend) oder rettend (barmherzig, gütig) über das Schicksal der Seelen entscheidet. Das Gerichtsurteil und dessen Vollstreckung, die Gerechtigkeit herstellt, kann je nach religiöser Vorstellung entweder lebende Menschen oder deren unsterbliche Seelen treffen. In beiden Fällen steht die Zukunft der Menschen unter der Wirkung eines Tun-Ergehen-Zusammenhangs. Glück oder Unglück erscheinen, über längere Zeiträume betrachtet,

nicht einfach als willkürliche Schickung der Götter, sondern als Resultat menschlichen Wohl- oder Fehlverhaltens. Ihr Schicksal wird in einer moralischen Perspektive gesehen.

Gerechtigkeit dient dem Ausgleich des Schicksals, das selbst jenseits der Gerechtigkeit liegt.

Das scheint insbesondere für die altorientalischen und biblischen Gerechtigkeitskonzeptionen zu gelten;[1] für die hellenistische Götterwelt ist dies nur teilweise gültig. In der von Homer gestalteten heroischen Überlieferung kann das Unglück die Menschen unvermutet und unverschuldet und als von den Göttern willkürlich zugeteilt treffen. In Hesiods Dichtung *Erga* (*Werke und Tage*) steht jedoch das gerechte Richten der Götter im Zentrum. Diese Vorstellung wurde von Hesiod anscheinend aus orientalischen Weisheitslehren importiert und für Griechenland adaptiert.[2] Der in Hesiods Dichtung vorkommende, bekannte Mythos von den fünf Menschenaltern stellt eine Dekadenzgeschichte dar. Vor dem gegenwärtig auf Erden lebenden „eisernen" Menschengeschlecht existierte bereits ein goldenes, ein silbernes, ein ehernes und dasjenige der Heroen. Die vier vorangegangenen Menschengeschlechter wiesen alle bestimmte Defizite auf und gingen darum unter. Dem aktuell lebenden eisernen Geschlecht droht ebenfalls der Untergang, weil es Ehrfurcht und Vergeltung aufgegeben hat. So gibt es weder eine Hemmung vor dem Unrechttun noch die gerechte Bestrafung des Unrechts. Beide halten nach Hesiod die Gesellschaft zusammen; wenn beide sich auflösen, zerfällt die Gesellschaft. So lebt also die gegenwärtige Menschheit in einem prekären Zustand. Nur Gerechtigkeit vermag die Katastrophe zu verhindern beziehungsweise zu verzögern. Das gegenwärtige Elend kann laut Hesiod überwunden werden, wenn man das Recht verehrt, das durch die Göttin Dike verkörpert wird. Die Götter stiften die objektiven Normen der Gerechtigkeit und werden bei Hesiod zu ihren Hütern. Die kosmologisch-natürliche Ordnung und die sozialen Regeln werden auf dieselbe göttliche Autorität des Zeus (und seiner Tochter Dike) zurückgeführt. Ethisches Wohlverhalten wird mit Glück belohnt, unmoralisches Handeln mit Unglück bestraft. Sich so zu entlasten ist offenbar ein bei allen Völkern zu beobachtendes Bestreben. Das Wissen der Menschen und ihre Macht ist beschränkt, sie können aber auf mehr als menschliche Gerechtigkeit durch Gott oder die Götter hoffen. Damit der im Diesseits immer wieder enttäuschte Rechtschaffene am Ende nicht verzagt, wird er auf die jenseitige göttliche Gerechtigkeit vertröstet. Die göttliche Gerechtigkeit ist verdienstethisch ausgelegt. Ein gerechtes Schicksal ist ein Schicksal, das eine Person verdient hat. Ist ihr Handeln moralisch beziehungsweise gerecht, hat sie sich eine Belohnung durch das göttliche Weltgericht verdient; handelt sie jedoch unmoralisch, gebührt ihr Strafe. Das irdische oder posthume Schicksal ist proportional gerecht – jeder, so die Vorstellung, wird vor und/oder nach seinem Tod durch die göttliche Gerechtigkeit entsprechend seinen Taten belohnt oder bestraft. Entsprechende moraltheologische Überlegungen finden sich selbst noch bei Kant und auch noch heutzutage. Die Idee einer moralischen Weltordnung, die Gerechtigkeit (wieder) herstellt, dient dem Seelenfrieden und der Sicherung der Moral auf Erden. Würde das Schicksal es in der Tat gut mit uns meinen, sofern wir gerecht handelten, und schlecht nur, wenn wir auf Grund unserer Ungerechtigkeit es verdient hätten, welch entlastende Wirkung hätte diese Gewissheit für uns und welch heilsame moralerzieherische Effekte für unser Zusammenleben.

Die Probleme einer jeden Gerechtigkeitsvorstellung, die auf das jenseitige Gericht vertraut, sind offensichtlich – auch für Gläubige. Wenn die göttliche Instanz allwissend und allmächtig ist und sich ihr Handeln an der Gerechtigkeit orientiert, dann drohen wir Menschen zum einen unsere eigene Willensfreiheit und Verantwortung gänzlich zu verlieren. Wir sind dann vorbestimmt durch den göttlichen Willen. Aber selbst wenn Menschen in diesem Bild wie auch immer trotzdem als frei gedacht werden, bleibt zum anderen genügend Grund zum Zweifel an der göttlichen Gerechtigkeit bestehen. Denn es stellt sich auf Grund unserer Untaten und natürlicher Katastrophen das Theodizeeproblem, das heißt: Wie kann das Göttliche all das Schreckliche in der Welt geschehen lassen?

Aber es gibt auch seit alters die entgegengesetzte Tendenz, die sich heute durchgesetzt hat und die herrschende Meinung widerspiegelt. Schon mit der philosophischen Aufklärung in der Antike beginnt man Gerechtigkeit und Moral als „autonom" (selbstständig) anzusehen und eine Fundierung unabhängig von einem religiösen Glauben anzunehmen. Damit wird eine neue, bis heute auch im Alltagsverständnis dominante Perspektive eingenommen: Gerechtigkeit dient unter anderem dem Ausgleich des Schicksals, das selbst jenseits der Gerechtigkeit liegt. So setzt in Platons *Politeia* (*Der Staat*), dem Beginn des abendländischen, philosophischen Dialogs über Gerechtigkeit, die Gerechtigkeitsfrage ohne es auszusprechen voraus, dass die kritisierten Verhältnisse der menschlichen Gestaltungsmacht unterworfen sind. Für die Grundordnung des Staats sind bei Platon die Menschen zuständig. Das Schicksal wird nicht hingenommen als Ausfluss des gerechten göttlichen Willens,

sondern als ein Widerfahrnis aufgefasst, das nicht erduldet werden muss, sondern gestaltet werden kann.

Wer (gesellschaftliche) Gegebenheiten als ungerecht kritisiert, macht zwei Voraussetzungen: Die Gegebenheiten lassen sich nach einem moralischen Gerechtigkeitsmaßstab beurteilen und sie lassen sich nach Maßgabe der moralischen Bewertung verändern. Das heißt, die Subjekte müssen einen Sinn für Gerechtigkeit haben, mithin die Fähigkeit, moralisch zu urteilen und sich selbst und andere an dies Urteil zu binden. Die beurteilten Gegebenheiten wiederum müssen als

> ## Ein gerechtes Schicksal ist ein Schicksal, das eine Person verdient hat.

Resultate absichtlicher Handlungen oder Unterlassungen interpretierbar sein. Handlungen und deren Ergebnisse können nur dann als ungerecht bezeichnet werden, wenn die handelnde Person auch anders hätte handeln können; sie muss zum Zeitpunkt der Tat mithin willensfrei und in der Lage sein, ihre Handlungen zu verantworten sowie den Normen der Gerechtigkeit zu folgen. Entsprechend können beispielsweise Personen Tiere ungerecht behandeln, aber es kann keine Ungerechtigkeit zwischen Tieren geben.

Zentral für die Gerechtigkeit ist also vor allem die Kategorie der Verantwortlichkeit. Als gerecht oder ungerecht kann nur gelten, was in der Verantwortung der betreffenden Menschen liegt. Das Wetter, Naturkatastrophen, natürliche, unheilbare Krankheiten und so weiter können selbst nicht gerecht oder ungerecht sein. Auch wenn gelegentlich Beschwerden, wie: „Es ist ungerecht, dass es bei meinem Gartenfest immer regnet, während bei den Grillpartys der Nachbarn die Sonne scheint", zu hören sind, und auch wenn man versteht, was gemeint ist, wenn man sich über das Schicksal beklagt, etwa darüber, dass einige Menschen blind geboren werden, so ist dieser Sprachgebrauch doch verfehlt. Der Begriff der natürlichen Ungerechtigkeit ist eine begriffliche Illusion. Solche Schicksalsrhetorik entlarvt uns als Moralromantiker und Ge-

> ## Die Götter sind Hüter der Gerechtigkeit.

rechtigkeitsmetaphysiker.[3] Wir haben anscheinend unbewusst immer noch die Vorstellung oder zumindest die Hoffnung, dass es in der Welt gerecht zugeht, ob nun durch einen Gott oder durch das Schicksal bewirkt. Was immer uns widerfährt, wir sind geneigt, es moralisch zu bewerten, seien es Naturkatastrophen, Krankheiten, Geschicke des Alltags. Immer noch treibt uns der Gedanke um, dass moralisch wertvolle Anstrengungen im Laufe der Zeit belohnt und moralisch

Aphorismenschneise • Aphorismenschneise • Aphorismen

enschneise • Aphorismenschneise •

Nach Gerechtigkeit verlangen all jene, denen
an der Fundiertheit ihres Trübsinns liegt.

Sein Leben lang träumt man von der Rache
– von einer Zukunft, die sich beherrschen lässt.

Schuld kann Leben verlängern.

Unrechtes wird sichtbar, wenn es
nicht mehr dauert. Also wenn ihm
Unrecht geschehen ist.

Der Verzicht auf Rache bleibt so unver-
gesslich wie ein Lächeln in der Nacht.

Rachsucht ist Treue zum Feind.

der
blaue
reiter

schlechte Taten oder Personen bestraft werden. Das,
was man im heutigen umgangssprachlichen Gebrauch
als Schicksal im engeren Sinn bezeichnet, nämlich die
unverfügbare Zufälligkeit des Lebens, meint aber das,
was der Mensch gerade nicht in seiner Verfügungs-
macht hat. Da Menschen nicht für das so verstandene
Schicksal verantwortlich sind, liegt dieses außerhalb
der Gerechtigkeit.

Das könnte nun zu der irrigen Vorstellung verleiten, Menschen seien nur für ihre Taten verantwortlich
und folglich seien nur diese dann entweder gerecht
oder ungerecht. Die menschliche Verantwortung reicht
jedoch weiter. Es kommt nicht darauf an, ob der
Mensch ein Ereignis willentlich hervorgebracht hat
oder nicht. Die für die angemessenen Anwendung des
Gerechtigkeitsbegriffs entscheidende begriffliche Ent-
gegensetzung ist nicht die zwischen dem Schicksal auf
der einen und Menschengemachtem auf der anderen
Seite. Verantwortlich sind Personen nämlich nicht nur
für die Folgen ihrer eigenen Handlungen. Vielmehr
zeichnen sie verantwortlich für alle Verhältnisse, bei
denen menschliche Korrekturen und Eingriffe möglich sind[4] – so gibt es zum Beispiel auch den Straftat-
bestand der unterlassenen Hilfeleistung. Nicht verantwortlich hingegen können sie für Unglück oder das

> „Es ist ungerecht, dass es bei meinem
> Gartenfest immer regnet, während bei den
> Grillpartys der Nachbarn die Sonne scheint."

Walten des Schicksals selbst gemacht werden. So kann
zwar eine Naturkatastrophe selbst nicht gerecht oder
ungerecht sein, wohl aber deren Folgen – je nachdem,
ob sie hätten verhindert oder gelindert werden können.

Es gibt demnach zwei Arten von Kriterien für die
gerechtigkeitsbasierte Bewertung von Handlungen:
primäre (auf durch den Handelnden hervorgerufene
Situationen bezogene, wie zum Beispiel die durch einen absichtlichen Diebstahl verursachte) und *sekundäre*

(auf nicht willentlich herbeigeführte Umstände bezogene). Wenn zum Beispiel ein Kind droht von einem
im Gewitter herabstürzenden Ast erschlagen zu werden, so mag das ein von niemandem zu verantworten-
des schicksalhaftes Ereignis sein. Kann jemand das
Kind jedoch ohne Gefahr für sich selbst retten, wäre er
für den Tod des Kindes (*sekundär*) mitverantwortlich,
wenn er es nicht täte.

Nur Gerechtigkeit vermag
die Katastrophe zu verzögern.

Auch wenn alle veränderbaren Zustände gerechtig-
keitsrelevant sind, so ist dennoch für die Zuschreibung
von Verantwortung, für die Beurteilung der Gerechtigkeit auch ganz entscheidend, wie das Unrecht zustan-
de gekommen ist. Wir unterscheiden zwischen einer
Ungerechtigkeit, die durch eine ungerechte individuelle oder kollektive Handlung gegenüber Personen
entsteht, und einer Ungerechtigkeit, die im Nichtver-
bessern eines ungerechten Zustands besteht. Der persönlichen Verantwortung, Menschen moralisch angemessen und insbesondere unparteiisch zu behandeln,
kommt eine Vorrangstellung vor der Pflicht zu, ungerechte soziale Zustände in gerechte zu überführen.
Denn die Verantwortung ist bei eigenen Handlungen
direkter, während sie bei Zuständen abgestuft ist.
Primäre und sekundäre Kriterien für Gerechtigkeit
können jedoch unterschiedliches Gewicht haben. So
können primäre Kriterien, beispielsweise keine Scho-
kolade zu stehlen, weniger schwerwiegend sein als sekundäre, wie einen Verhungernden zu retten.

Die Bedingung für die angemessene Anwendung
des Gerechtigkeitsbegriffs, die den Bereich der Gerechtigkeit festlegt, lautet somit zusammenfassend,
dass wir es mit Situationen oder Ereignissen zu tun haben müssen, die Menschen effektiv und kompetent
durch individuelle oder kollektive Handlungen entsprechend den Prinzipien der Gerechtigkeit ändern
können.[5]

Auch wenn man nicht mehr an die Gerechtigkeit
der Götter glaubt, bleibt die Frage nach dem Schicksal
bestehen. Die Gerechtigkeit stellt an uns den Anspruch, das Schicksal auszugleichen, soweit es in un-

serer Macht steht und gerechterweise von uns erwartet werden kann. Damit sind Grenzen markiert. Ganz ausgleichen können wir das Schicksal nicht. Tod, Krankheiten, der Verlust bestimmter Güter lassen sich nicht ersetzen, nur anderweitig und oft eher schlecht als recht kompensieren. Die nötige und mögliche Hilfe in Schicksalsfällen kann zudem von den möglichen Helfern zu viel verlangt sein, wenn nämlich die Personen, die die schicksalhaften Ereignisse abwenden, korrigieren oder kompensieren könnten, wichtigere moralische Gründe haben, andere Dinge zu tun. So sehen wir es beispielsweise in der Regel eher als unsere Pflicht an, unsere alten kranken Eltern zu pflegen, als in Organisationen mitzuwirken, die Hungersnöte in der Dritten Welt bekämpfen. Wegen dieser und gegebenenfalls anderer Gerechtigkeitsreste wird das Schicksal weiterhin einige hart treffen, und für sie stellt sich die Frage, wie sie mit ihrem Schicksal umgehen können und sollen. Wenn für die Betreffenden die Hoffnung auf eine Rettung durch göttliche Gerechtigkeit nicht gegeben ist und wenn der menschlichen Gerechtigkeit so weit wie möglich genüge getan ist, wird die Frage nach dem Umgang mit dem „Geschickten" zu einer persönlichen Haltung. Dies ist nun keine Angelegenheit der Moral mehr, sondern betrifft die Frage, wie wir jeweils individuell unser Leben gestalten wollen, so dass es ein möglichst gutes Leben wird. Allgemein verbindliche moralische Vorschriften wären fehl am Platz. Hier raten wir uns oder guten Freunden, wie man angesichts eines Schicksalsschlags die Konzeption seines Lebens noch einigermaßen gut, das heißt sinnvoll, umsetzen kann. Was das beinhaltet, ist ein anderes Thema – keines der Gerechtigkeitslehre.

Stefan Gosepath ist Privatdozent für Philosophie an der Freien Universität Berlin und vertritt zurzeit eine Professur für Ethik an der Universität Potsdam.

Anmerkungen:

1. Vergleiche Assmann, J.; Janowski, B.; Welke, M. (Hrsg.): Gerechtigkeit. Richten und Retten in der abendländischen Tradition und ihren altorientalischen Ursprüngen. Fink Verlag, München 1998
2. Vergleiche Flaig, E.: Ehre gegen Gerechtigkeit. Adelsethos und Gemeinschaftsdenken in Hellas. In: Assmann, J.; Janowski, B.; Welke, M. (Hrsg.): Gerechtigkeit. Richten und Retten in der abendländischen Tradition und ihren altorientalischen Ursprüngen. Fink Verlag, München 1998, Seite 114–128
3. Vergleiche Kersting, W.: Theorien der sozialen Gerechtigkeit. Metzler Verlag, Stuttgart/Weimar 2000, Seite 16–20
4. Vergleiche Shklar, J.: Über Ungerechtigkeit. Erkundungen zu einem moralischen Gefühl. Fischer Verlag, Frankfurt am Main 1997; Rössler, B.: Unglück und Unrecht. Grenzen von Gerechtigkeit im liberaldemokratischen Rechtsstaat. In: Münkler, H.; Llanque, M. (Hrsg.): Konzeptionen der Gerechtigkeit. Nomos Verlag, Baden-Baden 1999, Seite 347–364
5. Vergleiche dazu ausführlicher Gosepath, S.: Gleiche Gerechtigkeit. Grundlagen eines liberalen Egalitarismus. Suhrkamp Verlag, Frankfurt am Main 2004

19

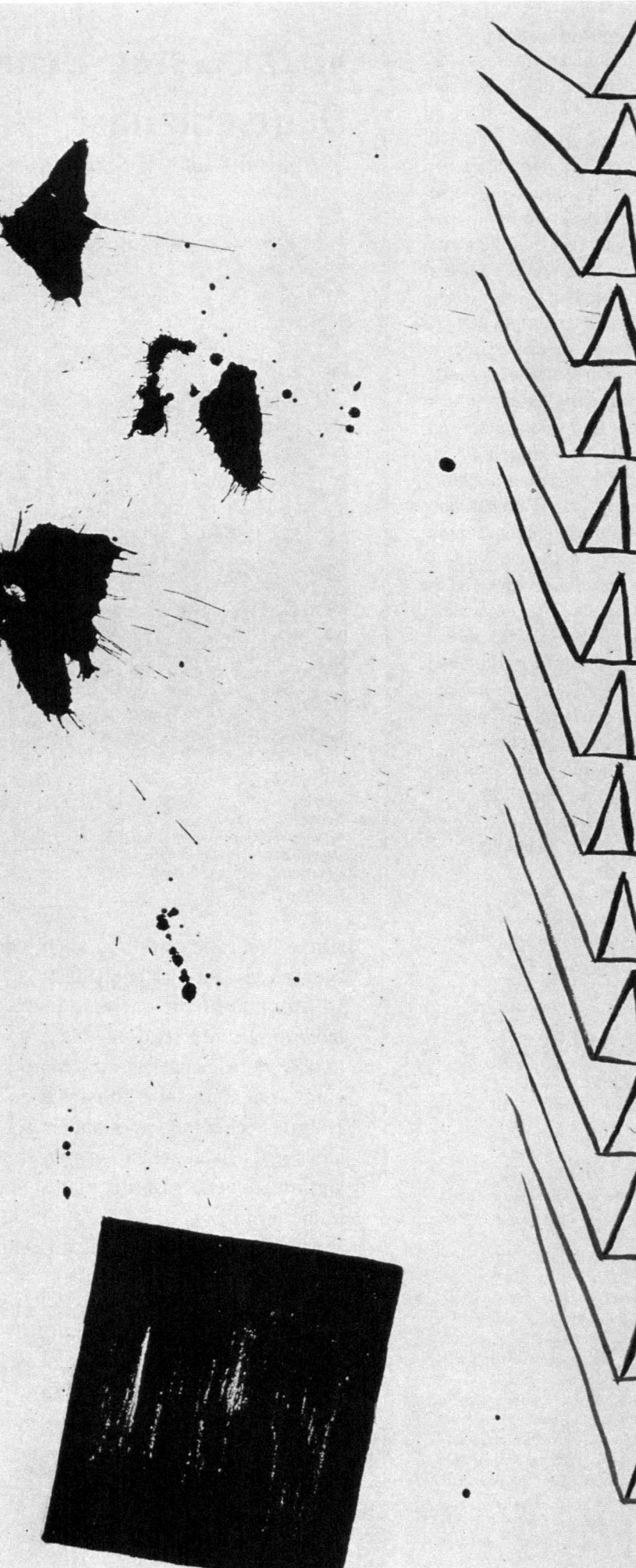

Wolfgang Kersting

Vertrag und Gerechtigkeit

Der Grundsatz der Vertragstheorie lautet: „Dem willentlich Zustimmenden kann aus dem, dem er zustimmt, kein Unrecht erwachsen" („volenti non fit iniuria").

Wenn jemand mit anderen eine vertragliche Vereinbarung trifft, gibt er seine Zustimmung zu den Pflichten und Rechten, die ihm und den anderen auf Grund dieser Vereinbarung zugeteilt werden. Die Rechtfertigung von Rechten und Pflichten durch vertragliche Zustimmung stützt sich auf die Annahme, dass jemand, der freiwillig, also ungezwungen und nicht erpresst, einen Vertrag schließt, seine wohl bedachten Interessen wahrt und sich auf nichts einlässt, das ihm zum Schaden gereichen könnte. Diese Annahme enthält neben der Bedingung der Freiwilligkeit auch die Voraussetzung, dass die Vertragspartner einander als gleichberechtigte Personen respektieren und ihre Übereinkunft unter Bedingungen herbeiführen, die fair sind und jede Übervorteilung des einen durch den anderen ausschließen.

In der Moderne ist es nicht mehr möglich, sich zur Begründung moralischer Grundsätze auf Gottes Willen, die Absicht der Natur oder unveränderliche menschliche Wesensbestimmungen zu berufen. Die einzige Instanz, mit der die philosophische Begründung rechnen kann, ist das selbstbestimmte, vernünftige Individuum. Als gerechtfertigt kann ein Prinzip daher nur dann gelten, wenn gezeigt werden kann, dass alle betroffenen Individuen sich auf dieses Prinzip geeinigt haben könnten.

Natürlich sind Staaten und Gesellschaften noch nie durch eine vertragliche Übereinkunft entstanden. Die Verträge, von denen in Vertragstheorien die Rede ist, sind Gedankenexperimente in den Köpfen der Philosophen. Wie aber können hypothetische Verträge Verbindlichkeiten erzeugen? Dies ist dann der Fall, wenn es gute Gründe gibt, anzunehmen, dass die beteiligten Parteien eine derartige Vereinbarung vernünftigerweise hätten treffen sollen und dass sie darum die aus dieser Übereinkunft hervorgehenden Grundsätze betrachten können, als hätten sie ihnen zugestimmt. Der Rechtfertigungszweck der Vertragstheorie hat nichts mit der bindenden Wirkung von Rechtsverträgen zu tun, die sich immer nur im Fall tatsächlich vollzogener Selbstverpflichtungen einstellt. Mit Hilfe solcher theoretischer (Gesellschafts-)Verträge lassen sich allgemein verbindliche Gerechtigkeitsprinzipien finden. Denn ebendas ist der Grundsatz der Vertragstheorie: Nur die Prinzipien sind allgemein verbindlich, auf die sich Menschen unter bestimmten fairen Bedingungen

einigen würden, oder anders formuliert: die von jedermann gegenüber jedermann öffentlich gerechtfertigt werden können. Dies erklärt auch, warum in den Verträgen der philosophischen Vertragstheorie nicht verhandelt und gefeilscht wird. Sie basieren nicht auf komplementären, sich ergänzenden Interessen, die sich wechselseitig benötigen, um sich zu verwirklichen. Sie basieren auf Interessenidentität.

> **Eine vollständige Gerechtigkeitsgemeinschaft erfordert die Ausweitung der Kooperationsgemeinschaft zur Solidargemeinschaft.**

Worauf es ankommt, ist nicht der hypothetische Akt vertraglicher Einigung, sondern es sind die Gründe, die eine einmütige Einigung aller Parteien auf bestimmte Normen als vernünftig erscheinen lassen. Die „guten" Gründe, die eine Einigung als vernünftig erscheinen lassen, hängen eng mit der Situation zusammen, in der die gedachte Übereinkunft getroffen werden soll. In der Vertragssituation sind die Gründe in Gestalt der Situationsmerkmale zu finden. Für jede Version einer kontraktualistischen (vertragstheoretischen) Rechtfertigung von Prinzipien gilt daher folgende Formel: Hätte die Ausgangssituation nicht die Merkmale M_1, M_2..., dann gäbe es auch keine guten Gründe, sich auf die Prinzipien P_1, P_2... mit den Eigenschaften E_1, E_2... zu einigen. Diese Formel zeigt deutlich, dass die Ausgangssituation – in der Sprache der klassischen Vertragstheorie der Naturzustand, in

> **Gerechtigkeit ist für Rawls nur in Kooperationsgemeinschaften möglich.**

der Begrifflichkeit Rawls' die „original position" – im Mittelpunkt der kontraktualistischen Begründungstheorie steht. Ihre Gestaltung bestimmt darüber, ob das sich auf sie stützende Rechtfertigungsargument überzeugt. Die Voraussetzungen müssen unstrittig sein, anderenfalls bietet die gewählte Ausgangssituation keine tragfähige Basis für eine Begründung von Prinzipien. Eine kontraktualistische Rechtfertigungstheorie hat daher immer zweierlei zu leisten: Sie muss

21

einmal eine allgemein akzeptable Ausgangssituation entwerfen und dann die Prinzipien bestimmen, auf die sich alle Parteien auf der Grundlage dieser angenommenen Ausgangssituation einigen würden.

> **Nur der kann den rechtlich geschützten Freiheitsraum der Gesellschaft nutzen, der nicht in Not und Elend um sein Überleben kämpfen muss.**

Rawls' vertragstheoretische Gerechtigkeitskonzeption

Die Ausgangssituation, mit deren Schilderung die philosophische Argumentation beginnt, beherbergt das Problem, zu dessen Lösung dann der Vertrag eingeführt wird. In der klassischen Vertragssituation war das Problem die Schwierigkeit des Überlebens in einem gesetzlosen, anarchischen Zustand, in dem keiner dem anderen trauen konnte – Thomas Hobbes spricht vom „Krieg aller gegen alle". Diesen Naturzustand zu überwinden schlossen die Menschen in der Theorie von Hobbes einen Staatsgründungsvertrag. Bei John Rawls ist das Ausgangsproblem weitaus komplexer. Rawls geht nicht von Hobbes'schen Überlebenskämpfen aus, sondern von den Verteilungskonflikten einer entwickelten arbeitsteiligen Kooperationsgemeinschaft. Verteilungskonflikte verlangen nach streitschlichtenden Regeln, nach Regeln, die eine gerechte Verteilung sichern. Was aber sind gerechte Verteilungsregeln?

Um die Regeln einer gerechten Verteilung zu ermitteln, entwickelt Rawls eine Variante des von Hobbes in die philosophische Diskussion eingeführten Modells des Gesellschaftsvertrags. Seine Grundidee ist, dass gerechtfertigte und objektiv verbindliche Prinzipien der Gerechtigkeit identisch sind mit den Prinzi-

> **Dem Bereich von Recht, Freiheit und Politik gebührt der Vorrang gegenüber der Sphäre der Gütererzeugung.**

pien, die freie und rationale, nur an ihrem eigenen Interesse ausgerichtete Personen wählen würden, wenn sie in einen ursprünglichen Zustand der Gleichheit versetzt wären und die Aufgabe bekämen, die Form, die Grundstruktur und die fundamentalen, alle Folgegesetze bindenden Normen ihrer zukünftigen Gesellschaft zu bestimmen. Die vielen Konjunktive (Möglichkeitsformen) zeigen bereits an, dass es sich hier ebenfalls um das Gedankenexperiment einer fiktiven Verfassungswahl handelt.

Freilich sind die Ergebnisse dieses Gedankenexperiments nur dann annehmbar, wenn sichergestellt ist, dass die Einigung unter fairen Bedingungen stattgefunden hat. Faire Bedingungen sind solche, die niemanden benachteiligen und niemanden bevorzugen. Rawls sorgt in seinem Gedankenexperiment dadurch für Fairness, dass er jeden der Verfassungswähler unter einem „Schleier der Unwissenheit" versteckt, der die Eigentümlichkeit besitzt, die Agierenden weniger für die Augen anderer, sondern vielmehr und vor allem für sich selbst unsichtbar zu machen.

Hinter dem Schleier des Nichtwissens verbirgt sich folgende Überlegung: Wenn jemand Verfassungsprinzipien auszuwählen hat, über sich selbst aber nichts weiß, somit auch nicht feststellen kann, welche der zur Entscheidung stehenden Verfassungsprinzipien für ihn vorteilhaft sein könnten, muss er notgedrungen eine Wahl unter allgemeinen Gesichtspunkten vornehmen. Durch den Schleier der Unwissenheit wird die besondere Individualität zum Schweigen gebracht; nur die Stimme des Allgemeinen, des „Für-jeden-gleichermaßen-Nützlichen" ist zu vernehmen.

Woran aber können sich die sich selbst unkenntlich gewordenen Individuen bei ihren Überlegungen und Entscheidungen orientieren? Nicht an dem, was für sie und möglicherweise für niemanden sonst gut ist, denn das können sie nicht mehr wissen. Sie können sich ausschließlich an dem orientieren, was für jedermann und daher auch für sie gut ist, gleichgültig wer sie im Einzelnen sein mögen. Das heißt die Individuen orientieren sich an Grundgütern, welche die institutionellen und materiellen Bedingungen der erfolgreichen Realisierung jeder individuellen Interessenstrategie sind. Das Konzept der gesellschaftlichen Grundgüter gibt den Individuen im Urzustand ein Instrument an die Hand, um trotz der Unkenntnis der eigenen Fähigkeits- und Interessensituation eine rationale, am Selbstinteresse orientierte Entscheidung zu treffen. Jedes Selbstinteresse betrachtet die zur Wahl stehenden Verteilungsprinzipien unter der Perspektive der Grundgüterverteilung und sucht das Verteilungsmuster aus, das für es am günstigsten scheint; dieses ist aber dank des Schleiers des Nichtwissens, der das Selbstinteresse anonymisiert, das für jedermann günstigste und daher von allen gleichermaßen gewollte Verteilungsmuster der Grundgüter.

Zwei Gerechtigkeitsprinzipien

Auf welche Grundsätze würden sich die Menschen im Urzustand einigen? Nach Rawls lassen sie sich bei ihrer Verfassungswahl von folgender allgemeinen Gerechtigkeitsvorstellung leiten: „Alle sozialen Werte – Freiheit, Chancen, Einkommen und die sozialen Grundlagen der Selbstachtung – sind gleichmäßig zu verteilen, soweit nicht eine ungleiche Verteilung jedermann zum Vorteil gereicht." (TdG 83) Auf Grund der überaus plausiblen Annahme von Rawls, dass ein jeder von den gesellschaftlichen Grundgütern lieber mehr als weniger haben möchte, ist diese Grundorientierung verständlich: Ungleichverteilungen werden keine allgemeine Zustimmung finden, es sei denn, sie sind zum Vorteil von jedermann.

Die allgemeine Gerechtigkeitsvorstellung stellt die immateriellen und die materiellen Grundgüter prinzipiell gleich und lässt zu, dass Freiheit und ökonomisches Wohlergehen gegeneinander aufgerechnet werden können, dass eine Privilegienordnung, also eine Ungleichverteilung von Freiheiten und Rechten, gerechtigkeitstheoretisch akzeptabel wird, wenn sie sich – wie auch immer und an welchem Vorteils- und Nutzenmaß auch immer gemessen – als vorteilhaft erweist. Die Gerechtigkeitskonzeption würde dann mit der normativen, für unsere kulturelle Selbstverständigung wichtigen menschenrechtlichen Orientierung in Konflikt geraten können. Um das zu vermeiden, zerlegt Rawls die Gerechtigkeitsvorstellung in zwei Prinzipien, in ein egalitaristisches Verteilungsprinzip für die immateriellen Grundgüter und in ein nichtegalitaristisches Verteilungsprinzip für materielle Grundgüter, also in ein Gleichverteilungsprinzip für Rechte und Chancen und ein Ungleichverteilungsprinzip für Einkommen und Ämter.

> **Die Stimme der Individualität muss zum Schweigen gebracht werden.**

Das erste Verteilungsprinzip ist ein Grundsatz der rechtlich-politischen Gerechtigkeit. Es lautet: „Jedermann soll gleiches Recht auf das umfangreichste System gleicher Grundfreiheiten haben, das mit dem gleichen System für alle anderen verträglich ist." (TdG 81) Das zweite Verteilungsprinzip ist ein Grundsatz der sozio-ökonomischen Gerechtigkeit; es lautet: „Soziale und wirtschaftliche Ungleichheiten sind so zu gestalten, daß (a) vernünftigerweise zu erwarten ist, daß sie zu jedermanns Vorteil dienen, und (b) sie mit Positionen und Ämtern verbunden sind, die jedem offen stehen." (81)

Das erste Gerechtigkeitsprinzip verlangt zum einen eine gleiche Verteilung von Grundfreiheiten und politischen Rechten und zum anderen eine Maximierung der individuellen Freiheit. Hier geht es um politische Wahl- und Partizipationsrechte, um Rede- und Versammlungsfreiheit, sodann um persönliche Grundfreiheiten, um Gewissens-, Gedanken- und Religionsfreiheit, und schließlich um die fundamentalen Menschenrechte, um das Recht auf persönliches Eigentum, um das Recht auf körperliche Unversehrtheit, um das Recht auf Sicherheit und Freiheit vor Angst und Terror. Dabei gilt, dass eine Grundordnung nicht schon dann gerecht ist, wenn diese Grundfreiheiten gleich verteilt sind. Zusätzlich muss sie die Forderung erfüllen, das System der gleichen Grundrechte so zu gestalten, dass eine maximale individuelle Freiheit möglich wird. Dieses Gerechtigkeitsprinzip wird also nicht nur durch Privilegien und rechtlich-politische Diskrimini-

23

rung verletzt, sondern auch durch die allgemeinen, jedermann betreffenden Freiheitseinschränkungen autoritärer, repressiver oder totalitärer Regimes, durch einen egalitaristischen Totalitarismus. Und auch ausufernde sozialstaatliche Bürokratien, die die individuelle Bewegungs- und Gestaltungsfreiheit durch ein dichtes Regulationsdickicht ersticken, muss das erste Gerechtigkeitsprinzip ablehnen.

Der Anwendungsbereich des zweiten Gerechtigkeitsprinzips sind die Verteilungsmuster für soziale und wirtschaftliche Güter, für Vermögen und Einkommen, Ansehen und Macht. Es unterwirft die sozio-ökonomische Ungleichheit bestimmten Rechtfertigungsbedingungen, belastet sie mit dem Nachweis einer allgemeinen, auch den Schlechtestgestellten einbeziehenden Nützlichkeit und fordert den freien und fairen Zugang zu allen Positionen gesellschaftlicher und politischer Funktionsmacht.

Was sind gerechte Verteilungsregeln?

In struktureller Hinsicht reflektiert und fixiert der Dualismus von notwendig gleicher Freiheit *in politicis* und erlaubter Ungleichheit *in oeconomicis* den Dualismus von Staat und Gesellschaft, von Politik und Ökonomie. Dabei gilt, dass dem Bereich von Recht, Freiheit und Politik der Vorrang gegenüber der Sphäre der Gütererzeugung gebührt. Konflikte in der Anwendung der beiden Verteilungsregeln werden von Rawls dadurch entschieden, dass die Menschen zugleich mit ihrer Wahl festgelegt haben, dass „diese Grundsätze in lexikalischer Ordnung stehen sollen, derart, daß der erste dem zweiten vorausgeht. Diese Ordnung bedeutet, daß

Verletzungen der vom ersten Grundsatz geschützten gleichen Grundfreiheiten nicht durch größere gesellschaftliche oder wirtschaftliche Vorteile gerechtfertigt oder ausgeglichen werden können."(TdG 82)

Der Vorrang der Grundfreiheiten vor ökonomischen Gütern entspricht der politischen Kultur westlich geprägter Gesellschaften. Ob eine solche Bevorzugung allerdings auch von Menschen im Urzustand vorgenommen würde, ist fraglich. Denn nur der kann den rechtlich geschützten Freiheitsraum des Markts und der Gesellschaft für seine Lebensgestaltung nutzen, der nicht in Not und Elend um sein Überleben kämpfen muss. Genauso wenig wie die Moral sich in der Not behaupten kann, kann die Freiheit im Elend ihre Vorzugswürdigkeit behalten. Die Verfassungswähler werden sich also höchstens auf eine bedingte Vorrangigkeit der Grundfreiheiten einigen.

Das Differenzprinzip

Das zweite Rawls'sche Verteilungsprinzip verlangt, soziale und wirtschaftliche Ungleichheiten so zu gestalten, dass vernünftigerweise zu erwarten ist, dass sie zu jedermanns Vorteil dienen. Es gilt: so gleich wie möglich, so ungleich wie nötig. Eine solche Erwartung führt nach Rawls' Überzeugung zum Differenzprinzip (difference principle).

„Zur Veranschaulichung des Unterschiedsprinzips betrachte man die Einkommensverteilung zwischen gesellschaftlichen Klassen ... Nun hat jemand, der etwa in einer Demokratie mit Privateigentum als Mitglied der Unternehmerklasse anfängt, bessere Aussichten als jemand, der als ungelernter Arbeiter anfängt. Das dürfte auch dann noch gelten, wenn die heutigen sozialen Ungleichheiten beseitigt wären. Wie ließe sich nun eine solche anfängliche Ungleichheit der Lebenschancen überhaupt rechtfertigen? Nach dem Unter-

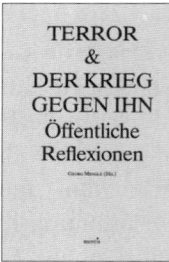

schiedsprinzip ist sie nur gerechtfertigt, wenn der Unterschied in den Aussichten zum Vorteil der schlechter gestellten repräsentativen Person – hier des ungelernten Arbeiters – ausschlägt. Die Ungleichheit der Aussichten ist nur dann zulässig, wenn ihre Verringerung die Arbeiterklasse noch schlechter stellen würde." (TdG 98/9) Dieser Auszeichnung der Schlechtestgestellten (worst-off) liegt das Maximin-Prinzip zu Grunde. Dieses schreibt uns vor, die Alternativen nach ihren schlechtesten möglichen Ergebnissen zu ordnen und dann das beste schlechteste Ergebnis zu wählen, das Maximum der Minima, *the best of the worst*. Und das bedeutet für die Situation der Verfassungswahl: Die Wähler übernehmen die Position des Schlechtestge-

> ## Gerechtigkeitsethik aus der Perspektive des Pechvogels.

stellten und fragen sich, welches Verteilungsmuster für den Minderbegünstigten am vorteilhaftesten ist. Das heißt sie gehen bei ihren Überlegungen zur Grundgütermaximierung von der Voraussetzung aus, dass sie in der durch die Gerechtigkeitsprinzipien zu gestaltenden Realität zu den Untalentiertesten, Schlechtestgestellten, Minderbegünstigten gehören. Das ist Gerechtigkeitsethik aus der Perspektive des Schicksalsopfers, des Pechvogels. Ist es aber vernünftig, eine Maximin-Mentalität als anthropologisches Datum, das heißt als eine nicht vom Menschsein zu trennende Eigenschaft zu betrachten?

Man darf doch nicht außer Acht lassen, dass Entscheidungsregeln nicht objektiv rational, sondern immer nur relativ zu einer bestimmten Entscheidungsmentalität und einer bestimmten psychologischen Disposition rational sind. Es gibt daher keinen Grund, den Menschen unter dem Schleier der Unwissenheit durchgehend eine Entscheidungsmentalität zu unterstellen, die ihnen den Griff zur Maximin-Regel als rational erscheinen ließe. Rawls sagt doch selbst, dass unter dem Schleier der Unwissenheit niemand „die

Besondernheiten seiner Psyche wie seine Einstellung zum Risiko oder seine Neigung zu Optimismus oder Pessimismus" (TdG 160) kennt. Damit gibt Rawls zu, dass es keine rationale Grundlage für die Anwendung der Maximin-Regel gibt. Die Legitimität sozio-ökonomischer Ungleichheit liegt in ihrer Anreizwirkung, in ihrer ökonomisch-anthropologischen Notwendigkeit für eine allen dienlichen Produktivitätssteigerung. Mit diesem Kriterium rechtfertigt sich die Ungleichheit vor der Gleichheit, lassen sich zulässige Ungleichverteilungen von unzulässigen Ungleichverteilungen unterscheiden. Eine Ungleichheit, die unproduktiv bleibt, die nicht zu einer Vermehrung der Grundgüter – und das heißt hier: zu einem alle besser stellenden Wirtschaftswachstum – führt, ist gerechtigkeitsethisch nicht gerechtfertigt und muss durch Umverteilung ausgeglichen werden.

Differenzprinzip, Gerechtigkeit und Sozialstaat

Die Rawls'sche Theorie der Gerechtigkeit begründet eine Gerechtigkeit zwischen Kooperationspartnern. Die unter dem Schleier der Unwissenheit ermittelte Verfassung bestimmt allein die Grundstruktur einer Gesellschaft selbstständiger Wirtschaftssubjekte, die Grundstruktur einer geschlossenen, nur Erwerbsfähige umfassenden Marktgesellschaft. Gerade weil es auf die internen Verteilungsprobleme des Kooperations-

> ## Die Verträge, von denen in Vertragstheorien die Rede ist, sind Gedankenexperimente in den Köpfen der Philosophen.

systems eingeschränkt ist, taugt das Differenzprinzip nicht als Sozialstaatsprinzip. Denn obwohl das Differenzprinzip sozio-ökonomische Ungleichheit zulässt, ist es eingebettet in die Vorstellung einer Gesellschaft der Wechselseitigkeit und des wechselseitigen Vor-

25

teils. Die Vereinbarkeit von wechselseitiger Vorteilhaftigkeit und Ungleichheit ist darin begründet, dass der Kooperationsgewinn in einer Gesellschaft, die Ungleich-

heiten zulässt, größer ist als in einer Gesellschaft, die auf dem Prinzip der Gleichheit beruht. Gerechtigkeit ist für Rawls somit nur in Kooperationsgemeinschaften möglich.

Daher vermag seine Theorie der Gerechtigkeit keine Sozialstaatsbegründung, keine Begründung der moralischen Vorzugswürdigkeit kollektiver Sicherungssysteme zu liefern. Denn die Adressaten sozialstaatlicher Versorgung sind gerade die Mitmenschen, die entweder aus der Kooperationsgemeinschaft ausgestoßen oder nicht in sie aufgenommen werden. Die Adressaten der sozialstaatlichen Versorgung sind Arbeitslose, Arbeitsunfähige, Rentner, Kranke und geistig, psychisch und körperlich Behinderte, alle die also, die sich in einer Gesellschaft der Gegenseitigkeit, des wechselseitigen Vorteils nicht behaupten können, da sie nichts anzubieten haben, das zu erwerben andere interessiert sein könnten. Eine normative (als Richtschnur dienende) Begründung des Sozialstaats muss zeigen, dass die Gerechtigkeitsgemeinschaft auch auf Hilfsbedürftige ausgedehnt werden muss. Eine vollständige Gerechtigkeitsgemeinschaft erfordert also die Ausweitung der Kooperationsgemeinschaft zur Solidargemeinschaft. Man darf nicht übersehen, dass sich hinter den Schlechtestgestellten, die das Rawls'sche Differenzprinzip zum Adressaten hat, keinesfalls die typische Sozialstaatsklientel verbirgt. Die Schlechtestgestellten sind in der Rawls'schen Theorie ausschließlich die innerhalb der Kooperationsgemeinschaft Schlechtestgestellten: also ungelernte Arbeiter, Angehörige von Niedriglohngruppen, geringfügig Beschäftigte, aber eben keine Selbstversorgungsunfähigen.

Eine vollständige Theorie der Gerechtigkeit muss daher über Rawls hinausgehen, darf sich nicht auf die Gerechtigkeitsprinzipien innerhalb der Kooperationsgemeinschaft des Markts beschränken, sondern muss auch weiter reichende Gerechtigkeitsprinzipien für eine Solidargemeinschaft entwickeln. Daher wird der Vertrag einer vollständigen Gerechtigkeitstheorie sich auch nicht auf die Lösung der Verteilungsprobleme der Wirtschaftsgesellschaft beschränken können, sondern sich auf die Versorgungsprobleme aller Mitglieder einer umfassenden Bürgergesellschaft erstrecken müssen.

Wolfgang Kersting ist Professor für Philosophie an der Christian-Albrechts-Universität zu Kiel.

Literatur:

– Rawls, John: Eine Theorie der Gerechtigkeit. Frankfurt/Main 1975. **Im Text abgekürzt mit TdG**
– Rawls, John: Gerechtigkeit als Fairneß. Ein Neuentwurf. Frankfurt/Main 2003

Zur Vertiefung empfohlen:

– Kersting, Wolfgang: Politische Philosophie des Gesellschaftsvertrags. Darmstadt 1994 (Neuauflage im Druck)
– Kersting, Wolfgang: Theorien der sozialen Gerechtigkeit. Stuttgart 2000
– Kersting, Wolfgang: Kritik der Gleichheit. Weilerswist 2002
– Kersting, Wolfgang: John Rawls zur Einführung. Neufassung, 2. Auflage. Junius Verlag, Hamburg 2004
– Kersting, Wolfgang: Gerechtigkeit und Lebenskunst. Philosophische Nebensachen. Mentis Verlag, Paderborn 2004

Georg Meggle

Gerechter Terror?

Gewalt ist nicht schön – aber …

Gewalt ist nicht schön – aber manchmal notwendig. Notwendig zum Beispiel, um das eigene Leben zu retten; notwendig manchmal zur Rettung des Lebens anderer. In Notwehr ist Gewaltanwendung erlaubt; bei Nothilfe mitunter sogar moralisch geboten. Das ist aber keine Rechtfertigung für die Anwendung unbegrenzter Gewalt; auch der Zweck der Rettung von Leben rechtfertigt nicht jedes gewaltsame Mittel. Dies gilt nicht nur für Gewalt im Allgemeinen; es gilt – so die Kernthese der Lehre vom GERECHTEN[1], das heißt vom moralisch rechtfertigbaren Krieg – auch für Verteidigungs- und Nothilfe-Kriege (HUMANITÄRE Interventionen). Gilt Entsprechendes auch für die terroristische Gewalt? Kann auch Terrorismus gerecht, moralisch rechtfertigbar sein? Kann Terror erlaubt sein? Unter Umständen gar geboten?

Die Verfechter des so genannten Anti-Terror-Kriegs weichen dieser Frage aus. Tut man das nicht, muss man die Antwort auf zwei Vorfragen zumindest im Ansatz kennen: 1.) Was sind die moralischen Regeln für den Umgang mit Gewalt? 2.) Und was kann aus diesen Regeln für die Beurteilung terroristischer Gewalt geschlossen werden?

Gibt es eine Pflicht zum Terror?

Die klassischen Regeln für den Umgang mit Gewalt lassen sich in drei Gruppen einteilen. Die erste Gruppe umfasst Regeln dafür, *wann* überhaupt zur Gewalt gegriffen werden darf (*ius ad vim*); Notwehr und Nothilfe als die beiden wichtigsten Fälle wurden schon genannt. Die zweite Gruppe betrifft die Regeln dafür, *wie* bei dieser Gewaltausübung vorzugehen ist (*ius in vi*); und die Regeln der dritten Gruppe besagen, welche Zustände *nach* der Gewaltausübung wie und mit wem wieder herzustellen sind (*ius post vim*).

Im Falle kriegerischer Gewalt entsprechen diesen drei Regelgruppen das *ius ad bellum* (Berechtigung zum Krieg), das *ius in bello* (Kriegsrecht) und das *ius post bellum* (Recht nach dem Krieg) – also nichts anderes als die Regeln der klassischen *Lehre vom GERECHTEN* (im Sinne von: moralisch rechtfertigbarem) *Krieg*. Der Kern dieser Gewalt-/Kriegsethiken ist, grob gesprochen, recht einfach: Gewalt/Krieg ist nur dann *GERECHT* (moralisch erlaubt), wenn:

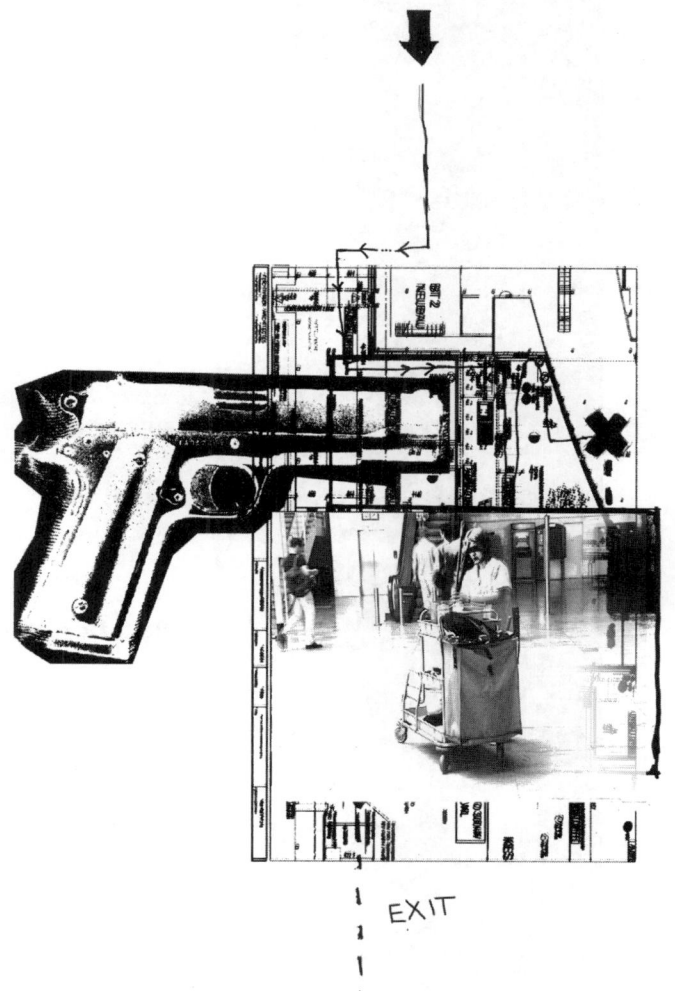

EXIT

1. UNGERECHTER Gewalt nicht anders beizukommen ist – und alle anderen Mittel bereits erschöpft sind (*ultima ratio*, das heißt als letzte Möglichkeit);
2.1 die Gewaltausübung (die Art der Kriegsführung) ihrem Ziel (der Beseitigung der primären Gewalt) dienlich ist;
2.2 sie ihrerseits nicht mit größerer Gewalt verbunden ist als für dieses Ziel notwendig und angemessen (Proportionalitätsregel);
2.3 die Gewalt sich nicht direkt gegen unbeteiligte Dritte (Unschuldige) richtet;
3. durch die Gewalt (den Krieg) die durch die UNGERECHTE Gewalt verletzte GERECHTE Ordnung (der Frieden) wieder hergestellt wird.

Vorsicht: Kollateralschäden

Diese klassische Software der Theorie der GERECHTEN Gewalt (beziehungsweise des GERECHTEN Kriegs)

Illustration: Christiane Forstnig www. butterandjam.com

27

enthält einen äußerst gefährlichen Chip. Gewalt-Täter wie Gewalt-Kritiker machen sich ihn gleichermaßen zu Nutze; er steuert auch, wie wir noch sehen werden, die übliche Bewertung terroristischer Gewalt.

Der fatale Fehler steckt im Punkt 2.3. Unschuldige Opfer gelten danach, insofern sie nicht *direktes* Ziel der Gewalt sind, lediglich als so genannte *Kollateralschäden*. Diese Entschuldigung entschuldigt aber viel zu viel; sie ebnet moralisch höchst bedeutsame Unterschiede ein. War es dem Täter schlicht egal, dass seine Gewalt auch Unschuldige treffen könnte? Wusste er, dass dem so sein wird? Und wenn er es nicht wusste, hätte er es zumindest wissen können, wenn er sich nur hinreichend informiert hätte? Nahm der Täter die unschuldigen Opfer gar billigend in Kauf? Und so weiter.

Kollateralschäden können dem Täter unterschiedlich stark *zurechenbar* sein. Ein Schaden ist dem Täter STARK ZURECHENBAR, wenn er entweder wusste, dass seine Tat diesen Schaden bewirken wird, oder er dies zumindest hätte wissen können (und müssen). Auch STARK ZURECHENBARE Kollateralschädigungen, die Unschuldige treffen, sind moralisch verwerflich.

In der klassischen Theorie der GERECHTEN Gewalt/des GERECHTEN Kriegs ist Punkt 2.3 zu ersetzen durch die stärkere Forderung

2.3*: Gewalt ist nur dann moralisch erlaubt, wenn sie sich *nicht STARK ZU-RECHENBAR* gegen unbeteiligte Dritte (Unschuldige) richtet.

Gewalt / Krieg ist moralisch erlaubt (GERECHT) genau dann, wenn von diesen (so reparierten) Bedingungen 1–3 alle erfüllt sind.

Rechtfertigung versus Verurteilung

Man beachte: Diese Kriterien sind, wie *alle* moralischen Kriterien, zweischneidig. Es sind Kriterien zur *Rechtfertigung*; für diesen Zweck wurden und werden sie in der Regel verwendet und sehr oft *miss*braucht; es sind aber zugleich Kriterien, die auch zur *Verurteilung* von Gewalt und von Kriegen taugen – und zwar bestens.

Was ist eigentlich Terrorismus?

T-Akte: Terroristische Akte minus ...

Was besagen diese Gewalt-Regeln für den Spezialfall terroristischer Gewalt? Was muss man wissen, um diese Frage beantworten zu können? Zumindest dies: Man muss wissen, was „terroristische Gewalt" überhaupt *ist* – oder besser: sein *soll*.

Was ist eigentlich Terrorismus? Ist das, was er ist, wirklich das Böse an sich? Kann er unter Umständen sogar moralisch geboten sein? Schon wer diese Fragen stellt, lebt gefährlich. Aber wie sollen wir über T-Phänomene (=Terrorismus-Phänomene) zu einem klaren Urteil kommen, wenn schon das Aufwerfen solcher Fragen selber als T-Phänomen gilt? Sind nüchterne Reflexionen im Anti-Terror-Krieg etwa gar nicht erwünscht?

Wer noch selbstständig denken will, darf dieser (schließlich keineswegs allein für ihn selbst gefährlichen) „Selbstanwendungs-T-Logik" nicht folgen. Das schafft aber nur, wer zumindest versucht, die in die politische und mediale Verwendung des Begriffs „Terrorismus" fest eingebaute Verdammungskomponente auszuklammern. Also: Wann genau ist ein Gewaltakt ein T-Akt? (Mit „T-Akte" werden ab jetzt TERRORISTISCHE Akte ohne deren Bewertung bezeichnet.)

T-Akte: das sind ...

Auf diese Definitionsfrage gibt es, wie es heißt, mindestens 100 Antworten. Das hilft uns jetzt aber keinen Schritt weiter.

Was wäre denn Ihre Antwort? Ist für Sie jeder Gewalt-Akt ein T-Akt? Sind alle Handlungen, die auf die Erzeugung beziehungsweise Verbreitung von Furcht und Schrecken abzielen, T-Akte? Jeder Akt, der irgendwie mit Terror verbunden ist?

Wäre dem so, so wäre unser T-Beurteilungsproblem schon gelöst. Wäre wirklich jeder Gewalt-Akt auch ein T-Akt, dann müsste, da Gewalt-Anwendung – siehe den ersten Satz dieses Traktats – mitunter legitim ist, dasselbe auch für T-Akte gelten. Logisch! Das resultierende Problem ist freilich: Wie kann man dann weiterhin einerseits Gewalt eingeschränkt billigen, T-Akte andererseits uneingeschränkt verurteilen wollen? Wir sollten uns die Beantwortung der Frage, ob T-Akte erlaubt sein können, nicht derart leicht machen. Eine Antwort hat hier umso größeres moralisches Gewicht, je schwieriger sie für uns ist. Gehen wir also, anders als die meisten T-Experten, von einem möglichst engen Verständnis von T-Akten aus! T-Akte lassen sich unterteilen in T°-Akte, T^*-Akte und T^{**}-Akte:

T°-Akte sind *Gewalt*-Akte, mit deren Hilfe der Täter (sei es auf die Gewalt-Adressaten selbst, sei es auf andere) *Terror* ausüben will, um damit (entweder bei den Terror-Adressaten selbst oder bei anderen) *Reaktionen* auszulösen, die er (wie er glaubt) sonst nicht erreichen würde.

T°-Akte zeichnen sich gegenüber bloßen Gewalt-Akten dadurch aus, dass in der Erfolgskalkulation auf Seiten des Täters zwei Kalküle miteinander verzahnt sind: Einerseits sein *Gewalt-Kalkül*, nämlich seine Erwartung, dass er die beabsichtigten Reaktionen tatsächlich mittels der Ausübung von *Gewalt* erreichen kann; andererseits sein *Terror-Kalkül*, nämlich seine Erwartung, dass seine Gewalt die beabsichtigten Reaktionen erst und gerade vermittels des durch die Gewalt bewirkten *Terrors* auslösen wird. Gewalt-Akte können Selbstzweckhandlungen (Handlungen, die über ihren Vollzug hinaus keine weiteren Zwecke verfolgen) sein, T°-Akte nicht. T°-Akte sind keineswegs per se irrational.

Ein stärkerer T-Begriff (= T^*) ergibt sich, wenn zu T° die Bedingung hinzukommt, dass terroristische Gewalt *STARK ZURECHENBAR* unbeteiligte Dritte (*Unschuldige*) trifft. Und der stärkste T-Fall (= T^{**}) liegt dann vor, wenn sich die Gewalt *direkt* gegen Unschuldige richtet.[2]

T^{**}-Akte sind *Extrem-Terrorismus*, T^*-Akte sind *STARKER Terrorismus*. Und Terrorismus, der sich auf bloße (weder extreme noch starke) T°-Akte beschränkt, heiße *SCHWACHER Terrorismus*.[3]

Schwacher Terrorismus kann erlaubt sein.

Ethik des Terrorismus / Ein Anfang

Illustration:
Christiane
Forstnig
www.
butterandjam.com

Können T-Akte, also T°-, T^*- und T^{**}-Akte, die Kriterien GERECHTER Gewalt erfüllen? Wäre dem so, dann wären T-Akte nicht weniger rechtfertigbar, als dies auch für GERECHTE Kriege in Anspruch genommen wird. Kann es den Gewalt-Kriterien zufolge GERECHTE Kriege geben? Aber sicher. Können auch T-Akte in diesem Sinne *GERECHT* (moralisch rechtfertigbar) sein? Nun, warum denn nicht?

Zumindest dann, wenn es „nur" um SCHWACHE terroristische Akte (T°-Akte) geht. EXTREME T-Akte verstoßen bereits gegen die Regel 2.3, die direkt gegen Unschuldige gerichtete Gewalt strikt verbietet, STARKE T-Akte gegen die Regel 2.3*, die in Hinsicht Unschuldiger auch STARK ZURECHENBARE Gewalt verbietet. EXTREM-Terrorismus und STARKER Terrorismus sind also unseren Gewalt-Regeln zufolge verboten.

Kann SCHWACHER Terrorismus GERECHT sein? Ja. Angenommen, Terror gegenüber Mitgliedern eines verbrecherischen Regimes sei tatsächlich die einzige Möglichkeit, schwerstwiegende Menschenrechtsver-

> **Wie kann man einerseits Gewalt eingeschränkt billigen, terroristische Akte andererseits uneingeschränkt verurteilen wollen?**

29

letzungen zu stoppen (Regel 1 erfüllt); und angenommen, diese Strategie habe angesichts der Unterstützung durch die betreffende (eigene oder fremde) Gruppe selbst tatsächlich Aussicht auf Erfolg und die dazu bei diesem Kampf notwendige Gewalt sei nicht größer als diesem Ziel angemessen und zugleich nicht STARK ZURECHENBAR gegen unbeteiligte Dritte gerichtet (Regel 2 erfüllt); und angenommen schließlich, der Kampf erweist sich letztlich als lohnenswert, das heißt die schwersten Menschenrechtsverletzungen würden durch die Gewalt gestoppt und Recht und Ordnung

Terrorismus kann moralisch geboten sein.

könnte so wieder hergestellt werden (Regel 3 erfüllt) – was wäre dann? Dann wäre dieser T-Kampf – Guerillakrieg oder humanitärer Interventionskrieg, je nachdem – zweifelsohne GERECHT. (Gerechter jedenfalls als zum Beispiel der Kosovokrieg; mit Blick auf Regel 3 kann heute niemand mehr davon sprechen, dass der Krieg im ehemaligen Jugoslawien gerecht war.)

STARKER und somit auch EXTREMER Terrorismus sind verboten, SCHWACHER Terrorismus kann erlaubt sein. Terrorismus muss also nicht generell verwerflich sein, jedenfalls nicht schon deshalb, weil EXTREMER und STARKER Terrorismus verwerflich sind. (Natürlich kann man den Schluss auf eine generelle Verwerflichkeit leicht dadurch retten, dass SCHWACHER Terrorismus nicht mehr als Terrorismus zählt; aber an eine solche Sprachregelung halten sich allenfalls Philosophen.)

Ist dieses Zwischenergebnis wirklich haltbar? Kann unter entsprechend verstärkten Ausnahmebedingungen nicht auch STARKER Terrorismus beziehungsweise gar EXTREMER Terrorismus *gerecht* (moralisch legitim) sein?

Ich *kann und will* das einfach nicht glauben – noch nicht.[4] Solange ich das nicht kann, muss ich aber konsequenterweise neben den EXTREMEN beziehungsweise STARKEN Selbstmordattentaten auch die letzten drei Kriege (Kosovo, Afghanistan, Irak) und auch Sharons Anti-Palästina-„Krieg" als Verbrechen gegen die Menschlichkeit ansehen.

Übrigens...

1.) SCHWACHER Terrorismus ist mit der Tötung Unschuldiger nicht unverträglich. Regel 2.3* verlangt lediglich, dass die Tötung Unschuldiger dem Täter nicht STARK ZURECHENBAR ist, der Täter also weder von dieser Tatfolge wusste (seine Tat also auch nicht direkt gegen diese Opfer gerichtet war) noch auch nur von dieser Folge seiner Tat hätte wissen können. Dass durch die Tat auch Unschuldige zu Tode kommen beziehungsweise, allgemeiner, Schaden erleiden, wird von 2.3* nicht ausgeschlossen. Es könnte also sein,

dass SCHWACHER Terrorismus in bestimmten Fällen sogar mehr Unschuldige das Leben kostet als STARKER. „SCHWACH" und „STARK" bezieht sich, wohlgemerkt, ausschließlich auf die Zurechenbarkeit der Folgen, nicht auf die Folgen selbst.

2.) Die obigen T-Definitionen weichen in einem wichtigen Punkt von dem Sprachgebrauch der üblichen Terrorismusrhetorik ab. Nach dieser kommen als T-Täter nur nichtstaatliche Akteure in Frage; Staaten *können* somit prinzipiell keinen Terrorismus ausüben. (Und wenn schon, so allenfalls *andere* Staaten, nie und nimmer der eigene.) Ich weigere mich, dieser Propaganda zu folgen. Auch Staaten und Staatenverbünde können T-Akte begehen. Nicht wenige tun das auch (siehe Primoratz, Anmerkung 2.).

3.) Ist unser Einsatz von Gewalt gegen die Gewalt anderer legitim, dann kann nicht zugleich deren Gewalt gegen uns ebenfalls legitim sein; deren Illegitimität ist bereits (siehe Regel 1) Voraussetzung für die Legitimität unserer Gewalt. Ferner gilt: Ist unsere Gewalt legitim, dann ist jede Gewalt von Seiten Dritter, die sich gegen unsere Gewalt wendet, illegitim.

Das gilt auch für terroristische Gewalt. Also? ... Also ist, falls (SCHWACHER) Terrorismus (in einem bestimmten Fall) legitim ist, dessen Bekämpfung selbst illegitim. Ein Krieg gegen *jedweden* Terrorismus kann insofern also selbst (zumindest partiell) moralisch verwerflich sein.

Gerechter Gegen-Terror?

Unsere Gewalt-Regeln gelten für Gewalt generell; also auch für die Gewalt, die sich (legitimerweise) *gegen* TERRORISTISCHE Akte richtet.

Was heißt das für die Begrenzung antiTERRORISTISCHER Gewalt? Darf man Terror mit Gegen-Terror bekämpfen? Darf man im Anti-Terror-Kampf (insofern dieser legitim ist) selbst zu TERRORISTISCHEN Aktionen greifen?

Wieder ist die Antwort ein einfaches Ja – wenn und insofern es sich dabei nur um SCHWACHE T-Akte handelt und (außer der damit erfüllten Regel 2.3*) auch alle anderen Regeln für GERECHTE Gewalt erfüllt sind. In der Realität dürfte das kaum jemals der Fall sein; schon gegen die *Ultima-ratio*-Regel wird nahezu immer verstoßen.

Terror-Pflicht?

Die Gewalt- und Kriegs-Regeln sind hier, wie gesagt, nur grob skizziert; sie sagen noch nichts darüber aus, ab welchem Maß an illegitimer Gewalt (zum Beispiel ab welcher Dimension von massiven Menschenrechtsverletzungen) welche Form und welches Maß an Gegengewalt legitim ist. Feinkörnigere Regeln hätten nicht mehr die *Entweder-oder*-Form (entweder legitim oder illegitim), wären vielmehr mit *Mehr-oder-weniger*-Unterscheidungen verbunden. Nothilfe ist erlaubt. Aber je größer die Gewalt gegen jene ist, denen wir nur noch mittels eigener Gewaltausübung zu Hilfe kommen können, umso mehr wird aus der Erlaubnis zur Nothilfe auch eine Pflicht. (Hätten wir den Völkermord in Ruanda verhindern „dürfen"?). Nothilfe darf man, so man zu ihr imstande ist, ab einer bestimmten Stufe der abzuwehrenden Gewalt *nicht unterlassen*. Das ist aber nur die eine Seite; diejenige, welche von der Erlaubnis zur Pflicht führt.

Es gilt aber auch das Spiegelbild: Je größer die Gewalt ist, die man selbst einsetzen muss, um mittels Nothilfe Gewalt abzuwehren, umso stärkere Beschränkungen gelten für den eigenen Einsatz von Gewalt. Für EXTREME Gewalteinsätze (HUMANITÄRE Interventionskriege zum Beispiel) entspricht diesen beiden Seiten zusammengenommen die folgende (selbstverständlich nur für diesen Extrem-Bereich gültige) Meta-Regel: EXTREME Gewalt ist genau dann moralisch *erlaubt*, wenn sie auch moralisch *geboten* ist (E=G).

Insofern T-Akte (auch bereits der SCHWACHE Terrorismus) Fälle EXTREMER Gewalt sind, gilt dieses Meta-Prinzip auch für sie: Terrorismus ist genau dann moralisch *erlaubt* (*GERECHT*), wenn er auch moralisch *geboten* ist (ET=GT).

Ob Terror *GERECHT* (legitim) sein kann, das ist dieselbe Frage wie die, ob Terror moralisch *geboten* sein kann. Da aber SCHWACHER Terrorismus GERECHT sein kann, kann folglich Terrorismus unter Umständen auch moralisch geboten sein.

Georg Meggle ist Professor für Philosophische Grundlagen der Anthropologie und Kognitionswissenschaften am Institut für Philosophie der Universität Leipzig.

Anmerkungen:

1. Grammatisch inkorrekt **in VERSALIEN (Großbuchstaben) geschriebene Adjektive** verweisen immer darauf, dass (ich weiß, dass) der betreffende Ausdruck beziehungsweise Begriff etwas **KÜNSTLICHES** an sich hat.
2. Dieser stärkste Begriff entspricht in etwa der T-Definition von Igor Primoratz; siehe dessen Beitrag *Staats-Terrorismus und Gegen-Terrorismus*: „Terrorismus – das ist die wohlüberlegte Anwendung (bzw. Androhung) von Gewalt gegenüber unschuldigen Dritten mit dem Ziel, andere mittels Einschüchterung zum Vollzug von Handlungen zu bewegen, die sie sonst nicht tun würden." In: Meggle, Georg (Hrsg.): Terror & Der Krieg gegen ihn. Öffentliche Reflexionen. Mentis Verlag, Paderborn 2003, Seite 55. Für Leser mit der Lupe: Gibt es zwischen diesem Begriff und meinem Begriff von EXTREM-*Terrorismus* nicht doch noch ein paar feine Unterschiede?
3. Die wüste Debatte um Ted Honderichs Buch *Nach dem Terror* lebte davon, dass zwischen diesen drei Begriffen nie klar unterschieden wurde; auf keiner Seite.
4. Die philosophische Arbeit, die mich am ehesten schwanken lässt, ist: Steinhoff, Uwe: Korrektes Töten. Zur Ethik des Krieges und des Terrorismus. Im Erscheinen begriffen.

Literatur:

– Honderich, Ted: Nach dem Terror. Ein Traktat. SEMIT-Edition, Melzer Verlag, Neu-Isenburg 2004
– Meggle, Georg (Hrsg.): Terror & Der Krieg gegen ihn. Öffentliche Reflexionen. Mentis Verlag, Paderborn 2003

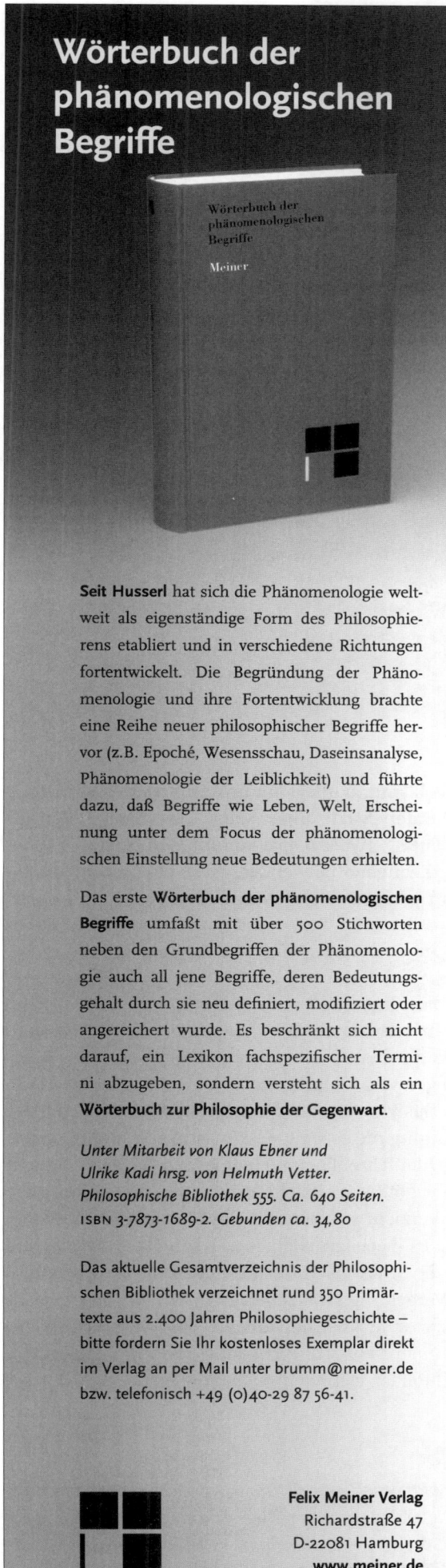

31

Hans-Joachim Pieper

Die gerechte Strafe

Abbildung:
Cony Theis,
LG Augsburg
1997
Prozess wegen
sexuellem Miss-
brauch und Mord,
32,7 x 44,4 cm

Der Volksmund pflegt ein unkompliziertes Verhältnis zur Strafe: „Strafe muss sein", „Die Strafe folgt auf dem Fuße", „Wer zu spät kommt, den bestraft das Leben". Zwingend notwendig, gesetzmäßig und schicksalhaft scheinen Untaten mit ihren Folgen verknüpft. Verbrechen und Strafe: ein unlöslicher Zusammenhang im Ordnungsgefüge des Kosmos?

Wer darf, kann, soll wann, warum, wozu und welche Strafen verhängen? Wer hat wann und warum eine Strafe „verdient"? Drei Bemerkungen sollen die Überlegungen vorab begrenzen:

1. Das Vertrauen in die zweckmäßige Ordnung der Natur ging nie so weit, dass man auf Strafen gänzlich verzichtet hätte. Entsprechendes gilt für den Glauben an eine göttliche Gerichtsbarkeit: Er führt keineswegs zum Verzicht auf menschlich-weltliche Gerichte.

2. Es herrscht weitgehend Einigkeit darin, dass man die Strafe als Mittel des Rechts strikt von der bloßen Vergeltung unterscheiden muss. Wer straft, beansprucht eine überindividuelle, öffentliche Funktion. Dass auch das Recht nicht völlig frei von Vergeltungsabsichten ist, steht dem nicht entgegen.

Deutscher Idealismus
Bezeichnung für die vorherrschende Strömung in der deutschen Philosophie nach Kant (etwa 1790–1830). Gemeinsames Charakteristikum ist der Versuch, die gesamte Wirklichkeit aus einem geistigen Prinzip herzuleiten. Die Wirklichkeit wird dabei als vernunft- und zweckbestimmt verstanden.

3. Die mit Bezug auf die Gerechtigkeit menschlichen Strafens in institutionellem Rahmen verbleibenden Fragen betreffen vor allem Legitimation und Zweck der Strafe sowie ihr rechtes Maß.

1. Legitimation: Wer darf strafen?

Wodurch sind Strafen zu rechtfertigen, und was legitimiert den, der sie verhängt und vollstreckt? Kafkaesk gesagt: das Gesetz. Voraussetzung gerechter Bestrafung ist, dass der Delinquent (Straftäter) gegen ein geltendes Gesetz verstoßen hat. Woher aber beziehen Gesetze ihre Geltung? Entstehen Recht und Ordnung erst dort, wo sich eine staatliche Gemeinschaft gebildet und verbindliche Normen erlassen hat, oder gibt es eine Instanz, an der sich Recht und Unrecht staatlicher Gesetze selbst noch überprüfen lassen? Für die Neuzeit ist das Konzept des Gesellschaftsvertrags (siehe Erläuterung) bestimmend geworden. Die Autorität des Staats leitet sich demnach ab von der Idee einer ursprünglichen Übereinkunft aller Bürger, zum wechselseitigen Schutz und Nutzen auf einen Teil ihrer Freiheit zu verzichten, sich gemeinsamen Gesetzen zu unterstellen und die zu deren Einhaltung erforderliche Zwangsgewalt dem Staat zu übertragen. Gesetze gelten als gerecht, wenn sie mit dieser Idee des Staats als einer Interessengemeinschaft freier Bürger im Einklang stehen.

Zwei Vertragstheoretiker verdienen hier besonderes Interesse. Zum einen John Locke (1632–1704): Anders als für seinen Vorgänger Thomas Hobbes (1588–1679) sind für Locke die Menschen im Naturzustand (siehe Erläuterung) nicht in einen Krieg aller gegen alle verstrickt, sie sind vielmehr einem natürlichen Gesetz unterstellt. Der Naturzustand ist demzufolge zwar ein „Zustand der Freiheit", aber nicht der „Zügellosigkeit". Das natürliche Gesetz verbietet, sich an Leben, Besitz, Gesundheit oder Freiheit anderer zu vergreifen. Zugleich stattet es jeden mit der Befugnis aus, Zuwiderhandlungen zu bestrafen. Im Gesellschaftsvertrag wird dieses allgemeine Recht dem Staate übertragen. Über die im Vertragsschluss festgestellte, positive Legitimation hinaus gewinnt das institutionalisierte Strafverfahren so zusätzliche Legitimation durch das im natürlichen Gesetz verankerte, ursprünglich jedem zukommende Recht auf Bestrafung.

Zusätzliche Legitimation erfährt das staatliche Strafen auch in der Rechtsphilosophie Johann Gottlieb Fichtes (1762–1814). Fichte geht davon aus, dass prinzipiell jeder Verstoß gegen den Gesellschaftsvertrag den Ausschluss aus der Gesellschaft bedeutet. Zum ursprünglichen Gesellschaftsvertrag tritt deshalb nach Fichte ein „Abbüßungsvertrag" hinzu: „Alle versprechen allen, sie, inwiefern dies mit der öffentlichen Sicherheit vereinbar ist, um ihrer Vergehungen willen nicht vom Staate auszuschließen, sondern ihnen zu verstatten, diese Strafe auf andere Weise abzubüßen." Der Staat wird beauftragt, Strafen zu verhängen. Der Bürger erhält das „Recht ..., abgestraft zu werden" (Fichte 1796, § 20)[1]. Wo die Alternative im Ausschluss aus dem Staate liegt, erscheint ein differenziertes Strafsystem geradezu als ein System der Milde.

2. Strafzweck: Wozu strafen?

Verstöße gegen geltende Gesetze werden mit Strafen belegt. Eine andere Frage ist, zu welchem Zweck, mit welcher Absicht Strafen verhängt werden sollen. Von „Wiedergutmachung" und „Abschreckung" ist bei Locke die Rede (II. 2, § 8). Entstandener Schaden ist, sofern möglich, dem Geschädigten zu erstatten. Schadenersatz aber ist noch keine Strafe. Die Strafe dient über die Wiedergutmachung hinaus zum Schutze und zur Wahrung der Gesetze. Das Prinzip der Abschreckung wird seit der Antike als ein zentraler Strafzweck übermittelt: „Kein kluger Mensch straft, weil gefehlt worden ist, sondern damit nicht gefehlt werde." (Seneca, Erstes Buch, XIX, 7; vergleiche Platon, 324 a–b)

Dieser pragmatischen Maxime steht eine an der *Idee* des Rechts orientierte Vorstellung gegenüber. Nicht um von Verbrechen abzuschrecken, sollte gestraft werden, sondern allein des gebrochenen Rechts wegen. Die Strafe dient demnach der ideellen Wiederherstellung des Rechts. Diese Vorstellung der Gerechtigkeit verlangt, einen Rechtsbruch durch Strafe zu ahnden. Andere Aspekte, wie die abschreckende Wirkung, dürfen dann bei der Verhängung von Strafen keine Rolle spielen. Konsequent wird dieses Prinzip von Georg Wilhelm Friedrich Hegel (1770–1831) for-

Bestrafung eines Verbrechens unbedingt, unter allen Umständen erfolgen müsse – schlicht und einfach, weil die Rechtsidee es verlangt (Kant, Seite 331).

> **Für die Gerechtigkeit gibt es kein Rezept:
> Es gilt, sie immer wieder neu zu erringen.**

Gegen das Abschreckungsprinzip formuliert Kant ein bemerkenswertes Argument. Wird Strafe als Abschreckung begriffen, so widerfährt dem Bestraften aus Kant'scher Sicht unverzeihliches Unrecht: Jemanden zu bestrafen, nicht weil er Strafe verdient hat, sondern um von künftigen Verbrechen abzuschrecken – oder gar um die Staatsmacht zu demonstrieren (vergleiche Foucault, I. 2) –, das heißt, seine Menschenwürde zu missachten und ihn als bloßes Mittel zu gebrauchen. Hegel greift den Gedanken auf, wenn er erklärt, in der Strafe werde „der Verbrecher als Vernünftiges geehrt" (Hegel, § 100). Für Kant und Hegel ist klar, dass ausschließlich deshalb gestraft werden darf, weil gefehlt wurde, und nie nur deshalb, damit nicht gefehlt werde.

Mit der Annahme, dass auch ein Verbrecher Anspruch auf Achtung seiner Würde hat, tritt ein weiterer Strafzweck in den Blick: die Resozialisierung. Da auch der Verbrecher sich ändern kann, fordert Fichte neben dem schon erwähnten Abbüßungsvertrag ein weiteres Abkommen, in dem die Bürger sich verpflichten, jedem, der eine Straftat begeht, Gelegenheit zur Besserung zu geben. Wird diese nachweislich vollzogen, soll einer völligen Wiedereingliederung nichts im Wege stehen. In dafür eingerichteten Besserungsanstalten sollen Verbrecher „Liebe der Ordnung, der Arbeit, des Eigentums" entwickeln. Fichtes Vorstellung liest sich bis heute wie ein frommer Wunsch: „Die Gebesserten kehren in die Gesellschaft zurück und werden völlig wieder in ihren vorigen Stand eingesetzt ...

Abbildung unten: Cony Theis, LG Dortmund 1991, Richter im Prozess wegen Missbrauchs Minderjähriger, 26,5 x 38,4 cm

33

muliert. Für Hegel bedeutet Strafe die Aufhebung des Verbrechens als einer „Verletzung des Rechts als Recht" (Hegel, § 99). Die Strafe ist „Wiedervergeltung" (§ 101) im Namen der Gerechtigkeit, vom Verbrecher selbst mit seiner Tat auf den Plan gerufen, von ihm in seiner eigenen Handlung „gesetzt" (§ 100). Schon Immanuel Kant (1724–1804) hat in diesem Sinne vom Strafgesetz als einem „kategorischen Imperativ" gesprochen, der besagt, dass die

Wenn man nur diese Anstalten als wirkliche Besserungsmittel und nicht bloß als Strafe betrachtete, und nicht etwa die nur für eine Zeitlang Aufbehaltenen und im Grunde durch zweckwidrige Behandlung Verschlimmerten, sondern nur die wirklich Gebesserten wieder in die Gesellschaft zurückließe, so würde auch in der öffentlichen Meinung kein Mißtrauen gegen sie, sondern vielmehr Zutrauen stattfinden." (Fichte 1796, § 20)

Das Thema Strafzweck lässt gut erkennen, in welchem Ausmaß das jeweils zugrunde gelegte Menschen- beziehungsweise Weltbild die Überlegungen beeinflusst. Für die Philosophie des deutschen Idealismus (siehe Erläuterung) ist der Mensch das vernunftbegabte, zur Realisierung von Moral bestimmte Subjekt. Um dieser Bestimmung nachzukommen, muss der Mensch in seinem Willen frei und im Verhalten durch Vernunftappelle belehrbar sein. Darin liegt seine Würde als Person, die unverlierbare Menschenwürde, die auch einem Schwerverbrecher noch attestiert werden muss. Darum wenig bekümmert ist hingegen, wer den Hauptzweck des Strafens in der Abschreckung sieht. Wie die viel zu wenig beachtete Schrift von Paul Rée (1849–1901) *Der Ursprung der moralischen Empfindungen* zeigt, verknüpft diese Vorstellung sich umstandslos mit einem dem idealistischen entgegengesetzten Menschenbild: der Auffassung, der Mensch sei in seinem Handeln vollständig festgelegt, berechenbar. Die Vorstellung, man strafe für begangenes Unrecht, so Rée, beruht auf dem Irrtum der Willensfreiheit. Nicht verletzte Gerechtigkeit, sondern das durch Abschreckung angestrebte „allgemeine Wohl" rechtfertige, ja „heilige" als Zweck die Strafe als das gebotene Mittel. Als „Analogie" formuliert: „Der gute

Naturzustand
Annahme eines vorgesellschaftlichen oder vorstaatlichen Zustands zur Rechtfertigung eines Gesellschaftsvertrags. Während Jean-Jacques Rousseau (1712–1778) einen Naturzustand voraussetzt, in dem die Menschen frei, gleich und selbstgenügsam leben, ist für Thomas Hobbes (1588–1679) der natürliche Zustand der Menschen ein Krieg aller gegen alle.

Mensch ist ein nützliches Tier, der schlechte Mensch ein schädliches Tier" (Rée, § 4) und sollte entsprechend behandelt werden.

3. Das rechte Maß: Wie viel Strafe?

So verschieden die Zwecke, die mit dem Strafen verbunden werden, so unterschiedlich fallen die Überlegungen zum rechten Strafmaß aus. Das ist deutlich an der Haltung zur Todesstrafe abzulesen. Wer wie Kant und Hegel in der Strafe die Wiederherstellung des Rechts erkennt, scheint zwangsläufig zu einem Ja zur Todesstrafe zu gelangen. Unter Vertretern der Abschreckungstheorie sind Befürworter und Gegner der Todesstrafe zu finden. Allein wer Fichte darin folgt, dass zur Strafe der Versuch der Besserung des Verbrechers gehört, muss die Todesstrafe ablehnen.

„Auge um Auge, Zahn um Zahn": Das Wiedervergeltungsrecht (ius talionis) ist fester Bestandteil der

> **In der Strafe wird „der Verbrecher als Vernünftiges geehrt".**
> Georg Wilhelm Friedrich Hegel

Justizgeschichte (zur Erinnerung der vollständige Bibelvers: „Wenn ein Schaden entsteht, dann mußt du geben Leben um Leben, Auge um Auge, Zahn um Zahn, Hand um Hand, Fuß um Fuß, Brandmal um Brandmal, Wunde um Wunde, Strieme um Strieme!"; Exodus 21, 23–25). Es gestattet keine Alternative: Hat jemand gemordet, so muss er sterben. Nur das ius talionis bezeichnet ein exaktes Maß für die „Qualität und Quantität der Strafen". Als „Prinzip der Gleichheit", so Kant, liefert es als Einziges den „Spruch der reinen und strengen Gerechtigkeit"; alle anderen Regelungen seien „schwankend" (Kant, Seite 332). Hegel hingegen rückt ausdrücklich die Wiedervergeltung entsprechend dem „Werte" der geschehenen Verletzung an die Stelle der „spezifischen Gleichheit" der Strafe mit der Tat. Eine Ausnahme bildet jedoch auch für Hegel der Mord: Darauf steht „notwendig die Todesstrafe" (Hegel, § 101).

Dass in allen übrigen Fällen, von bloßen Sachschäden abgesehen, auch das ius talionis keineswegs „die Qualität und Quantität der Strafen bestimmt angeben kann" (Kant, Seite 332), liegt auf der Hand. Wer wollte schon den Vergleichswert für den Verlust eines Körperglieds oder das Trauma einer Vergewaltigung exakt bestimmen? Darüber hinaus muss sich die Absicht, mittels Strafe das Recht wieder herzustellen, keineswegs mit dem ius talionis verbinden. Die Rechtsidee verlangt lediglich, dass, wo Recht gebrochen wurde, gestraft wird. Qualität und Quantität der Strafen sind aus diesem Prinzip allein nicht zu ermitteln.

Noch schwieriger scheint es, das richtige Strafmaß zu treffen, wenn es darum geht, Abschreckung zu erzielen. In dieser Absicht hat man über Jahrhunderte selbst kleinere Diebstähle mit der Todesstrafe verfolgt. Cesare Beccaria (1738–1794) jedoch gelangt in seinem für die europäische Rechtsgeschichte epochalen Werk *Dei delitti e delle pene* (*Über Verbrechen und Strafen*, 1764) zu dem Ergebnis, nur die Strafe sei gerecht, die ausreicht, „die Menschen von Verbrechen abzuhalten"

> Jemanden zu bestrafen, um von künftigen Verbrechen abzuschrecken, heißt, seine Menschenwürde zu missachten.

(Hommel, Seite 118) – auf die Todesstrafe treffe aber gerade das nicht zu, lebenslange Zwangsarbeit habe eine viel abschreckendere Wirkung. Die Abschreckungstheorie tendiert zum Gerechtigkeitspragmatismus: „Wenn zum Schutze des allgemeinen Wohls die lebenslängliche Einsperrung der Mörder ebenso viel beiträgt wie die Todesstrafe ..., so ist diese ungerechtfertigt. Wenn dagegen die Einsperrung weniger abschreckt als die Todesstrafe ..., so erfordert das Wohl aller ihre Beibehaltung." (Rée, § 4) Statistische Untersuchungen müssen den Ausschlag geben über Recht und Unrecht einer Bestrafung. Davon abgesehen stößt das Prinzip der Abschreckung rasch an bedenkliche Grenzen. So wurde nach dem 11. September 2001 in den USA diskutiert, was in Israel/Palästina längst praktiziert wird: Selbstmordattentätern mit der Verfolgung ihrer Familienangehörigen zu drohen. Zu diesem Gedanken kann im Übrigen auch das ius talionis verführen. Die Frage nach der gerechten Strafe mündet schnell in die nach dem gerechten Krieg.

Es ist nicht zu erwarten, dass der an Fichte orientierte Ansatz, was das Strafmaß betrifft, zu präziseren Einsichten gelangt. Klar ist, dass sich die Todesstrafe hier verbietet. Der Verbrecher kann von seiner Fehlhaltung befreit „und dem zufolge sittlich werden". Dazu aber muss er leben: „also sein Leben ist zu schonen"

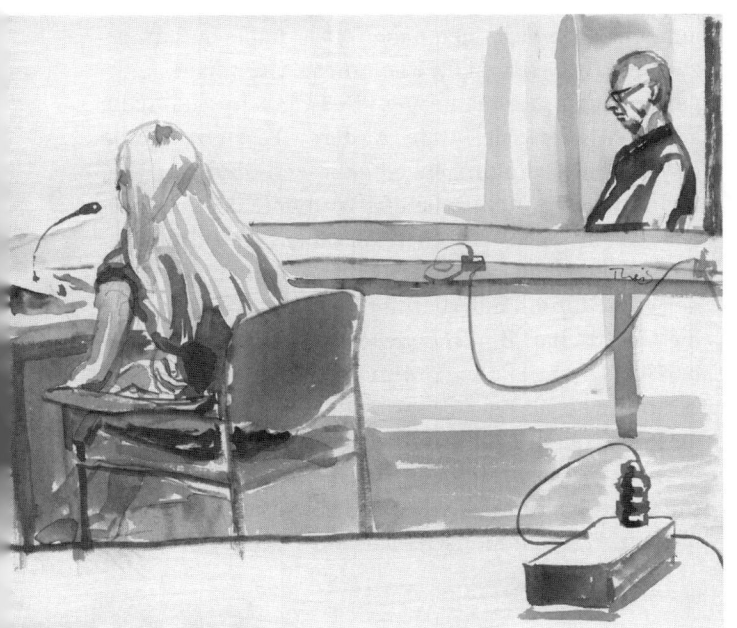

35

(Fichte 1812, Seite 622). Man darf nicht übersehen, dass Fichte die Besserung des Täters nicht als Ersatz für seine Bestrafung betrachtet. Bestraft werden muss er zur Verhinderung künftiger Verbrechen – darin folgt Fichte der Abschreckungstheorie. Bei Körperverletzung und Mord hat die Strafe in körperlicher Züchtigung zu bestehen – darin folgt Fichte zumindest ein Stück weit dem ius talionis. Gleichwohl soll die Besserung des Straftäters über die Dauer seiner Zwangsverwahrung entscheiden. Die Verbrecher sollen selbst einen Zeitraum vorschlagen, innerhalb dessen sie sich bessern wollen – Verlängerungen sind möglich. Letztlich aber wird es in die Hände „verständiger und gewissenhafter Männer" gelegt zu entscheiden, ob die erforderliche Besserung eingetreten ist oder nicht. Dass es einen endgültigen Termin für den Ablauf der pädagogischen Bemühungen geben soll und dass die Gutachter für das künftige Leben ihrer Klienten verantwortlich sein sollen, mag zur Effektivität des Verfahrens beitragen (Fichte 1796, § 20): Es ist nicht zu übersehen, dass der Raum für Fehleinschätzungen dennoch beträchtlich bleibt.

Zusammengenommen ergibt sich ein klares, wenn auch negatives Resultat: Eine Faustregel für das gerechte Strafmaß gibt es nicht. Abschreckung und Besserung sind nur ungenau zu erfassende Größen, und auch das Prinzip der Wiedervergeltung könnte nur in wenigen Fällen zur präzisen Entsprechung zwischen Verbrechen und Strafe führen.

Abbildung: Cony Theis, LG Düsseldorf 2004, Angeklagter und Zeugin im Prozess wegen unerlaubtem Besitz und fahrlässiger Überlassung zum unmittelbaren Verbrauch von Betäubungsmitteln (Kokain), 26,6 x 33 cm

4. Fazit: Welche Strafe ist gerecht?

Auf den ersten Blick mögen die Konzepte der Abschreckung und der moralischen Besserung unvereinbar erscheinen. Sie haben jedoch mindestens eines gemeinsam: Beide tendieren dazu, die Strafe selbst abzuschaffen.

Wer postuliert, gestraft werde nicht begangener Verbrechen wegen, Strafen sollten vielmehr ausschließlich dazu dienen, künftige Verbrechen zu verhindern, und seien auch nur mit Blick auf diese Wirkung zu bemessen, der bestreitet mit dem Zusammenhang zwischen Strafe und Straftat mehr oder weniger ausdrücklich auch den zwischen Strafe und Schuld. Wer hingegen sein Augenmerk in erster Linie auf die (Re-)Sozialisierung des Straftäters richtet, der wird eine Schuld des Verbrechers zwar möglicherweise anerkennen (es sei denn, er hält den verbrecherischen Willen prinzipiell für unfrei), sein Interesse aber gilt erklärtermaßen nicht der Vergangenheit, sondern der Zukunft des Täters.

Abschreckung und moralische Besserung, beide Konzepte könnten dazu führen, dem Stoßseufzer Friedrich Nietzsches (1844–1900) Gehör zu verschaffen: „Helft, ihr Hülfreichen und Wohlgesinnten, doch

Abbildung: Cony Theis, LG Dortmund 1991, Angeklagter und Verteidiger im Prozess wegen Missbrauchs Minderjähriger.

> **Der Bürger erhält das „Recht ...,
> abgestraft zu werden".** Johann Gottlieb Fichte

an dem einen Werke mit, den Begriff der Strafe, der die ganze Welt überwuchert hat, aus ihr zu entfernen! Es gibt kein böseres Unkraut!" (Nietzsche, 13. Aph.)

Strafe um des Vergehens willen: Diese Forderung findet sich nur in der Idee, Strafe sei als Wiedergutmachung für einen Rechtsbruch aufzufassen. Und wenn sich darin – wie die Verbindung mit dem „Wiedervergeltungsrecht" anzeigt – auch nur das Verlangen nach Rache eine abstrakte, objektive Form gegeben hätte, bliebe doch zu fragen, ob die gerechte Strafe nicht auch dieses Verlangen berücksichtigen muss. Der Staat, der straft, vertritt nicht nur die Rechte der Gemeinschaft im Ganzen, er ist nicht nur für die Wohlfahrt des Täters verantwortlich, sondern er hat auch dafür zu sorgen, dass dem Verbrechensopfer Gerechtigkeit widerfährt. Der Strafvollzug dient nicht nur dazu, die Ernsthaftigkeit der Strafandrohung zu belegen. Er hat auch die Funktion, den Vergeltungsanspruch der Geschädigten und der in ihrer Sicherheit bedrohten Gesellschaft aufzufangen und im gesetzlich vorgeschriebenen Rahmen zu erfüllen.

> **Die Frage nach der gerechten
> Strafe mündet in die nach
> dem gerechten Krieg.**

Welche Strafe ist gerecht? Erstes Gebot in dieser Frage ist es zuzugeben, dass es darauf keine einfache und leicht zu handhabende Antwort gibt. Die an das Strafrecht gestellten Forderungen sind allesamt berechtigt. Es soll Verbrechen vorbeugen und die Gesellschaft vor überführten Straftätern beschützen. Es soll die Interessen der Opfer vertreten und zugleich den Verbrecher als Menschen, als der Besserung fähiges Subjekt respektieren.

Grundbedingungen, die eine gerechte Strafe erfüllen muss, sind leicht zu benennen: Gestraft werden darf nur nach Gesetzen, die rechtsstaatlichen Prinzipien entsprechen. Die Gesetze und die auf ihre Verletzung gesetzten Strafen müssen öffentlich bekannt sein. Die Täter müssen schuldfähig sein und die Straftat willentlich begangen haben. Ihre Täterschaft muss zweifelsfrei feststehen. Über diese Grundbedingungen hinaus muss man sagen: Der Gerechtigkeit nahe kommen wird eine Strafe, in deren Festsetzung alle genannten Bedingungen eingeflossen sind. Strafen, nicht die Bestraften, sollen Instrumente der Abschreckung sein. Der Verbrecher soll seine „Schuld" bezahlen – aber nicht nach einer Milchmädchengleichung der Vergeltung, sondern unter Abzug alles dessen, was die Gesellschaft ihm möglicherweise schuldig geblieben ist. Kein Straftäter kommt als solcher zur Welt, keiner muss sie als solcher verlassen: Die Wiedereingliederung straffällig Gewordener ist ein wertvolles Ziel, ebenso wie der Schutz der Bevölkerung. Nicht zuletzt muss die Justiz ihrer eigenen Fehlbarkeit eingedenk bleiben. Wer den Menschen als ein absolut freies Subjekt seines Wollens und Handelns betrachtet, verkennt seine Verstrickung in die Welt und misst ihn an zu hohen Forderungen. Wer ihn für rundweg unschuldig, weil unverantwortlich erklärt, verletzt seine Selbstachtung und behandelt ihn wie ein gut oder schlecht dressiertes Tier. Vor diesem Dilemma steht die Justiz in jedem neuen Fall. Gerecht zu strafen heißt zuallererst, sich um ein gerechtes, das heißt dem individuellen Fall und den darin verstrickten Menschen gerecht werdendes Verfahren zu bemühen. Für die Gerechtigkeit gibt es kein Rezept: Es gilt, sie immer wieder neu zu erringen.

Privatdozent Hans-Joachim Pieper vertritt zurzeit die Professur für Theoretische Philosophie an der Rheinischen Friedrich-Wilhelms-Universität Bonn.

Anmerkungen:

1. Die Angaben beziehen sich auf die in der Literaturliste genannten Werke.

Literatur::

- Fichte, Johann Gottlieb: Grundlage des Naturrechts (1796). In: Fichte, I. H. (Hrsg.): Johann Gottlieb Fichtes sämmtliche Werke. Band III. Berlin 1845/46, Seite 1–385
- Fichte, Johann Gottlieb: Das System der Rechtslehre (1812). In: Fichte, I. H. (Hrsg.): Johann Gottlieb Fichtes nachgelassene Werke. Zweiter Band. Leipzig o. J., Seite 493–652
- Foucault, Michel: Überwachen und Strafen. Die Geburt des Gefängnisses. Frankfurt am Main 1977
- Hegel, Georg Wilhelm Friedrich: Grundlinien der Philosophie des Rechts oder Naturrecht und Staatswissenschaft im Grundrisse. Werke 7. Frankfurt am Main 1979
- Hobbes, Thomas: Leviathan. Erster und zweiter Teil. Übersetzung von J. P. Mayer. Stuttgart 1980
- Hommel, Karl Ferdinand: Des Herrn Marquis von Beccaria unsterbliches Werk von Verbrechen und Strafen. Herausgegeben von J. Lekschas unter Mitarbeit von W. Griebe. Berlin 1966
- Kant, Immanuel: Die Metaphysik der Sitten. Kants gesammelte Schriften. Herausgegeben von der Preußischen Akademie der Wissenschaften, Band VI
- Locke, John: Zwei Abhandlungen über die Regierung. Herausgegeben von W. Euchner. Frankfurt am Main 1967
- Nietzsche, Friedrich: Morgenröte. In: Kritische Studienausgabe. Herausgegeben von G. Colli, M. Montinari. München 1999, Band 3, Seite 9–331
- Platon: Protagoras. In: Otto, W. F.; Grassi, E.; Plamböck, G. (Hrsg.): Platon. Sämtliche Werke 1. Nach der Übersetzung von Hieronymus Müller. Hamburg 1959/1984, Seite 49–96
- Rée, Paul: Der Ursprung der moralischen Empfindungen. Herausgegeben von H.-J. Pieper, H.-W. Ruckenbauer, M. Rumpf. Bonn 2005
- Seneca: De ira/Über den Zorn. In: Philosophische Schriften, Erster Band. Herausgegeben von M. Rosenbach. Darmstadt, Seite 95–311

Zur Vertiefung empfohlen:

- Kodalle, Klaus-M. (Hrsg.): Strafe muss sein! Muss Strafe sein? Philosophen – Juristen – Pädagogen im Gespräch. Königshausen & Neumann, Würzburg 1998
- Pieper, Hans-Joachim (Hrsg.): „Hat er aber gemordet, so muß er sterben" – Klassiker der Philosophie zur Todesstrafe. Denk-Mal-Verlag, Bonn 2003

37

Absender: Steuerzahler u. Bürger Alle

Es schreit u. stinkt zum Himmel!!! Pfui!!

In Darmstadt leben die Künste

POSTKARTE

Land-Gericht Düsseldorf

Landgericht Düsseldorf
19 MRZ 1971

4 Düsseldorf

An das Landgericht
Düsseldorf, Postfach 1140
Betr. Fall Bartsch

22. März 71

Mit Spannung erwarten wir den Ausgang des Prozesses im Fall Bartsch.

Man weiß wohl mit unseren Steuergeldern nichts anderes anzufangen als immer wieder Fälle aufzurollen, die eindeutig und klar erwiesen sind, und der Mörder zu Recht für schuldig aus der menschlichen Gesellschaft ausgestoßen wurde.

Lassen Sie es nicht wieder soweit kommen, daß wir einen 2. Fall „Rötzel" haben werden, wo hemmungslose Verbrecher wieder unter uns leben dürfen.

Dieser Bartsch war jahrelang intelligent genug, sein Tun vor der Öffentlichkeit ohne Reue zu verbergen. – Auch wenn er hundertmal „entschärft" würde; – wir wehren uns dagegen, dieses Individuum wieder unter uns zu dulden.

Briefe an das Gericht

Die abgebildeten anonymen Schreiben an das Landgericht Düsseldorf wurden von Thomas Melzer, Richter am Landgericht Frankfurt (Oder), gesammelt. Sie nehmen Bezug auf das Urteil gegen Jürgen Bartsch wegen vierfachen Mordes.

„Bestie von Langenberg", „Teufel in Menschengestalt" – so titelte die Presse in den sechziger Jahren, nachdem Bartsch festgenommen worden war. Den ersten Mord beging Bartsch, der von seiner Adoptivmutter schwer misshandelt und in einem katholischen Internat sexuell missbraucht worden war, als Fünfzehnjähriger. Insgesamt verschleppte er vier Jungen im Alter zwischen acht und zwölf Jahren, die er sadistisch quälte, bevor er sie umbrachte.

Im Dezember 1967 wurde Bartsch zu lebenslangem Zuchthaus verurteilt. In einem zweiten Prozess 1971 wurden weitere psychiatrische Gutachten vorgelegt und Bartsch erhielt ein Strafmaß von zehn Jahren Jugendstrafe. Später wurde er in eine psychiatrische Heil- und Pflegeanstalt eingewiesen. 1976 stimmte Bartsch zu, sich kastrieren zu lassen, um sich von den Zwängen seines Triebes zu befreien. Bei dieser Operation starb er aufgrund eines Narkosefehlers. Der Narkosearzt hatte die 13fache Dosis des Narkosemittels verabreicht.

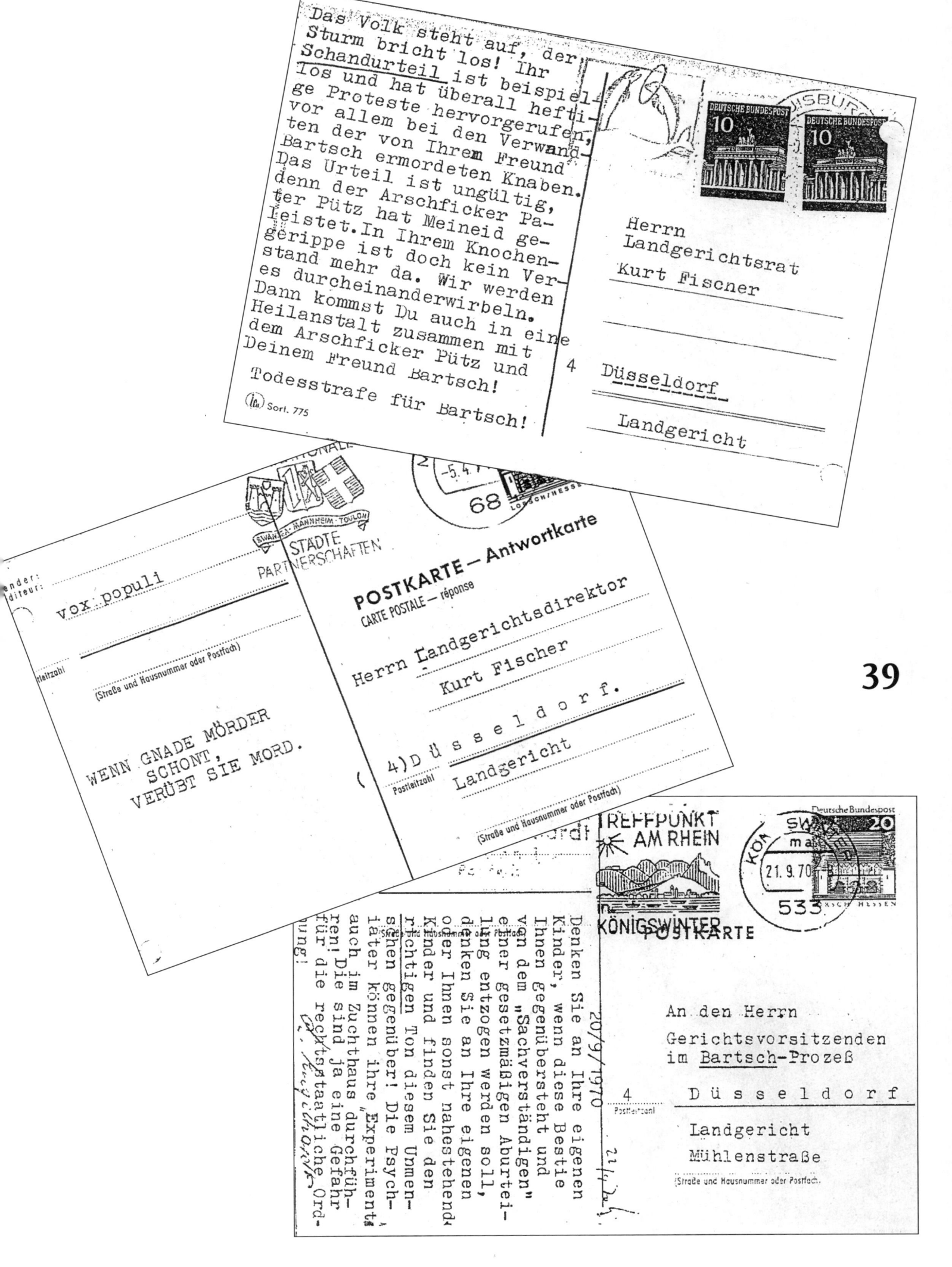

Das Volk steht auf, der Sturm bricht los! Ihr Schandurteil ist beispiellos und hat überall heftige Proteste hervorgerufen, vor allem bei den Verwandten der von Ihrem Freund Bartsch ermordeten Knaben. Das Urteil ist ungültig, denn der Arschficker Pater Pütz hat Meineid geleistet. In Ihrem Knochengerippe ist doch kein Verstand mehr da. Wir werden es durcheinanderwirbeln. Dann kommst Du auch in eine Heilanstalt zusammen mit dem Arschficker Pütz und Deinem Freund Bartsch!

Todesstrafe für Bartsch!

Sort. 775

Herrn
Landgerichtsrat
Kurt Fischner

Düsseldorf

Landgericht

---

vox populi

(Straße und Hausnummer oder Postfach)

WENN GNADE MÖRDER
SCHONT,
VERÜBT SIE MORD.

POSTKARTE — Antwortkarte
CARTE POSTALE — réponse

Herrn Landgerichtsdirektor

Kurt Fischer

4) D ü s s e l d o r f .
Landgericht

(Straße und Hausnummer oder Postfach)

Denken Sie an Ihre eigenen Kinder, wenn diese Bestie Ihnen gegenübersteht und von dem "Sachverständigen" einer gesetzmäßigen Aburteilung entzogen werden soll, denken Sie an Ihre eigenen oder Ihnen sonst nahestehenden Kinder und finden Sie den richtigen Ton diesem Unmenschen gegenüber! Die Psychiater können ihre "Experimente" auch im Zuchthaus durchführen! Die sind ja eine Gefahr für die rechtsstaatliche Ordnung!

POSTKARTE

An den Herrn
Gerichtsvorsitzenden
im Bartsch-Prozeß

4 D ü s s e l d o r f
Landgericht
Mühlenstraße

(Straße und Hausnummer oder Postfach.)

Claus Dierksmeier

Gerechtigkeit durch Naturrecht?

Um zu verhindern, dass das zwingende Recht allein von den Interessen der Mächtigen, den Moden der Zeit oder dem Zufall der Situation diktiert wird, machten es sich viele Philosophen zur Aufgabe, die Natur des wahren und gerechten Rechts zu ermitteln. Das Herzstück der meisten Naturrechtslehren stellt der Versuch dar, aus der Natur des Rechts, des Menschen oder aus der so genannten Natur der Sache Empfehlungen für die Gestaltung der jeweiligen historischen Rechtswirklichkeit abzuleiten.

In der philosophischen Tradition ist unter dem Begriff des Naturrechts ein ganzer Reigen von Positionen zusammengefasst worden, die inhaltlich oft wenig mit-

> **Für Kant ist Freiheit kein Gut unter anderen, sondern die Bedingung der Möglichkeit alles Guten.**

einander gemein haben und häufig sogar in Widerspruch zueinander stehen. So alt wie die Naturrechtslehren selbst ist darum der Ratschlag, den Begriff des Naturrechts wegen seiner Uneindeutigkeit aufzugeben. Dennoch verschwindet er zu keiner Zeit aus der Geistesgeschichte. Der Grund dafür dürfte in dem Bestreben liegen, für das Recht einen gerechten Maßstab und eine sittliche Orientierung zu finden.

Abhängig davon, welcher Naturbegriff zu Grunde gelegt wird, fällt natürlich der Begriff des jeweiligen Naturrechts aus. Darum geht der Streit der verschiedenen Naturrechtslehren zentral darum, auf welchen Naturbegriff man sich beziehen müsse, um das wahre Recht zu erkennen. Hierauf hat die philosophische Tradition äußerst unterschiedlich geantwortet.

In der Antike war es nicht unüblich anzunehmen, dass dem Menschen ein unveränderliches Wesen zukomme, das ihn ausmache und von allen anderen Lebensformen unterscheide. Um dieses menschliche Wesen oder auch die menschliche „Natur" zu bestimmen, unternahm man es, den Unterschied zwischen der menschlichen und anderen Lebensformen herauszuarbeiten. Das Ziel dieses Unterfangens: Ist das Wesen einer Lebensform erkannt, dann weiß man auch, was für sie „wesensgerecht" beziehungsweise was ihr zuträglich ist, mithin, wie man diese Lebensform am besten zu

behandeln habe. Kennen wir das Wesen des Menschen, so wissen wir, was gut für ihn ist, und können dann das Recht so einrichten, dass es dafür sorgt, dass das dem Menschen Zuträgliche getan und das dem Menschen Abträgliche unterlassen wird.

Man argumentierte zumeist so: Alle Lebensformen haben miteinander einiges gemeinsam – alle nehmen einen Ort in Raum und Zeit ein; alle streben danach, sich selbst zu erhalten; alle beziehen sich stoffwechselnd auf ihre Umwelt... – anderes aber unterscheidet sie. Das, was eine Lebensform spezifisch ausmacht, muss darum in jenem Unterschied gesucht werden. Darum dachten viele Philosophen der Antike, der Mensch, der doch so viel mit den Tieren gemeinsam habe, würde sein ureigenstes Wesen eben darin finden, worin er sich von allen Tieren unterscheide – und so kam man auf allerlei Bestimmungen wie: der Mensch als das denkende Tier, der Mensch als das soziale oder politische Tier und als das Sprache sowie Werkzeuge verwendende Tier.

Entsprechend stellten die Naturrechtslehren jener Tage darauf ab, dass der Mensch nicht allein gewisser Bedingungen zum physischen Gedeihen bedürfe (wie das Tier), sondern dass das Recht den Menschen auch in seinem geistigen und sozialen Wesen zu würdigen habe. Diese Art zu denken war lange Zeit extrem populär. Im Mittelalter addierte man noch den Gottesglauben hinzu: Dem Menschen komme seine Natur nicht einfach so zu, sondern er erhalte sie von Gott verliehen; der Mensch – als theologisierendes Tier – benötigt gewisse Bedingungen, um sein Seelenheil finden zu können. Auch diese hat mithin das Recht zu schützen. (In späteren Tagen zog man diese Erweiterung dann wieder ab, weil man glaubte, in einer rein naturwissenschaftlich ausgerichteten Analyse dessen, was die menschliche Natur sei, einen sichereren Ratgeber zu haben als in der Bibel.)

So eingängig jener Gedanke von der verlässlichen Natur des Menschen auch ist – er bringt zwei Probleme mit sich: Das eine bezieht sich auf die Gattung Mensch, das andere auf das Individuum. Hinsichtlich des Gattungsbegriffs mussten die Vertreter der moder-

41

Idealismus, deutscher:
Bezeichnung für die vorherrschende Strömung in der deutschen Philosophie nach Kant zwischen ca. 1790 und 1830. Gemeinsam ist allen Vertretern der Versuch, die gesamte Wirklichkeit aus einem geistigen Prinzip abzuleiten. Die Wirklichkeit wird dabei als vernunft- und zweckbestimmt verstanden.

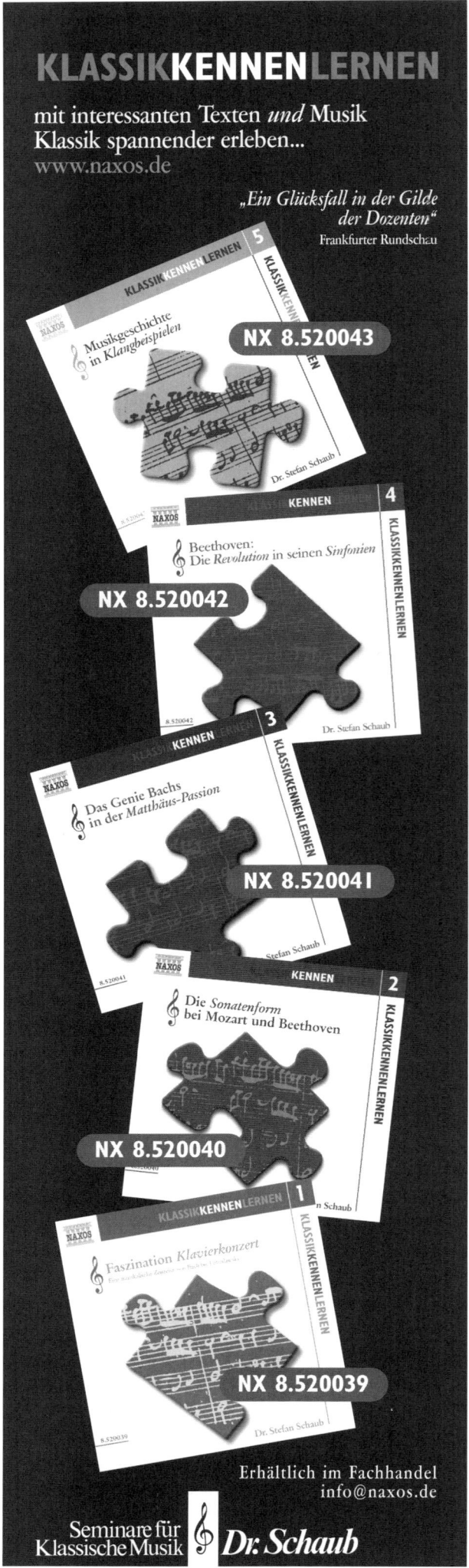
der
blaue
reiter

nen Anthropologie (Lehre vom Menschen) lernen, dass auch andere Lebewesen Sprache und Werkzeuge benutzen, Sozialverbände organisieren und bestimmten Regeln folgen. Worin also liegt dann das Unterscheidungsmerkmal, das uns Menschen zu einer fest umschriebenen Gruppe mit einem klar gezeichneten Gattungswesen macht?

Eine in der Neuzeit populäre Variante des Naturrechts versucht, dieses Problem so zu umgehen, dass sie nicht direkt von der Menschennatur spricht, sondern indirekt, in der Rede von einem „Naturzustand" des Menschenlebens: einem Zustand des menschlichen Miteinanders noch ganz ohne sanktioniertes Recht. Wüsste man, so die leitende Annahme, wie Menschen ohne Recht lebten, so könnte man am Unterschied zum gesellschaftlichen, rechtlich organisierten Leben ermessen, was die Menschen durch Recht gewinnen beziehungsweise verlieren. Damit ließe sich angeben, zum Schutz welcher Güter oder zur Abwehr welcher Gefahren das Recht in die Welt kam, und man hätte folglich einen Ableitungsgrund dafür, was das geschriebene Recht eigentlich erreichen soll.

Die Schwierigkeit solcher Konzeptionen liegt aber darin, dass eben davon, wie man diesen vorgestellten Naturzustand jeweils ausmalt, abhängt, welche Konsequenzen man aus seiner Betrachtung ziehen wird. Fällt die Beschreibung des rechtlosen Zustands äußerst negativ aus, so scheint der Schritt zum sanktionierten (hier: gesetzlich verankerten, mit Strafen verbundenen) Recht allemal ein Gewinn zu sein, wie auch immer das ihm nachfolgende Recht beschaffen ist. Fällt die Beschreibung indes extrem positiv aus, so

Das Naturrecht – ein Vernunftrecht

mag das Gegenteil gelten: das Recht – wie auch immer beschaffen – erscheint sodann als eine Deformation einer reinen und des Rechts eigentlich unbedürftigen menschlichen Wesensart. Oder man sieht im Naturzustand Positives wie Negatives vereint und kommt folglich zu einem gemischten Urteil über die Rechtswirklichkeit: Einiges wird bejaht, anderes kritisiert. Naturzustandslehren laufen mithin auf dieselbe Klippe zu wie die zuvor beschriebenen Lehren von der menschlichen Wesensnatur: Es scheint, dass sowohl die Beschreibung der Menschennatur als auch des menschlichen Naturzustands so unterschiedlich gestaltbar sind, dass sie schlussendlich die Ableitung nahezu beliebiger Resultate ermöglichen. Diese Beliebigkeit aber ist schädlich. Sie stellt die zentrale Ausgangsbasis jener Theorien in Frage: die Annahme einer einzigen und feststehenden menschlichen Gattungsnatur beziehungsweise einer entsprechend festgelegten Wesensnatur des Rechts.

So weit zur Gattung Mensch. Es stellt sich den Naturrechtslehren aber, wie gesagt, noch ein zweites grundlegendes Problem: die Individualität. Ist es denn wirklich wahr, dass dasjenige, was den Menschen ausmacht, angemessen umschrieben werden kann, wenn man ausblendet, dass jeder Mensch eine ganz individuelle Persönlichkeit darstellt? Wenn man aber die menschliche Individualität berücksichtigt, muss man dann nicht auch zur Kenntnis nehmen, dass sich Menschen zu dem, was sie jeweils sind, allererst machen, indem sie sich vorstellen, was sie sein wollen? Gehört folglich nicht auch das Ich-Ideal zum Wesen des Menschen hinzu? Und hat nicht jeder andere Ideale und Vorstellungen vom guten Leben? Wie aber lässt sich dann eine für alle gleichermaßen gültige Lehre vom menschlichen Wesen aufstellen?

Eine Zeit lang hat man das ignoriert und gesagt, die menschlichen Bedürfnisse gliederten sich wie eine Pyramide: zunächst und zuunterst, aber auch grundlegend und vorrangig, seien materielle Bedürfnisse (Lebensunterhalt, Behausung, Kleidung...), dann abgeleitete soziale Bedürfnisse (also etwa solche nach einer Sozialstruktur zur Organisierung der zuvor genannten Güter) und schließlich Bestrebungen der geistig-symbolischen Ebene (wie Kunst, Kultur, Religion, Philosophie). Nur kollidiert diese Bestimmung der menschlichen Natur mit der Erfahrungswirklichkeit. Nicht wenige Menschen ziehen gewisse religiöse und spirituelle Orientierungen der Befriedigung ihrer leiblichen Bedürfnisse vor, sind bereit zu hungern, zu frieren und sogar zu sterben, um das zu tun, was sie für richtig, wichtig und heilig erachten. – Ist die Rede von der gemeinsamen menschlichen Natur mithin nichts als ein Traum wirklichkeitsfremder Denker?

Immanuel Kant liefert zur Beantwortung dieser Frage den entscheidenden Schlüssel. Wenn der Mensch sich von seiner biologischen Rolle als Tier lösen kann – was sich zugespitzt in der Möglichkeit zeigt, das eigene Leben für das zu opfern, woran man glaubt –, dann dokumentiert er damit eine Fähigkeit, die andere Lebewesen nicht haben: Freiheit. Zwar gab es auch vor Kant Denker, die der Freiheit einen wesentlichen Rang als moralisches Gut einräumten; Kant aber war der Erste, der sagte, allein aus dem Gedanken der Freiheit heraus lasse sich schlüssig erarbeiten, was der Mensch tun und lassen solle. Für Kant ist nämlich Freiheit nicht ein Gut unter anderen, sondern Freiheit wird als die Bedingung der Möglichkeit alles Guten erkannt: Wenn ein Mensch etwas als „das Gute" verfolgt, so macht er dabei immer schon Gebrauch von der Freiheit, so oder auch anders auf seine Lebenssituation zu reagieren. Niemand ist gezwungen, einer bestimmten Vorstellung vom Guten zu folgen, ganz bestimmte Dinge zu erstreben, andere hingegen zu meiden. Jedes Lebensideal setzt stillschweigend voraus, dass wir die Freiheit haben, ihm zu folgen oder auch nicht.

Kant meint natürlich nicht, dass wir keine natürlichen Bedürfnisse hätten, wie die nach Schlaf, Nahrung, Kommunikation und so weiter; oder dass wir außer der Freiheit keine weiteren Werte bräuchten. Aber als den Grund, der den Inhalt all unserer Verpflichtungen – auch und gerade derjenigen des Rechts – angibt, benennt Kant dennoch allein die Freiheit. Alle anderen

Güter – seien sie traditioneller oder religiöser Art, handele es sich um gewisse Tugenden oder Annehmlichkeiten – werden nämlich immer nur von einigen erstrebt, von anderen aber nicht. Nur zur Freiheit kann niemand Nein sagen, weil dazu bereits der Gebrauch der Freiheit gehört. Wenn man den Menschen gebietet, die Freiheit zu respektieren, dann wird niemand

> ## Nicht die Zufälligkeit der Persönlichkeit, sondern die Wesentlichkeit der Personalität macht den Grund aller Rechte aus.

zum Respekt eines Werts gezwungen, den er nicht selbst immer schon in Anspruch nimmt. Und dieser Gedanke schließt die Freiheit anderer automatisch mit ein: Denn mit welchem Grund dürfte man jenen verweigern, was man für sich selbst verlangt?

Dieser grundlegende wie allseitige Charakter hebt die Freiheit von allen anderen menschlichen Werten ab. Johann Gottlieb Fichte hat sich dem angeschlossen und formuliert: Weil das Wesen des Menschen sich nicht anders bestimmen lasse, als durch den individuellen Gebrauch der Freiheit zur persönlichen Selbstbestimmung und Idealbildung, darum bestünde in ebenjener Freiheit zur Autonomie die auszeichnende Natur des Menschen. Jene Natur muss darum durch das Recht beschützt und bestärkt werden. In diesem Sinne ist Freiheit dem Menschen nicht nur eingeschrieben, sondern vorgeschrieben; sie ist uns nicht bloß als Mitgift der Natur gegeben, sondern auch als Kulturgut aufgegeben. Es reicht von daher nicht, wenn durch den Federstrich des Gesetzes Freiheit lediglich abstrakt gewährt wird. Ein Recht, das der menschlichen Natur gerecht wird, muss auch die ganz konkreten Bedingungen gelebter Freiheit mit einschließen. Eine Rechtspolitik der Freiheit unterstellt darum die Felder der Sozial- und Wirtschaftspolitik dem Gebot, einem jeden Menschen ein seiner Natur gerecht werdendes Leben in Freiheit zu ermöglichen.

Freiheit verpflichtet, denn in der Tradition Kants und Fichtes, das heißt als Fähigkeit zur Selbstgesetzgebung verstanden, hat man sie aus Gründen, die für alle Menschen gelten. Also ist man nicht nur zur Nutzung der eigenen Freiheit berechtigt, sondern auch aufgerufen zur Respektierung, zum Schutz und zur Förderung fremder Freiheit. Die Freiheit des einen muss mit der Freiheit des anderen so abgestimmt werden, dass der Freiheit aller Rechnung getragen wird. Allein die menschliche Vernunft ist aber in der Lage, streng allseitig-allgemeine Regeln zu formulieren, um das Prinzip der Freiheit entsprechend auszudifferenzieren. Darum schreiben die Philosophen des deutschen Idealismus (Fichte, Schelling, Hegel, Krause; siehe Erläuterung) einstimmig, dass die wahre Natur des Rechts darin bestünde, dass die menschliche Freiheit nicht irgendwelchen Geboten folge, sondern den Ideen der Vernunft; das Naturrecht – ein Vernunftrecht.

43

Nun muss natürlich gefragt werden, wie ein solches Vernunftrecht der Freiheit konkret aussieht beziehungsweise welche Antworten aus ihm gewonnen werden können auf die Frage, die sich dem Naturrecht von jeher stellt: was denn nun der Inhalt des gerechten Rechts ist. Hierauf haben etliche nachkantische Natur- und Vernunftrechtler Antwort zu geben versucht – allein in den Jahren von 1790 bis 1840 wurden mehrere tausend Seiten zu diesem Thema verfasst. Von heute aus betrachtet, das heißt mit den Problemen im Hinterkopf, die unsere gegenwärtige Zivilisation quälen, erscheint die Theorie eines lange Zeit vergessenen Denkers besonders interessant: Karl Christian Friedrich Krause.

Krause lebte von 1781 bis 1832, studierte bei Fichte und Schelling, war zusammen mit Hegel in Jena Privatdozent, und um 1800 schien es, als würde er zu einem der führenden Denker des deutschen Idealismus aufsteigen. Dann aber, ausgelöst durch eine Reihe biografischer (Fehl-)Entscheidungen, isolierte sich Krause von der akademischen Szene und setzte sein Werk im Stillen fort, gelesen und gewürdigt nur vom kleinen Kreis seiner Schüler. In Deutschland geriet er ins Vergessen. Auf Umwegen gelangte seine Philosophie aber in der zweiten Hälfte des 19. Jahrhunderts nach Spanien und von dort aus nach Lateinamerika. Hier wurde der nach ihm benannte Krausismo zum wohl wirkmächtigsten Liberalismus des 19. Jahrhunderts: Das Verfassungsleben Spaniens, Uruguays und Argentiniens etwa ist nachhaltig durch Krauses Naturrecht geprägt.

Inhaltlich ist Krauses Lehre von besonderem Interesse, weil sie zu einer Zeit, als die Rechtsphilosophie noch im Dunstkreis des Nationalstaats dachte, die Unterordnung der Frau unter das Zepter des Mannes verlangte, Kindern, Senilen sowie Behinderten einen minderen oder gar keinen Rechtsstatus zusprach und von Rechten der Natur und der Tiere nichts wusste, kühn für Ideale des friedlichen Weltbürgertums, der Emanzipation, der ungeteilten Menschenwürde, der sozialen Gerechtigkeit und des Naturschutzes eintrat. Krause war aber nicht einfach ein freundlich gesinnter Prophet der Moderne, sondern ein streng systematisch verfahrender Philosoph. Seine Forderungen an das Recht seiner Zeit leiteten sich konsequent aus Überlegungen zur Natur des Rechts und der Rechtsgründe

ab – und schließen dort bei dem Problem an, wie ein Rechtssystem dem (freien) Wesen des Menschen gerecht werden könne.

Krause zog folgende Konsequenz aus dem Freiheitsgedanken: Da der Mensch Freiheit nicht etwa deswegen hat, weil er adligen Geblüts ist, ein bestimmtes Geschlecht hat oder einer bestimmten Rasse, Glaubensgemeinschaft oder politischen Fraktion zugehört, so darf man auch niemandem das Recht zur freien Existenz aus Gründen von dessen Geschlecht, Rasse, Herkunft und so weiter verweigern. Und er überlegte: Wenn einem Menschen Rechte nicht auf Grund seiner besonderen Situation (Herkunft...) oder Ausstattung (Geschlecht, Rasse...) zukommen, sondern auf Grund seiner Charakteristik als ein sich selbst bestimmendes Lebewesen, so ist der Grund der Rechte konkreter Personen eigentlich gar nicht in deren historischer Persönlichkeit, sondern vielmehr in deren ahistorischer Personalität zu suchen. Einfacher: Nicht, dass man dieser oder jener Mensch ist, sondern dass man überhaupt eine Person darstellt, macht den Grund aus, warum jemandem hier und jetzt Recht zuzuerkennen ist. Folglich ist die höchste Quelle personaler Zuerkennung von Rechten nicht das hier und jetzt auftretende Individuum, sondern die Menge aller Personen oder kurz: die Menschheit.

Ist die Rede von der gemeinsamen menschlichen Natur ein Traum wirklichkeitsfremder Denker?

Jede historische Konkretisierung von Recht steht von daher unter dem Vorbehalt, das Recht der Menschheit zu realisieren. Das heißt kein Mensch hat das Recht zu Handlungen, welche die Rechte der Menschheit verletzen. Geschieht derlei, so ist jeder Mensch aufgefordert, Abhilfe zu schaffen. Damit ist die Basis gelegt für eine Überwindung von Privilegien und rechtlich verankerten Diskriminierungen. Eine jede Verwirklichungsform von Recht – sei es eine Familie, ein Sippschaftsverband, eine Dorfgemeinschaft, ein Volksstamm, ein Nationalstaat, ein Staatenverbund, eine Republik der Staaten – ist aufgerufen, so weit als nur möglich das Recht der Menschheit zur Geltung zu bringen. Krauses Begriff der Menschheit ist dabei weder auf alle jetzt lebenden Personen eingeschränkt noch überhaupt notwendigerweise auf die Gattung Homo sapiens. Es könnten im weiten Weltall weitere Personen existieren. Auch ihnen käme dann das Recht zu, ein Leben zu führen, in welchem ihnen die Würde freier Selbstgesetzgebung zuerkannt wird. Es mag überdies hochentwickelte Tiere geben, die sich für die Zusprechung von Personalität qualifizieren. Auch ihnen wäre dann ein entsprechender Rechtsschutz einzuräumen, so Krause.

Recht muss stets reformiert und vervollkommnet werden, um gerechter, vollständiger und situationsangemessener zu werden. Die einzige Rechtfertigung für unvollkommenes Recht ist die Überwindung oder Vermeidung eines gänzlich rechtlosen Zustands. Kein existierender Rechtsverbund kann sich indes darauf herausreden, es bei unvollkommenem Recht deshalb bewenden zu lassen, weil ihn angeblich das Recht der Menschheit nichts anginge. Die Ausrede, man habe es nur mit der Verwaltung der Rechte der ganz konkreten Mitglieder des jeweiligen Rechtsverbunds zu tun, nicht aber mit den Rechten anderer Personen – zum Beispiel von Ausländern oder den Rechten zukünftiger Generationen – greift nicht, weil die Quelle des je eigenen Rechts ja stets das Recht aller Personen ist. Der Berechtigungsgrund zum eigenen Gebrauch des Rechts ist immer auch Verpflichtungsgrund, allen anderen, so gut es geht, ebenfalls zu ihrem Recht zu verhelfen.

Jeder Person kommt von daher ein „Rechtsbefähigungsrecht" zu, erklärt Krause. Wir können also nicht darauf verweisen, dass weder Embryonen noch schwer Behinderte, noch zukünftige Generationen gegen die Verletzung ihrer Interessen gerichtlich prozessieren können. Vielmehr sind wir umgekehrt verpflichtet, dafür zu sorgen, dass all diesen Personen ihr Recht auch und gerade dann zuteil wird, wenn sie selber dafür nicht eintreten können. Mit diesem Ansatz kann Krause auch so asymmetrische Beziehungen wie die von Leistung ohne Gegenleistung (zum Beispiel Hilfeleistungen, Pflegedienste, Zukunftsvorsorge) als Rechtsbeziehungen denken.

In den meisten vergleichbaren Theorien hingegen kommt Rechtsbindung nur in Form symmetrisch-wechselseitiger Beziehungen vor. Das Rechtsverhältnis wird dort als etwas vorgestellt, das den Beziehungen zwischen den Individuen – zumeist durch einen verabredeten Tausch in etwa gleicher Nutzenmengen – als etwas Äußerliches hinzugedacht wird. Schwer behinderte Menschen oder noch nicht geborene können aber nichts zum Tausch anbieten; es wird darum in jenen Konzeptionen auch nicht als vernünftig angesehen, ihnen Rechte einzuräumen.

Krause hingegen denkt Personalität als von vornherein allseitig verpflichtet: Denn, wie gesagt, nicht die Zufälligkeit der Persönlichkeit, sondern die Wesentlichkeit der freien Personalität macht den Grund aller Rechte aus. Das Recht auf eine menschenwürdige Existenz ist also nicht bedingt durch die Fähigkeit, anderen zu nützen. Ob mithin die zur Führung eines selbstbestimmten Lebens erforderlichen Leistungen sich symmetrisch oder asymmetrisch zu den jeweils in die Rechtsgemeinschaft eingebrachten Leistungen verhalten, ist unerheblich. Die Rechtspflicht, jedem sein Recht auf eine würdige Existenz zuteil werden zu lassen, besteht unbedingt, und man schuldet ihre Ab-

leistung dreifach: sich selbst, dem anderen und der Rechtsgemeinschaft gegenüber.

Insbesondere wenn es um die Wahrung der Existenzgrundlagen geht, kann die Leistung des einen nicht von der Gegenleistung des anderen abhängig gemacht werden. Jeder Mensch hat ein Grundrecht auf Teilhabe an der einen Welt. Dieses Grundrecht führt auf den Grundsatz innerstaatlicher Sozialfürsorge, und im globalen Maßstab begründet es Rechte der – oftmals als Folge von Kolonialunrecht – verarmten Völker auf Entschädigung und Assistenz zur Selbsthilfe. Mit Blick auf die Zukunft wird daraus die Forderung nach Generationengerechtigkeit durch ein nachhaltiges Wirtschaften mit den Ressourcen der Erde. Konsequenterweise fordert Krause den Aufbau wirkungsvoller globaler Rechtsstrukturen, damit unabhängig von Macht und Zufall die entsprechenden Rechtsansprüche und Rechtsverbindlichkeiten erfüllt werden.

Angesichts der enormen politischen, ökonomischen und ökologischen Hindernisse, die heute der Freiheit und Selbstbestimmung vieler Menschen entgegenstehen und von denen nicht wenige sich in der Form zwangsbewehrten (staatlich sanktionierten) Rechts präsentieren, gewinnt das von Kant begonnene und von Krause ausgeführte Projekt eines Naturrechts der Freiheit ungeheure Aktualität. Wenn es darum geht, die Würde des Menschen – unabhängig von den Zufälligkeiten von Geburt, Macht, Besitz, Geschlecht oder Rasse – durch die Forderung nach einem allen Menschen gerecht werdenden Recht zu verteidigen, wenn es darum geht, die Rechte gerade auch derjenigen zu verteidigen, die sich nicht selbst vertreten können, also all jener, die keine Tauschobjekte anbieten können und kein Drohpotenzial besitzen, dann versagen etliche der im ausgehenden 20. Jahrhundert populär gewesenen Rechtstheorien kläglich; das so oft totgesagte Naturrecht hingegen erwacht zu neuem Leben.

45

Claus Dierksmeier ist Professor für Philosophie am Stonehill College in Easton.

Weiterführende Literatur:

– Artikel „Naturrecht". In: Historisches Wörterbuch der Philosophie. Band 6. Schwabe Verlag, Basel 1984
– Dierksmeier, Claus: Der absolute Grund des Rechts. Karl Christian Friedrich Krause in Auseinandersetzung mit Fichte und Schelling. Stuttgart-Bad Cannstatt 2003
– Rommen, Heinrich: Die ewige Wiederkehr des Naturrechts. München ²1947

Aphorismenschneise • Aphorismenschneise • Aphorismenschne

Souverän ist, was nicht Partei ergreift.

Die dümmste Macht findet eine dümmere Ohnmacht, die ihr widersteht.

Die Geschichte ist ein Unglück, das niemals für alle reicht.

Die Arroganz besiegt den Stolz, denn sie schämt sich nicht.

Werner Zips

Die Gerechtigkeit des Stachelschweins

Plädoyer für eine Anthropologie der Gerechtigkeit

„Im Namen der Gerechtigkeit." Ohne diesen Satz kann Recht(sprechung) offenbar kaum irgendwo auskommen. Der Rückgriff auf eine höhere, letztlich übermenschliche (religiöse oder göttliche) Ordnung liefert dem Recht und dessen Anwendung jenen Bezugspunkt, der seine Geltungswürdigkeit außer Streit stellt. Das gilt auch für politische Entscheidungsprozesse. Gerechtigkeit muss für so gut wie alles herhalten. Praktisch das gesamte politische Spektrum des Globus strapaziert und überstrapaziert den Begriff für die jeweiligen Zwecke.

> „Ich brauche keinen Frieden, ich brauche gleiche Rechte und Gerechtigkeit."
> Peter Tosh

Allgemein wird der „moderne" Rechtsstaat westlicher Prägung zwar als nicht perfekt und sanierungsbedürftig, aber zugleich doch als bisheriger Höhepunkt der rechtspolitischen Vernunft betrachtet.

Nicht erst seit den klaren Aussetzern und Aussetzungen des Rechtsstaats im Gefolge der terroristischen Attacken gegen Symbole des US-amerikanischen Imperiums erscheint diese Annahme höchst fragwürdig. In einer Welt, in der die Schwächsten in völlige Verzweiflung und damit zum Äußersten getrieben werden und gleichzeitig fast unbegrenzten Zugriff auf Waffen haben, kann die Logik der königlichen Willkür,

das quia nominor leo (weil ich Löwe heiße), wie Pierre Bourdieu in einem Interview treffend analysierte, nicht mehr gelten.

Der eurozentristische Gehalt vieler Theorien und die entsprechenden Motivlagen vieler Theoretiker der Gerechtigkeit bleiben oft unhinterfragt.[1] Das trifft selbst auf die Habermas'sche Theorie des kommunikativen Handelns und der darauf beruhenden Diskurstheorie des Rechts zu (siehe unten). Auch dieser philosophische Versuch, die Geltung(swürdigkeit) des Rechts schlechthin auf ihre Legitimation (siehe Erläuterung) durch einen rationalen, im idealen Fall herrschaftsfreien Einigungsprozess aller Betroffenen zu überprüfen, bleibt entwicklungsgeschichtlich verankert, da er vor dem Gegenmodell der vormodernen, „in den opaken Gestalten des mythischen Denkens" verhafteten, nichtwestlichen Gesellschaften inszeniert wird.

In der Behauptung, dass Gerechtigkeit und ihr Kern der „praktischen Vernunft" eine Errungenschaft der Aufklärung und der europäisch-westlichen Moderne sei, zeigt sich kaum mehr als ein schlecht verhüllter Herrschaftsanspruch. Eine historische Perspektive vermag die Unhaltbarkeit der bis in die Gegenwart behaupteten Monopolstellung Europas und „des Westens" als alleinige Besitzer von Recht und Gerechtigkeit zu belegen.

Dies lässt sich am Beispiel einer karibischen Gesellschaft illustrieren, die aus dem Überleben von und dem Widerstand gegen eine der extremsten und längsten Unterdrückungsverhältnisse der Menschheitsgeschichte geboren wurde: der transatlantischen Sklaverei.

„Karibische Geschichtsschreibung" beginnt mit einem ominösen Datum: 1492 – der so genannten Entdeckung der Neuen Welt. Von der Kultur der Arawak, Kariben und anderer „indianischer" First Nations, die der „Karibik" ihren Namen gaben und jahrtausendelang die Inselwelt bewohnten, blieben nur wenige materielle Zeugnisse. Ihre bis zum Völkermord ausgebeutete Arbeitskraft ersetzten die europäischen Eroberer durch versklavte Afrikaner.

In einem abgeschiedenen Bergdorf im Inselinneren Jamaikas lebt eine kleine Gemeinschaft von Maroons, die ihre nächsten Ver-

wandten in den Gesellschaften der westafrikanischen Küstenregion vermutet. Kleine Gruppen entflohener Sklaven – die Maroons genannt wurden – schufen Gegenwelten zur systematischen Ungleichheit auf den Plantagen der Weißen. Ihre Formen und Praktiken der sozialen Kontrolle und Selbstbestimmung überlebten bis in die Gegenwart. Seit dem Abschluss des Friedensvertrags mit der britischen Krone im Jahr 1739 bilden sie eine Art „Staat im Staat". Wie keine andere soziale Gruppe in der Neuen Welt vermochten sie die politischen und rechtlichen Überlieferungen und Wissensbestände ihrer westafrikanischen Herkunftskulturen zur Neugestaltung ihrer eigenen Gesellschaft im Hinterland der Sklavenplantagen zu verwenden. Ihre politische und militärische Organisation sowie ihre rechtliche Selbstkontrolle lässt sich strukturgeschichtlich vor allem auf die Regierungsformen der westafrikanischen Akan-Gesellschaften des heutigen Ghana zurückführen. Mit dem erfolgreichen Ende des langen Freiheitskampfs durch den Friedensvertrag vermochten sich die Maroons als weitgehend autonome Gesellschaften weiter zu entfalten. Manche der Alten grüßen sich auch heute noch mit den Worten: Asante kotoko. Sie kennen die Bedeutung der Grußformel ihrer afrikanischen Vorfahren, die übersetzt so viel heißt wie: „Asante, das Stachelschwein".

> **Nur wenn das Gesetz „mit guten Ohren", das heißt unparteiisch angewandt wird, kann gesetztes Recht Geltung beanspruchen.**

Bis in die Gegenwart ist das Stachelschwein das Emblem der Asante Nation (engl.: „Ashanti") im heutigen Ghana und bis heute identifizieren sich die meisten Menschen des Asante-Königreichs mit Kotoko. Mit jenem Tier also, das mit Pfeilen kämpft, die Teil seines Körpers sind. Mit diesen natürlichen Waffen verteidigt es sich gegen wesentlich größere Aggressoren.

Die Geschichte der Asante nahm eine entscheidende Wendung mit der Gründung eines unabhängigen Königtums unter dem ersten Asantehene (König der Könige der Asante) Osei Tutu nach der Unterwerfung des Königs von Denkyira im Jahr 1701. Damit konnten sich die Asante als eigener Oman („Staat, Volk, Nation") behaupten und schließlich zum mächtigsten Königreich der Region aufsteigen. Etwa zur gleichen Zeit intensivierten in Jamaika jene verschleppten Afrikaner, die sich ebenfalls mit dem Tiersymbol des kämpferischen Stachelschweins identifizierten, ihren kollektiven Kampf gegen die Sklaverei.

Die Symbolik des Stachelschweins ist auch für die Maroons in Jamaika gültig. Bis in die Gegenwart erhielten sie ihre Selbstbestimmung und Unabhängigkeit. Damit haben sie die gesamte Zeit der britischen Herrschaft von 1655 bis zur Unabhängigkeit Jamaikas im

> **Anthropologie:**
> Wissenschaft vom Menschen als sozialem Wesen. Sie wird heute überwiegend als empirische, das heißt auf Fakten gründende Sozialwissenschaft verstanden. Der **Sozialanthropologie** kommt in diesem Zusammenhang die Aufgabe zu, Wissensbestände und Handlungsweisen der Weltbevölkerung, die aus westlicher Perspektive immer noch weitgehend unbekannt sind, auch in ihrem jeweiligen Eigensinn und unter Wahrung ihres Rechts auf Teilhabe zu rekonstruieren. Die **Anthropologie der Gerechtigkeit** untersucht das Recht unter dem Gesichtspunkt der Legitimität in lokalen, nationalen und internationalen Zusammenhängen.

Jahr 1962 als politische und soziale Einheiten überdauert. Ganz nach dem Asante-Motto „Kämpfe vor deinem Tod, wenn sich dieser nicht vermeiden lässt", ließen die Maroons in Jamaika keinen Zweifel darüber, dass die Aufgabe ihrer Freiheit nicht in Frage kommt. Zugleich beinhaltet das Asante-Staatssymbol des Stachelschweines eine Vorstellung von Friedfertigkeit und Umgänglichkeit, wenn die Gemeinschaft als solche nicht bedroht ist.

Nufanu: „Das Schwert schneidet hier und dort."

Den mündlichen Überlieferungen der Asante zufolge gehört die Verpflichtung zur Unparteilichkeit zum ausdrücklichen Auftrag des Priesters und „Staatsgründers" Komfo Anokye an den ersten Asantehene. Fortan lag es in der Verantwortung des obersten Repräsentanten des Goldenen Stuhls, die Einhaltung des geltenden Rechts rücksichtslos, das heißt ohne Bedachtnahme auf persönliche Beziehungen oder Interessen, zwangsweise durchzusetzen. Der Grundsatz unparteiischer Gerechtigkeit erstreckte sich aber nicht bloß auf die außer Streit gestellte Wahrung der Gesetze, sondern auch auf die übrige politische Gebarung. Jede Inthronisation eines Königs, einer Königin oder Königinmutter aktualisierte durch ein Gelübde die Verpflichtung zur unparteiischen Amtsausübung. Nur wer in diesem Sinne Gerechtigkeit praktizierte, konnte mit einer lebenslangen Regentschaft rechnen. Damit musste sich das praktische Handeln (die judizielle und legislative Praxis) im konkreten afrikanischen Kontext an einem Gerechtigkeitsbegriff messen lassen, der ein unparteiisches Verfahren bei der Entscheidungssuche zur Bedingung machte.

Das trifft auch auf die afrikanischen Rechtsvorstellungen der jamaikanischen Maroons zu. Unparteilichkeit gilt auch bei ihnen unverändert als primäre Voraussetzung für legitime Herrschaft. Befangenheit („biasness") wird als unvereinbar mit den Rechtsprinzipien der Vorfahren erachtet. Das hängt damit zusammen, dass nur das gerechte Urteilen auf Grund eines unparteiischen Verfahrens den Zusammenhang von Recht und Rechtfertigung (in judiziellen sowie legislativen Angelegenheiten) erhält. Darauf beruht die alleinige Legitimation autoritativen Handelns – „das

47

Abbildung linke Seite: Kalahari-Löwe mit Stacheln eines Stachelschweins in der Brust.

Machtmonopol" der staatlich repräsentierten Gemeinschaft. Nur wenn die Klammer von Recht und Gerechtigkeit nicht aufgelöst wird, lässt sich das Verbot der Selbstjustiz aufrechterhalten.

Wenn erwiesen ist, dass das Gesetz unterschiedslos für alle gilt und (nach einer Redewendung der Asante) „mit guten Ohren", das heißt unparteiisch angewandt wird, kann gesetztes Recht Geltung beanspruchen. Für diese Vorstellung „wahrer Gerechtigkeit" (nokore prepre) als notwendige Bedingung „guten Regierens" existiert bei den Akan in Ghana ein Sprichwort, das, frei übersetzt, folgenden Inhalt hat: Wenn das Recht an einem Ort brennt, während es an anderem Ort kühlt, dann ist das keine gute „gerechte" Regierung. Ihr Anspruch auf „wahre Gerechtigkeit" wäre nicht zu halten. Damit ist gemeint, dass das Recht mit gleichmäßiger Zwangsgewalt zu allen Zeiten und an allen Orten angewandt werden muss, soll das Ideal des legitimen („guten") Regierens erreicht werden. Dafür steht auch das Symbol des zweischneidigen Schwertes, das jedes Oberhaupt (Chief) bei seiner Inthronisation (enstoolment) erhält. Es weist auf die Verantwortung des Chiefs als Gesetzgeber und Richter hin. Damit das Gesetz (symbolisiert durch das Schwert) gerecht ist, darf es nicht nur gegen eine Gruppe von Menschen schneiden, während es eine andere unbehelligt lässt. Vor allem darf es keinesfalls den Gesetzgeber selbst ausnehmen und nur die Regierten betreffen.

> **Nur wenn die Klammer von Recht und Gerechtigkeit nicht aufgelöst wird, lässt sich das Verbot der Selbstjustiz aufrechterhalten.**

Vor dem Hintergrund ihrer afrikanischen Herkunftskulturen belegt das Beispiel der Maroons von Jamaika, dass die Behauptung des Monopols auf Gerechtigkeit im demokratischen Rechtsstaat europäischer Prägung kaum haltbar ist. Während die Maroons zu Beginn des 18. Jahrhunderts offenbar mit ihrem westafrikanischen (immateriellen) politischen Inventar bestens ausgerüstet waren, sich selbst zu regieren, beruhten die Institutionen der europäischen Herrscher über die Insel auf der Logik der „königlichen Willkür". Das macht der Vergleich mit der gleichzeitigen, rechtlich auf Sklavereigesetzen („slave codes") beruhenden Herrschaft der weißen Pflanzer und Sklavenhalter („Plantokratie") deutlich.

Auch darauf gibt das Stachelschwein einen symbolischen Hinweis. In den Darstellungen der Kolonialherren waren die Maroons – als Widersacher der Sklaverei – buchstäblich Menschen fressende Wilde, eine Gefahr für die westliche Zivilisation. Tatsächlich wehrt sich das Stachelschwein aber nur, wenn es attackiert wird. Darauf bezieht sich das Sprichwort der Asante: Aus der Stellung seiner Stachel lässt sich ersehen, ob Kotoko bereit ist zu kämpfen.

Waren schon die Versklavten auf den Plantagen ihres Status als Rechtspersonen – insofern als Menschen – beraubt, galten die Maroons als Personifikation des absolut Bösen. Als dementsprechend gottlos, satanisch und unmenschlich wurden sie in der Geschichtsschreibung konstruiert; unfähig zur Selbstherrschaft. Dadurch sollte auch die europäische Herrschaftsordnung gerechtfertigt werden, die auf einem Sklavenrecht beruhte, während sich die Maroons, entgegen den offiziellen Darstellungen, im Hinterland der Zuckerrohrfelder eine soziale Ordnung gegeben hatten, auf deren Basis sie über sich selbst bestimmten. Bis in die jüngste Vergangenheit galt die fälschlich behauptete Unmündigkeit als Argument für Fremdherrschaft und Kolonisierung. Die Unterordnung anderer Erfahrungswelten und Traditionen unter den Blickwinkel der eigenen Geschichtsschreibung bestimmen die europäische Geistes- und Politikgeschichte. Aber der blinde, Jahrhunderte eingeübte Eurozentrismus muss in einer immer enger vernetzten Welt verknüpfter Lebenszusammenhänge und gegenseitiger Abhängigkeiten scheitern.[2]

Kein Friede ohne Gerechtigkeit

Als Bezugspunkt der Hinterfragung von Legitimität (siehe Erläuterung) in nationalen, internationalen und transnationalen politischen Kontexten eignet sich eine neutrale Vorstellung von Gerechtigkeit, die auf einer Verfahrensethik beruht, nämlich auf der Prozedur einer Meinungs- und Willensbildung, die alle potenziell von einer Entscheidung Betroffenen in den Prozess der Entscheidungsfindung einbindet.

Für dieses Vorhaben sind die Maroons und ihre afrikanischen Herkunftskulturen ein besonders aussagestarkes Beispiel, weil sie im Blick auf den Zusammenprall europäischer und afrikanischer Kulturen den Vergleich zwischen einer auf Gewinnmaximierung ausgelegten Zweckrationalität und einer auf soziale Integration und Interessensausgleich abstellenden kommunikativen Rationalität nahe legen. Durch den Widerstand der afrikanisch-karibischen Maroons konnte die Freiheitsberaubung und Verdinglichung der versklavten Menschen aufgehoben werden. Im Spiegel der politischen und rechtlichen Geschichte der Maroons treten die Pathologien der Sklavenhaltergesellschaft umso schärfer hervor.

Während Europa den Ideen der Aufklärung in den unmenschlichen Systemen seiner Expansionsgebiete und offiziellen Kolonien kontinuierlich in den Rücken fiel, schafften unterschiedliche Maroon-Gesellschaften inner- und außerhalb Jamaikas Gegenwelten des menschlichen Zusammenlebens. Ihre Organisationsleistungen vermitteln die Vernunft afrikanischer Formen der Selbstregierung in einer (irrationalen) Welt, die Menschen mit schwarzer Hautfarbe jedes Menschsein gesetzlich und praktisch abgesprochen hat.

Entgegen den bis in die Gegenwart hartnäckig bestehenden Vorurteilen gegenüber vorgeblich willkürlichen afrikanischen Herrschaftsformen, besaßen Ge-

sellschaften wie jene der Maroons in Jamaika oder der Asante in Ghana klare Vorstellungen von Fairness auf der Basis einer gleichberechtigten Teilnahme an Prozessen der politischen Meinungs- und Willensbildung. Viele der ursprünglichen politischen Systeme Afrikas entsprechen in der Realität eher den Vorstellungen der Diskursethik als die europäischen Ausprägungen des demokratischen Rechtsstaats.

Gemäß Habermas' Entwurf der Diskursethik können nur jene Normen Geltungswürdigkeit beanspruchen, die auf eine argumentative Überzeugung aller Betroffenen abstellen. Das entscheidende Kriterium für die Beurteilung eines solchen Verfahrens liefert der

49

> **„Kämpfe vor deinem Tod, wenn sich dieser nicht vermeiden lässt."**
> Sprichwort der Asante

Maßstab der herrschaftsfreien Sprechsituation, also die Frage, ob alle Betroffenen als Beteiligte ihre Anliegen, Begründungen und Einwände vorbringen können und entsprechendes Gehör finden. Danach bleibt die Untersuchung der Legitimität auf die Rekonstruktion dieser Verhandlungsprozesse angewiesen. Soll soziale Integration auf der Vereinigung der Willkür eines jeden mit der Willkür aller anderen beruhen, sind Regeln nur dann gültig, wenn sie die zwanglose, nämlich

Abbildung oben: Ratsversammlung der Akan in Ghana.

Eine Freiheit, die nach Schicksal stinkt.

Eine Nation, die weiß, dass nichts für sie spricht, als dass sie das Schicksal aller anderen ist.

rational motivierte Anerkennung ihrer Adressaten verdienen. Dafür reicht die soziale oder faktische Geltung – ihr bloß legales, das heißt den rechtlichen Verfahrensbestimmungen gemäßes Zustandekommen und ihre durch Zwang erzielte Durchsetzung – nicht aus. Für ihre Geltung bedarf es der diskursiven Einlösung ihres Geltungsanspruchs. Damit wird dem Umstand Rechnung getragen, dass der Prozess der demokratischen Willensbildung durch Mehrheitsentscheidung regel-

> ## Kotoko: Jenes Tier, das mit Pfeilen kämpft, die Teil seines Körpers sind.

der blaue reiter

mäßig unter Zeitdruck und bei unvollständigem Informationsstand abläuft. Die Wirksamkeit der Legitimation hängt daher davon ab, ob die Entscheidungen die Vermutung von Vernünftigkeit zu Recht beanspruchen und bei Vorliegen neuer Informationen einer Revision unterzogen werden können. Aus der Perspektive kritischer Sozialwissenschaft ist damit ein Beurteilungskriterium für die rationale Geltungswürdigkeit des politisch-rechtlichen Handelns gegeben.

Die Diskursethik bezieht sich auf den vernünftigen Gehalt einer Moral der gleichen Achtung für jeden und der allgemeinen solidarischen Verantwortung des einen für den anderen. Dem angesprochenen Moralbegriff haften weder göttliche noch menschliche Impera-

Legitimität:
Je nach Perspektive bezieht sich der Begriff auf die Fähigkeit eines Entscheidungsträgers (top down approach) unter den von der Entscheidung Betroffenen den Glauben an berechtigte (legitime) Herrschaftsausübung zu erzeugen oder auf den allgemeinen, kommunikativ hergestellten Glauben (bottom up approach), dass eine bestimmte politische Ordnung gerecht und gültig ist. Beide Perspektiven lassen sich verknüpfen, indem die Frage nach der Legitimität an die Übereinstimmung und Vereinigung des Willens aller von einer Entscheidung Betroffenen durch einen Austausch über kritisierbare Geltungsansprüche gebunden wird. **Legalität** meint, dass ein Handeln den herrschenden Gesetzen entspricht, unabhängig von deren Anerkennungswürdigkeit.

tive (Aufforderungs-, Sollenssätze) an, sondern das zwischenmenschliche Kriterium der gemeinsamen Lebensgestaltung von pluralistischen, multikulturellen Gesellschaften. Nach diesen theoretischen Vorstellungen zeigt die historische Rekonstruktion der Verfahren unterschiedlicher Maroon-Regierungen über weite Strecken ihrer politischen Geschichte ein hohes Maß an Konsensorientierung, was von den europäischen Gesellschaften nicht behauptet werden kann. Konkret zeigt sich das an der Bereitschaft ohne die Beschränkung der Sachzwänge von Dringlichkeit und parteiischen Klientelinteressen über die Sinnhaftigkeit einer Regelung oder politischen Entscheidung zu diskutieren. Für die Vernünftigkeit einer Einigung sind dabei, wie ich mich bei mehreren Anlässen überzeugen konnte, die besseren (das heißt überzeugenderen) Argumente entscheidend. Dabei gilt es als besonders ehrbar, auch solche Überlegungen anzustellen, die den eigenen Interessen widersprechen.

Einen ähnlichen Eindruck erhielt ich bei mehreren Gerichtssitzungen so genannter traditioneller (königlicher) Gerichte in Ghana. Besonders beeindruckend war diesbezüglich eine Versammlung des Kumasi Councils im Manhyia Palace in Kumasi unter dem Vorsitz des damaligen Asantehene Otumfuo Opoku Ware II. im Jahr 1994.

Intensive Verhandlungen, verbunden mit ausführlichen Begründungen und mitunter leidenschaftlichen Debatten, bilden den Kern einer Prozedur des Aushandelns von Zustimmungswürdigem. Den entscheidenden Maßstab liefern nicht (bloß) Normen, Gewohnheiten und Traditionen, sondern deren argumentative Abwägung im konkreten Fall. Vereinfacht dargestellt werden die unmittelbar Beteiligten – Kläger und Beklagte – von „ihren" nächsten Chiefs unterstützt. Dann findet das Beweisverfahren statt, bei dem alle anwesenden Chiefs, vertreten durch ihre Linguisten (offizielle Sprecher der Chiefs), Fragen, Kommentare und Erläuterungen des Sachverhaltes vorbringen können. Nach dem ausführlichen Beratungsverfahren formuliert der Linguist den erzielten Konsens, auf dem das Urteil des vorsitzenden Chiefs (oder Königs) beruht. Idealerweise sollte es sich mit dem Konsens decken. Alle anwesenden Chiefs – auch die Unterstützer der Prozessparteien – werden ohne Unterschied ihres Rangs Nananom genannt. Ihre nach (zeitlich und thematisch) offener („freier") Diskussion erreichte Übereinstimmung sollte alle vorgebrachten Argumente berücksichtigen. Dann trägt sie das Gewicht des verein(ig)ten Willens.

Als Beispiel für eine „Anthropologie der Gerechtigkeit" (siehe Erläuterung) zeigt die Rechtsgeschichte der Maroons, dass ein kommunikativ hergestellter

Konsens auf der Basis von kritisierbaren und rational argumentierten Geltungsansprüchen eine Grundvoraussetzung für eine von allen Beteiligten anerkannte und daher legitime soziale Ordnung darstellt. Nach diesem diskursdemokratischen Verständnis von Legitimität ist der philosophische Gerechtigkeitsbegriff empirisch, das heißt in der Wirklichkeit überprüfbar. Anstatt auf einen absoluten, gottgewollten und vorausgesetzten (unüberprüfbaren) Gehalt abzustellen, meint eine derartige Lesart von Gerechtigkeit eine relative Kategorie. Rechtliche und politische Prozesse können anhand dieses Maßstabs dahingehend hinterfragt werden, ob beziehungsweise in welchem Ausmaß sie einer rationalen Verhandlungslösung offen standen. Zu den Voraussetzungen eines (mehr oder weniger) gerechten Entscheidungsprozesses gehört das Einverständnis zu dessen grundsätzlicher Neuverhandelbarkeit ebenso wie der Wille zum friedlichen Ausgleich. Das entscheidende Kriterium der Gültigkeit fehlt einseitig getroffenen Entscheidungen dann, wenn auf den freien Zugang aller möglicherweise von einer Entscheidung Betroffenen zum Prozess der Meinungs- und Willensbildung verzichtet wird. Nach dem Kriterium der Einhaltung eines Verfahrens, das allen Betroffenen gleiche Parteistellung zuerkennt, fehlt der autoritären Fremdbestimmung auch dann der Gültigkeitsgrund, wenn Bezug auf einen entsprechenden gesetzgebenden Akt genommen wird.

Prozedurale Gerechtigkeit als Voraussetzung für „echten" Frieden – das erscheint vereinbar mit den programmatischen Forderungen nach Gleichberechtigung und Teilhabe, wie sie gerade in jener Region erhoben wird, der das Beispiel der Maroons entstammt; so zum Beispiel auch von Peter Tosh im Reggae-Klassiker *Equal Rights* (1977, CBS Records):

> *Everyone is crying out for peace, yes*
> *None is crying out for justice*
> *I don't need no peace*
> *I need equal rights and justice*
>
> *Alle schreien nach Frieden*
> *Aber niemand ruft nach Gerechtigkeit*
> *Ich brauche keinen Frieden*
> *Ich brauche gleiche Rechte und Gerechtigkeit*

Werner Zips studierte Rechtswissenschaften und Ethnologie. Er ist Professor am Institut für Ethnologie, Kultur- und Sozialanthropologie der Universität Wien.

Anmerkungen:

1. Da europäische Wissenschaftler die Entwicklungsgeschichte der eigenen Denkstrukturen oft nicht hinterfragen, ist Gerechtigkeit zumeist keine Kategorie (sozial)anthropologischer (siehe Erläuterung) Untersuchungen.
2. Siehe hierzu: Schäffter, Ortfried: Das Fremde. Westdeutscher Verlag 1991

Zur Vertiefung empfohlen:

- Bourdieu, Pierre und Loic J. D. Wacquant: Reflexive Anthropologie. Frankfurt am Main, 1996
- Habermas, Jürgen: Faktizität und Geltung. Beiträge zur Diskurstheorie des Rechts und des demokratischen Rechtsstaats. Frankfurt am Main
- Zips, Werner: Theorie einer gerechten Praxis oder: Die Macht ist wie ein Ei. Das Stachelschwein erinnert sich: Ethnohistorie als Praxeologische Strukturgeschichte. Gerechtigkeit unter dem Mangobaum. Rechtsanthropologische Forschung zu einer Insel des Rechts. Anthropologie der Gerechtigkeit. Band 1–3. Wiener Universitätsverlag, Wien 2002–2003

51

Effi Böhlke

Freiheit oder Gerechtigkeit

Montesquieus und Tocquevilles Suche nach der verlorenen Freiheit

Gleichheit wird oft als Voraussetzung für Gerechtigkeit verstanden. Allerdings besteht die Gefahr, so Tocqueville, dass ein Zuviel an Gleichheit in Gleichgültigkeit gegenüber dem Gemeinwohl umschlägt. Die gleich und gleichgültig gewordenen Menschen empfinden den Staat nur noch als „eine gewaltige, bevormundende Macht, die allein dafür sorgt, ihre Genüsse zu sichern und ihr Schicksal zu überwachen".

> **Gleichheit droht in Gleichgültigkeit umzuschlagen.**

Während Charles Louis de Secondat, Baron de la Brède et de Montesquieu (1689–1755) die europäischen Gesellschaften des 18. Jahrhunderts untersucht und hier insbesondere Bedingungen, Mechanismen und Konsequenzen zunehmender Machtkonzentration aufdeckt, nimmt Alexis Henri Clérel de Tocqueville (1805–1859) die sozialhistorischen Prozesse des 19. Jahrhunderts ins Visier, das heißt die Entstehung der Strukturen der modernen Gesellschaften. Zwischen ihnen liegt die tiefe Zäsur der Französischen Revolution. Montesquieu hat noch die Vorboten derselben vor Augen; Tocqueville sieht deren Resultate vor sich liegen: Die Trümmer der alten aristokratischen Gesellschaft und das Morgendämmern einer sich erst in ihren Umrissen abzeichnenden neuen, demokratischen Gesellschaft, deren Wesenszüge er zu erfassen versucht. In all ihren Beobachtungen nimmt immer wieder die Reflexion über das problematische Verhältnis von Freiheit, Gleichheit und Gerechtigkeit einen zentralen Platz ein. Beiden ist eine aristokratische Grundhaltung eigen: Sie sehen keinen automatischen Zusammenhang zwischen den drei Kategorien. Eher im Gegenteil: Ein Zuwachs von Gleichheit und Gerechtigkeit kann durchaus mit einer Abnahme von Freiheit konform gehen – das ist es gerade, was Tocqueville als Gefährdung der sich herausbildenden Gesellschaften wahrnimmt.

In Montesquieus Überlegungen über die Kategorie der Gerechtigkeit spielt stets der Begriff des Maßes, des Maßvollen und Angemessenen eine große Rolle. Die Gerechtigkeit, so heißt es schon in seinem Briefroman *Lettres Persanes* (*Persische Briefe*) von 1721, ist eine Beziehung der Entsprechung („rapport de convenance") zwischen zwei Dingen (Brief Nr. 83, S. 106). Dabei unterscheidet er zwischen (mindestens) drei Ebenen: der universalen Ebene, der Ebene der gesetzten Gesetze einer konkreten Gesellschaft und der Ebene des Handelns der einzelnen Menschen.

Auf der universalen Ebene verankert Montesquieu seine Naturrechtskonzeption (siehe Erläuterung). Auf dieser abstrakten, unabhängig von und vor jeder konkreten Gesellschaft angenommenen Ebene lässt sich bei ihm ein enger Zusammenhang von Gleichheit und Gerechtigkeit erkennen. So schreibt er in seinem um 1725 verfassten *Essai touchant les lois naturelles et la distinction du juste et de l'injuste* (*Essai, die Naturgesetze und die Unterscheidung des Gerechten und Ungerechten betreffend*), dass die Menschen von Natur aus gleich seien; aus dieser Art Gleichgewicht zwischen den Menschen entstünden die allgemeinen Ideen von Gerechtigkeit und Billigkeit („les idées communes de justice et d'équité") (S. 178). Diese Naturgesetze, die gleichzeitig – das ist zumindest ein Zugeständnis an seine Zeit – göttliche Gesetze seien, sind ihm zufolge mittels der Vernunft erschließbar. Es gäbe Maximen, die allen Menschen überall und zu allen Zeiten gemeinsam sind; sie seien evident (selbsteinsichtig) und stünden in natürlichem Verhältnis zu unserem Geist.

Diese Gesetze nun seien die Voraussetzung für die Existenz von Gesellschaft überhaupt – ohne Gesetze wäre Gesellschaft schlechterdings unmöglich. Die Gesellschaft setzt, so Montesquieu, Gesetze voraus als ihre Basis und ihr Fundament. Sie schränken die Freiheit des Einzelnen ein, verbürgen jedoch Sicherheit („sécurité"), und auf diese Weise könne jeder seine privaten Rechte genießen.

> **Was gerecht und was ungerecht ist, darüber wird von den Bürgern immer wieder neu verhandelt.**

Diese naturrechtliche Ebene hat in Montesquieus Ordnung der Dinge eine weitere Funktion: Sie dient ihm als Maßstab für die Gerechtigkeit beziehungsweise Ungerechtigkeit der gesetzten Gesetze einer je gegebenen Gesellschaft sowie des Verhaltens der einzelnen Menschen. Durch die Annahme einer universellen Gerechtigkeit beziehungsweise Billigkeit hat Montesquieu ein Instrument an der Hand, mit dem er die Gerechtigkeit gesetzter Gesetze messen kann. Sie sind damit der Willkür des Gesetzgebers enthoben. Schließlich sind die in einer konkreten Gesellschaft

53

288 Seiten. Gebunden € 26,90[D]

127 Seiten. Paperback € 7,90[D]

vorhandenen Gesetze nicht schon auf Grund ihres Gesetzescharakters ge-
recht. Selbiges gilt für die individuelle Ebene. Mit den Natur- beziehungsweise göttlichen Gesetzen sei eine reale Differenz eingeführt zwischen
dem Guten und dem Bösen, dem Gerechten und dem Ungerechten, zwischen Tugend und Laster. Im Allgemeinen sei alles, was den Gesetzen ent-
spreche, gut und gerecht, und das, was ihnen widerspreche, ungerecht
und schlecht: Die Tugend sei eine Neigung, das zu tun, was das Gesetz
vorschreibt, und das Laster bestünde in der Gewohnheit, das zu tun, was
das Gesetz verbietet.

Diese Naturrechtskonzeption findet sich in ihren Grundzügen in den
ersten drei Kapiteln des 1. Buches seines Hauptwerks *De l'Esprit des lois*
(*Vom Geist der Gesetze*, 1748) wieder. Auch hier dient ihm der universal-na-
turrechtliche Rahmen als letztlicher Maßstab für die Bewertung realexis-
tierender sozialer Institutionen wie etwa der Sklaverei, die er als dem Naturrecht widersprechend und daher als ungerecht bewertet.

Doch was die konkreten, historisch-tatsächlichen Gesellschaften anbe-
langt, so bevorzugt Montesquieu ein Gesellschaftsmodell, das kurz mit
dem Begriff der Einheit in der Vielheit umschrieben werden kann: Nicht
eine in sich homogene Gesellschaft, sondern eine soziale Ganzheit, die
auch soziale Unterschiede integriert, in welcher jeder soziale Stand und
jeder Einzelne den ihm angemessenen Platz einnehmen und die diesem
Platz entsprechenden Rechte und Freiheiten in Sicherheit genießen kann.
Dabei dürften die Rechte und Freiheiten der einzelnen Personen und Stände nicht unbeschränkt beziehungsweise maßlos sein; Funktion der Gesetze ist es, dieselben wohl zu definieren, zu mäßigen und gegeneinander ab-
zugrenzen. Seine Kritik am französischen Absolutismus besteht gerade
darin, diese Rechte und Freiheiten der unterschiedlichen Stände immer
mehr eingeschränkt zu haben zu Gunsten der nahezu unumschränkten
und insofern auch willkürlichen Machtspitze. Wieder kommt hier die Idee
des Maßvollen, Angemessenen, des Mäßigen ins Spiel: Nur dort nämlich,
wo Mäßigung herrsche, sei Freiheit möglich – nur in einer gemäßigten
Gesellschaft mit einer durch Gesetze eingeschränkten und insofern gemäßigten Regierung.

> **Die Forderung nach Gleichheit und Gerechtigkeit
> hat den Ruf nach Freiheit übertönt.**

Aus all dem resultiert das Modell eines ausbalancierten, harmonischen politischen Systems, das durch Gesetze geregelt ist und in welchem unterschiedliche Funktionen und Schichten ihren wohl definierten Platz haben.
Ordnung und Stabilität werden hier nicht durch Ausschluss, sondern
durch vernünftigen Einschluss von Unterschieden zu erzielen versucht.
Dieses ausbalancierte politische System integriert damit auch soziale Differenzen, ja es beruht sogar auf ihnen. Damit aber wird nicht Gleichheit,
sondern Ungleichheit zur Basis politischer Stabilität.

Diesem, wenn man so will, aristokratischen Gesellschaftsideal hängt
auch Tocqueville an. Doch ist er viel zu sehr Realist, um nicht zu sehen,
dass mit der Französischen Revolution ein solches Modell endgültig der
Vergangenheit angehört. Was Tocqueville im Entstehen beobachtet, ist,
wie er es bezeichnet, eine „Gesellschaft der Gleichheit" zu Ungunsten der
Freiheit, die seines Erachtens immer mehr eingeschränkt wird. Was Montesquieu noch als Gefahr heraufbeschwor – nämlich die Einebnung der
Rechte und Freiheiten der einzelnen Stände und Personen zu Gunsten der
maßlosen und insofern willkürlichen Macht und Freiheit des absoluten
Zentrums –, genau das wird für Tocqueville zum Wesenszug der sich vor
seinen Augen herausbildenden neuen Gesellschaft: eine zunehmende An-
gleichung der Lebensbedingungen der Einzelnen in wirtschaftlicher, poli-

tischer und geistig-kultureller Hinsicht (Tocqueville spricht hier auch von der „Herrschaft des Mittelmaßes"), die jedoch einhergehe mit sozialer Individualisierung und Isolierung, da die alten ständischen Beziehungen der Menschen untereinander nicht mehr existierten. Die zunehmende Macht- und Einflusslosigkeit der Einzelnen finde ihr Pendant in der zunehmenden Macht des Zentralstaats, in deren Konsequenz er die Möglichkeit eines Despotismus völlig neuer Art angelegt sieht. Ein zwiespältiger Befund also: Während die soziale Gleichheit und insofern Gerechtigkeit in der Gesellschaft zunähmen, nähme die soziale Freiheit, Macht und Kraft der Einzelnen und der Einfluss, den sie auf die sozialen Prozesse ausüben können, ab.

> ## Kluge Politik besteht darin, nicht einzuebnende Ungleichheiten durch Gesetze zu definieren.

Diese widersprüchlichen Zusammenhänge deckt Tocqueville zunächst in seinem Buch *De la démocratie en Amérique*[2] (*Über die Demokratie in Amerika*, Teil 1: 1835, Teil 2: 1840) auf, dem Resultat einer „Dienstreise" in die USA, bei der er den Auftrag hatte, das für damalige Verhältnisse als fortschrittlich geltende amerikanische Gefängniswesen zu studieren. Am Ende des zweiten Bands formuliert er seine düstere Vision vom modernen Despotismus, die ihn zum Propheten totalitärer Entwicklungen im 20. Jahrhundert werden ließ: Über den gleich und gleichgültig gewordenen Menschen erhebe sich eine gewaltige, bevormundende Macht, die allein dafür sorge, ihre Genüsse zu sichern und ihr Schicksal zu überwachen. Sie sei unumschränkt, ins Einzelne gehend, vorsorglich und mild. Auf sanfte Art schränke dieser despotische Souverän den Raum des freien Willens ein und lasse die Menschen schließlich zu einer Herde ängstlicher und arbeitsamer Tiere werden, deren Hirte die Regierung ist. Er nimmt damit Einsichten vorweg, die Max Weber an der Wende zum 20. Jahrhundert bei seiner Analyse von Disziplinierungseffekten moderner Bürokratien gewinnt, welche die Einzelnen ihrer Freiheit und Verantwortung für die Gesellschaft berauben. Und melancholisch, jedoch die perspektivische Einschränkung seines Blicks ironisierend, schreibt er etwas weiter: Gott selbst habe sicher nicht das besondere Wohlergehen einiger weniger im Blick, sondern den größten Wohlstand aller; was ihm, das heißt Tocqueville, als Niedergang erscheine, sei also in den Augen Gottes ein Fortschritt; was ihn verletze, finde Gott gut. Die Gleichheit sei vielleicht weniger erhaben; sie sei aber gerechter, und ihre Gerechtigkeit mache ihre Größe und Schönheit aus.

Dennoch sucht er nach Gegenmitteln gegen die Kraft- und Einflusslosigkeit der Einzelnen, gewissermaßen nach Nachfahren der aristokratischen Persön-

> ### Naturrecht:
> Vorstellung eines unabhängig von menschlicher Verfügung geltenden, auf einer naturgegebenen Ordnung basierenden Rechts. Das Herzstück der meisten Naturrechtslehren stellt der Versuch dar, aus der Natur des Rechts, des Menschen oder aus der so genannten Natur der Sache Empfehlungen für die Gestaltung der jeweiligen historischen Rechtswirklichkeit abzuleiten.

lichkeiten der alten Gesellschaft, und er findet sie in den Zusammenschlüssen der Bürger in den religiösen Gemeinden, in Vereinen und Gremien, überall dort also, wo sie sich über ihre individuellen Interessen hinaus für allgemeinere, gesellschaftlich interessierende Belange zusammentun und einsetzen. Die Einzelnen werden so in den öffentlichen Raum integriert. In den Juristen beziehungsweise Rechtskundigen selbst vermeint er direkt eine neue Aristokratie zu erblicken, die auf Grund ihrer Verhaltensweisen ein Gegengewicht zur „demokratischen Gleichmacherei" bilden könnten.

Einen ähnlichen Befund erhebt er in der 1856 erscheinenden Schrift *L'Ancien Régime et la Révolution*[3] (*Der alte Staat und die Revolution*) über seine eigene Gesellschaft. Im 18. Jahrhundert, so Tocqueville, hätten sich in Frankreich zwei Leidenschaften herausgebildet: der unauslöschliche Hass gegen die Ungleichheit und der Drang nach Freiheit. Insbesondere die Privilegien der unterschiedlichen Stände und Schichten – wie etwa die ungleiche Verteilung der Steuerlasten oder das Lehnsrecht – hätten immer mehr ein Ungerechtigkeitsempfinden hervorgerufen, das von den Autoren des 18. Jahrhunderts nur ausformuliert worden sei. Der Anblick so vieler ungerechter und lächerlicher Privilegien habe den Geist dieser Männer von ganz allein zur Idee von der naturgegebenen Gleichheit der Menschen hingetrieben beziehungsweise -gerissen. In ihrer Kritik der gegebenen Gesellschaft mit ihren Ungleichheiten und Ungerechtigkeiten hätten diese Autoren eine imaginäre Gesellschaft konstruiert, in der alles einfach und koordiniert, gleichförmig, gerecht und vernunftgemäß erscheint.

55

> ## Ungleichheit ist die Basis politischer Stabilität.

Die Französische Revolution nun deutet Tocqueville als Realisierung der in diesen Konstrukten verkörperten Ideale von Gleichheit, Gerechtigkeit und Symmetrie. Das, was Montesquieu noch auf die naturrechtliche Ebene beschränkte – nämlich die natürliche Gleichheit der Menschen und die dadurch gegebene ursprüngliche Gerechtigkeit und Billigkeit –, wurde so, folgt man Tocqueville, von der nachfolgenden Generation französischer Intellektueller auf die französische Gesellschaft selbst übertragen und in die Forderung nach tatsächlicher sozialer Gleichheit und Gerechtigkeit umgegossen. Im Prozess der Revolution nun habe diese Forderung nach Gleichheit und Gerechtigkeit den Ruf nach Freiheit immer mehr übertönt. Waren zu Beginn der Revolution beide Forderungen relativ gleich stark erhoben worden, so sei im Laufe der Revolutionswirren und der Anarchie derselben der Ruf nach Freiheit immer schwächer geworden. In der Machtübernahme Napoléon Bonapartes und der durch ihn personifizierten erneuten Stärkung der Zentralgewalt sieht Tocqueville daher nur eine Konsequenz dieser Prozesse, ebenso wie er die Inthronisierung des „Bürgerkönigs" zu Beginn der 1830er Jahre nur als Ausdruck der allgemeinen Nivellierung der französischen Gesellschaft deuten konnte.

Damit also auch hier ein ähnliches Bild wie in den USA: Über einer Masse zunehmend gleicher, jedoch einflussloser gewordener Individuen stehe eine zunehmend mächtige Zentralgewalt, welche die Lasten zwar gerechter verteilt, jedoch die Freiheiten der Einzelnen allmählich einschränkt.

Derartige Beobachtungen wurden nicht nur von Tocqueville und seinen Landsleuten angestellt. Sein russischer Zeitgenosse Alexander Herzen etwa, derselben sozialen Schicht entstammend, kommt zu ähnlichen Diagnosen bezüglich der westlichen Gesellschaften: eine Einebnung der Gesellschaft, der Verlust der aristokratischen, kraft- und einflussreichen Persönlichkeiten, die Entstehung einer Gesellschaft des Mittelmaßes, in welcher die Freiheit zu verschwinden droht[4].

Das bisher Gesagte ließe sich folgendermaßen resümieren: Für Montesquieu und Tocqueville bestehen keine automatischen Identitäten zwischen Freiheit, Gleichheit und Gerechtigkeit. Ganz im Gegenteil droht die Gefahr, dass zunehmende Gleichheit und Individualismus über die Abnahme der in der aristokratischen Gesellschaft noch garantierten sozialen Bindungen in Gleichgültigkeit gegenüber dem Gemeinwohl, in Interesse- und Verantwortungslosigkeit des Einzelnen an politischen Belangen umschlagen.

Soziale Ungleichheiten werden stets als ungerecht empfunden. Kluge Politik besteht, folgt man Montesquieu und Tocqueville, jedoch gerade darin, vorhandene und nicht einzuebnende Ungleichheiten durch Gesetze wohl zu definieren und – so weit wie möglich – in Einklang miteinander zu bringen. Gerechtigkeit bestünde dann darin, dass jeder das in Frieden und Sicherheit genießen kann, was ihm gemäß seinem Platz in der Gesellschaft zukommt. Da jedoch dieser Platz nicht mehr – wie in den vormodernen Gesellschaften – ein für allemal durch Geburt feststeht, sondern sich permanent verschiebt, müssen auch die entsprechenden Rechte und Freiheiten stets aufs Neue definiert werden. Wir haben hier also einen Aushandlungsprozess vor uns – was gerecht und was ungerecht „ist", darüber wird von den Bürgern immer wieder neu verhandelt.

Hat sich die aristokratische Gesellschaft – und das ist ja der Befund Tocquevilles – ein für allemal überlebt, dann müssen Formen und Institutionen geschaffen werden, in denen sich die mündigen Bürger so für ihre gemeinsamen Belange einsetzen, dass Gleichheit nicht in Gleichmacherei und Gleichgültigkeit gegenüber dem Gemeinwohl umschlägt, sondern eine Gesellschaft entsteht, in der nicht wenige kraftvoll und viele schwach, sondern viele kraftvoll sind. Ist die alte aristokratische Freiheit verloren, so müssen neue Formen von Freiheit ge- und erfunden werden, die mit den demokratischen Gesellschaften und ihren Forderungen nach Gleichheit und Gerechtigkeit kompatibel sind – Aufgaben, vor die uns Tocqueville gestellt hat und vor denen wir, vergegenwärtigt man sich die derzeitigen Debatten in unserem Land, zu Beginn des 21. Jahrhunderts immer noch stehen.

Dr. Effi Böhlke ist Lehrbeauftragte an der Humboldt-Universität zu Berlin.

Anmerkungen:

1. Hier und im Folgenden beziehe ich mich auf die Ausgabe: Montesquieu: Œuvres complètes. Paris 1964
2. Ich verwende hier die Ausgabe von De la démocratie en Amérique in: Tocqueville: Œuvres. Band 2. Paris 1992
3. Tocqueville: L' Ancien Régime et la Révolution. Paris 1988
4. So etwa in seiner Schrift Vom andern Ufer, die um 1850 während seiner Emigration in Westeuropa entsteht. Vergleiche: Herzen, A. I.: Ausgewählte Philosophische Schriften. Moskau 1949; hier insbesondere Kapitel VII. Omnia mea mecum porto, Seite 462 ff. Ganz ähnlich wie Tocqueville schreibt Herzen hier unter anderem: „Der persönlichen Freiheit, der Unabhängigkeit des Worts gegenüber verhalten sie (die Massen) sich gleichgültig; die Massen lieben die Autorität, sie lassen sich noch von dem beleidigenden Glanz der Macht blenden, sie fühlen sich noch beleidigt durch den unabhängig dastehenden Menschen; sie verstehen unter Gleichheit eine gleichmäßige Verteilung des Jochs; aus Angst vor Monopolen und Privilegien blicken sie das Talent schief an und erlauben nicht, daß ein Mensch etwas andres tut, als was sie tun. Die Massen wünschen sich eine soziale Regierung, die für sie regiert, und nicht gegen sie wie die jetzige. Sich selbst zu regieren, kommt ihnen nicht einmal in den Sinn. Das ist der Grund, weshalb die Befreier den modernen Umstürzen bedeutend näherstehen als jeder freie Mensch." a.a.O., Seite 472

Zur Vertiefung empfohlen:

- Böhlke, Effi: „Reisen – eine nützliche Übung". Ein Versuch über die Bildung von Denkstilen im Kontext von Reiseerfahrungen. In: Archiv für Kulturgeschichte, Heft 1/1997, Seite 51–82
- Böhlke, Effi: „Esprit de nation". Montesquieus politische Philosophie. Berlin 1999
- Hereth, Michael: Tocqueville zur Einführung. Hamburg 1991
- Jardin, André: Alexis de Tocqueville. Leben und Werk. Aus dem Französischen von Linda Gränz. Frankfurt am Main 1991
- Kondylis, Panajotis: Montesquieu und der Geist der Gesetze. Berlin 1996
- Lacouture, Jean: Montesquieu. Les vendanges de la liberté. Paris 2003

Nur dort, wo Mäßigung herrscht, ist Freiheit möglich.

Die Summe des Wissens ...

1. Lieferung soeben erschienen!

Die Geschichte des deutschen Rechts in seiner ganzen Forschungsbreite

Das Handwörterbuch zur deutschen Rechtsgeschichte. Über 200 Wissenschaftler haben sich bis jetzt zusammengetan, um dieses alle Gebiete der Rechtsgeschichte umfassende Standardwerk zu erneuern und zu ergänzen.

Handwörterbuch zur deutschen Rechtsgeschichte

Herausgegeben von Albrecht Cordes, Heiner Lück und Dieter Werkmüller unter philologischer Mitarbeit von Ruth Schmidt-Wiegand

Das HRG ist eine Quelle, auf die Sie sich berufen können. Die Informationen sind wissenschaftlich seriös aufbereitet und fundiert recherchiert. Durch die umfassende interdiziplinäre Zusammenarbeit finden Sie im neuen HRG noch mehr Antworten auf alle Fragen zur Rechtsgeschichte. Sämtliche Artikel der 1. Auflage werden beibehalten und überarbeitet. Viele Stichwörter werden neu aufgenommen, vor allem zum 19. und 20. Jahrhundert. Und dies in der bewährten Qualität, die nur durch langjährige Erfahrung erreicht werden kann.

2., völlig überarb. und erweiterte Auflage

Das auf 6 Bände berechnete Werk erscheint seit Herbst 2004 in Lieferungen. Jeder Band wird acht Lieferungen umfassen. Erscheinungsweise: 1 - 2 Lieferungen jährlich.

Preis je Lieferung zu 128 S. ca. Euro (D) 29,80, Subskriptionspreis bis 31.12.2004: Euro (D) 24,80/ sfr. 43,–, ISBN 3 503 07911 4.
Preis für den gebundenen Band ca. Euro (D) 300,–, Subkriptionspreis: Euro (D) 248,–/sfr. 392,–, ISBN 3 503 07912 2

Subskribenten erhalten auch die folgenden Lieferungen zum jeweils gültigen, ermäßigten Subskriptionspreis.

Die Bestellung verpflichtet zur Abnahme des Gesamtwerkes.

Haben Sie noch Fragen?
Besuchen Sie das HRG im Internet: **www.HRGdigital.info**
Dort finden Sie die Stichwortliste, einen Beispielartikel und vieles mehr.

ERICH SCHMIDT VERLAG
www.ESV.info
E-Mail: ESV@ESVmedien.de

Sparen Sie Geld! Bestellen Sie noch bis 31.12.04 zum günstigen Subskriptionspreis:

Name: _____

Straße: _____

PLZ/Ort: _____

E-Mail-Adresse: _____

Kundennr. *(falls bekannt):* _____ ESV-Autor: ☐ja ☐nein

Datum: _____ Unterschrift: _____

Einfach an die Fax-Nr. 030 / 25 00 85 275
Oder online bestellen: www.HRGdigital.info

Erich Schmidt Verlag GmbH & Co.
Genthiner Str. 30 G
10785 Berlin

Hiermit bestelle ich im Abonnement:
Handwörterbuch zur deutschen Rechtsgeschichte (HRG)
2., völlig überarbeitete und erweiterte Auflage

____ **Expl. in Einzellieferungen, ISBN 3 503 07911 4**
Wenn ich bis zum 31.12.2004 bestelle, kostet mich die 1. Lieferung nur Euro (D) 24,80/sfr. 43,–. Alle weiteren Lieferungen erhalte ich ebenfalls zum jeweils gültigen ermäßigten Subskriptionspreis.

____ **Expl. in gebundenen Bänden, ISBN 3 503 07912 2**
Wenn ich bis zum 31.12.2004 bestelle, kostet mich der 1. Band nur Euro (D) 248,–/sfr. 392,–. Alle weiteren Lieferungen erhalte ich ebenfalls zum jeweils gültigen ermäßigten Subskriptionspreis.

Widerrufsrecht: Bestellungen mit Abonnementauftrag können innerhalb von 14 Tagen (rechtzeitiges Absenden genügt) bei Ihrer Buchhandlung oder beim Erich Schmidt Verlag GmbH & Co., Genthiner Str. 30G, 10785 Berlin, schriftlich widerrufen werden.

Kenntnis genommen, 2. Unterschrift: _____

Georg Essen

Der Grund des Rechts

Abbildung unten:
Exlibris für Oskar Reich Milton
Emil Sarkadi
(1913)
Entnommen aus:
Kretz, Hans J.:
Exlibris für Juristen. Ein kulturgeschichliches Bilderbuch.
Verlag C. H.
Beck 2003

Die Quelle des Rechts ist der Staat. So lehrt es der aus dem Freiheits- und Autonomieverständnis der Aufklärung hervorgegangene Rechtspositivismus. Das Recht ist eine durch seine bloße Setzung wirksame (positive) Ordnung, deren Geltung und Bestand weder durch einen göttlichen noch einen natürlichen Ursprung verbürgt ist. Der Staat jedoch, der „freiheitliche, säkularisierte (weltliche) Staat lebt", wie der Rechtsphilosoph und ehemalige Richter am Bundesverfassungsgericht Ernst-Wolfgang Böckenförde es formuliert hat, „von Voraussetzungen, die er selbst nicht garantieren kann". Das gilt selbstverständlich auch in Bezug auf den Staat als der Quelle des Rechts. Aber: „Woraus lebt der Staat, worin findet er die ihn tragende, homogenitätsverbürgende Kraft und die inneren Regulierungskräfte der

**Freiheit ist Rechtsgrund und Sinnprinzip
des modernen Verfassungsstaats.**

der blaue reiter

Freiheit, deren er bedarf, nachdem die Bindungskraft aus der Religion für ihn nicht mehr essentiell ist und sein kann?"[1]

Die Ressourcen zur Verteidigung der Humanität scheinen heute in einem Maße verbraucht zu sein, dass die gegenwärtige Selbstvergewisserung kaum noch auf historisch vermittelte und insbesondere auch religiöse Sinnvorgaben zurückgreifen kann und deshalb ihre „eigene Bodenlosigkeit auf dem Boden der Moderne" (J. B. Metz) entdecken muss. Der immer neu konstatierte und beklagte Sinnverlust der säkularen Gesellschaft und der Legitimationszerfall ihrer Institutionen verleiht der Frage nach den Voraussetzungen, aus denen der säkulare Staat lebt, ihre besondere Dringlichkeit und Schärfe.

Um die diagnostische Kraft, die dem Böckenförde-Paradox innewohnt, bemessen zu können, lohnt ein kurzer Blick auf den historischen Kontext, auf den es sich bezieht. Die neuzeitliche Staatstheorie, so das von Böckenförde entfaltete Hauptargument, hat in der Not der Konfessionskriege des 17. und 18. Jahrhunderts eine ihrer geistesgeschichtlichen Wurzeln und versteht das Gebot der staatlichen Religionsneutralität als eine Errungenschaft zur Überwindung dieser blutigen Religionskonflikte: Das Verhältnis des Staats zur Religion wird seitdem durch die Abkehr vom Prinzip des religionsgebundenen Staats bestimmt. Der Staat, so die Grundeinsicht, gibt Religion auch in der Weise an das Individuum frei, dass er nunmehr selbst keine Religion mehr hat und sich nicht zu ihr als zu seiner Grundlage verhält. Der Staat konstituiert sich vielmehr als ein weltanschaulich neutrales Gemeinwesen, das selbst keiner Religion verpflichtet ist. Die für die weltanschauliche Neutralität des Staats einschlägigen Prinzipien erhalten Verfassungsrang.

Die weitreichende Folge dieser staatlichen Selbstbegrenzung, den gesamten Bereich der Religion der Privatsphäre seiner Bürger zu überlassen und die Gesellschaft als einen von ihm gesonderten Bereich der privaten und öffentlichen Freiheitsentfaltung anzuerkennen, besteht darin, dass ein von der Gesellschaft gemeinsam getragenes Wertefundament lediglich ein „overlapping consensus" (John Rawls) darstellt. Böckenförde zufolge finde der Staat seine Grundlagen somit nur im aktuellen Konsens der Bürger, der freilich lediglich ein subjektiver Konsens sei und von den tatsächlich vorhandenen gemeinsamen Auffassungen bestimmt werde. So wünschenswert, wenn nicht gar überlebenswichtig die kulturelle Rückbindung an die christliche Tradition für den Staat auch sein mag, eine vom Staat mit den Mitteln rechtlichen Zwangs einklagbare Orientierung an bestimmten Werten besteht in den gesellschaftlichen Freiheitsräumen nicht. Der Versuch, gegen die konstitutive Weltlichkeit des Staats einen vorgeblich christlichen Charakter zu bewahren oder wiederherzustellen, liefe darauf hinaus, dass der moderne Verfassungsstaat seine Freiheitlichkeit aufgeben würde. Denn sobald er versuchen würde, die Homogenität der weltanschaulich plural verfassten Gesellschaft mit den Mitteln des Rechtszwangs durchsetzen zu wollen, wäre er als Ordnung der Freiheit zerstört.

Allerdings wurde – im Blick auf die Bundesrepublik Deutschland gesprochen – diese Abkehr vom Prinzip des religionsgebundenen Staats bis in die zweite Hälfte des 20. Jahrhunderts hin faktisch überdeckt von einer hochgradigen Homogenität des religiös-kulturellen Lebens. Die prägende Kraft des Christentums war gewollt und als geistig-religiöses Erbe wirkmächtig. Insofern konnte dieses Konsens stiftende Wertefundament faktisch die revolutionäre Sprengkraft noch verdecken, die dem neuzeitlichen Staatsverständnis der Theorie nach von seinen Anfängen her bereits innegewohnt hatte. Das Neuartige an den aktuellen verfassungspolitischen Diskussionen zum Gottesbezug im Grundgesetz oder im EU-Verfassungsentwurf, aber auch zu umstrittenen Urteilen des Bundesverfassungsgerichts – zum Beispiel zum so genannten Kruzifix- und Kopftuchurteil (siehe Erläuterung) – besteht darin, dass heute ein gemeinsamer christlicher Hintergrund als orientierender und normierender Plausibilitätsrahmen kaum noch existiert. Infolgedessen treten unter den gegenwärtigen soziokulturellen Bedingungen auch erst die fundamentalen Weichenstellungen offen zu Tage, die mit der Heraufkunft des säkularen (weltlichen) Staats verbunden sind. Es war, so wird man rückblickend sagen müssen, lediglich ein aktueller Konsens der Gesellschaft, die bis weit in die zweite Hälfte des 20. Jahrhunderts hinein das christliche Erbe als Wertgrundlage ihres Staats bejaht hatte. Aber es war, verfassungstheoretisch betrachtet, kein normativ geforderter Konsens, der sich auf ein den Staat verpflichtendes Prinzip hätte berufen können.

Das Dilemma besteht, so Böckenförde, für den Rechtsstaat darin, dass er einerseits nur bestehen kann, „wenn sich die Freiheit, die er seinen Bürgern gewährt, von innen her, aus der moralischen Substanz des einzelnen und der Homogenität der Gesellschaft reguliert. Andererseits aber kann er diese inneren Regulierungskräfte nicht von sich aus, das heißt mit den Mitteln des Rechtszwangs und autoritativen Gebots, zu garantieren suchen, ohne seine Freiheitlichkeit aufzugeben und – auf säkularisierter Ebene – in jenen Totalitätsanspruch zurückzufallen, aus dem er in den konfessionellen Bürgerkriegen herausgeführt hat" (Böckenförde ²1992, 112 f.). Der Konflikt besteht darin, dass in einem spannungsreichen Verhältnis weder die persönliche Freiheits- und Gewissensentscheidung für oder gegen den Glauben noch die religiös-weltanschauliche Neutralität des Staats, noch das unverzichtbare Wertefundament eines Rechtsstaats preisgegeben werden darf.

Gewiss: Die von Böckenförde vorgetragenen historischen und systematischen Analysen zur Heraufkunft des säkularen Verfassungsstaats dürften von bestechender Logik sein. Und wie ließe sich verkennen, dass das nach ihm benannte Paradox eine der fundamentalen Grundsatzfragen moderner Gesellschaften in kaum noch zu überbietender Weise aufwirft und – zugespitzt. Aber bietet es von sich aus auch schon eine Lösung für die Probleme an, auf die es aufmerksam macht? Wie also wäre es, was ja die Crux eines jeden Paradoxon ist, aufzulösen? Schauen wir genauer zu! Bei der Berufung auf das so genannte Böckenförde-Paradox wird, so mei-

Die Aufgabe des Staats besteht allein darin, Recht zu vermitteln, um Freiheit zu ermöglichen.

ne ich, zumeist übersehen, dass es nicht frei ist von einer begründungslogischen Unschärfe, die zu Präzisierungen nötigt. Es scheint mir, so der Ansatzpunkt meiner Kritik, vor allem fraglich, ob der neuzeitliche säkulare Staat, der sich von der Verankerung in der (christlichen) Religion gelöst hat, wirklich ohne Bindung an einen vorausliegenden, unverfügbaren Inhalt existiert, wie Böckenförde mutmaßt. Verhält es sich nicht so, dass Hegel, auf den Böckenförde sich bezieht, dem säkularen Staat ja nur deshalb vorwerfen konnte, er stehe „in der Luft", weil er dem Staat eine Selbst-

Im **Gesetzespositivismus** spielen Fragen nach dem Zustandekommen und der Begründung eines ordnungsgemäß verabschiedeten Gesetzes keine Rolle. Ein solches Gesetz bedarf gegenüber ethischen Maximen wie zum Beispiel dem Prinzip der Gerechtigkeit keiner Rechtfertigung.

Im so genannten **Kruzifixurteil** aus dem Jahre 1995 hat das Bundesverfassungsgericht entschieden, dass die Anbringung eines Kreuzes oder Kruzifixes in den Unterrichtsräumen einer staatlichen Pflichtschule, die keine Bekenntnisschule ist, gegen das Verfassungsgebot der Glaubens- und Bekenntnisfreiheit (Art. 4 Abs. 1 GG) verstößt.

der blaue reiter

zwecklichkeit als der „Wirklichkeit der sittlichen Idee"
zugesprochen hat. Dieser staatsphilosophischen Tradition gegenüber wird nun allerdings zu betonen sein,
dass Selbstzwecklichkeit unhintergehbar gebunden ist
an die personale Würde des Individuums, der gegenüber, wie Friedrich Schiller einst betont hatte, der Staat
„nur wichtig (ist) als eine Bedingung, unter welcher
der Zweck der Menschheit erfüllt werden kann, und
dieser Zweck der Menschheit ist kein anderer als die
Ausbildung aller Kräfte des Menschen, Fortschreitung"
(Schiller ⁶1980, 815). Gewiss, so wagt heute kaum einer

noch zu reden. Doch es bleibt die Einsicht in die Selbstbeschränkung des modernen Verfassungsstaats im Interesse der Freiheit. Der Staat hat, so Hermann Krings
(Krings 1980), seinen Sinn nicht in sich selbst, und es
ist nicht seine Aufgabe, Sinn zu produzieren oder gar
dem Menschenwesen erst seinen sittlichen Sinn zu geben. Vielmehr hat er seine Aufgabe allein darin, Recht
zu vermitteln, um, als Institutionalisierung des Rechts,
Freiheit zu ermöglichen. Folglich ist die von Böckenförde aufgeworfene Frage, woraus der nicht religions-
gebundene Staat lebt und was der tragende, ihn halten-
de Grund sein kann, zunächst einmal zu beantworten
durch einen Rekurs auf die subjekthafte Freiheit der
auf Vergesellschaftung hin angelegten Staatsbürger:
Freiheit ist der „Sinn des Staats" (Krings)!

Dass sich der neuzeitliche Verfassungsstaat unhintergehbar an das Prinzip der Freiheit gebunden hat,
hat weitreichende rechtliche und ordnungspolitische
Konsequenzen, von denen an dieser Stelle eine der
wichtigsten erwähnt werden soll: Das Grundgesetz für
die Bundesrepublik Deutschland findet sein Spezifi-
kum in der eigentümlich asymmetrischen Verklam-
merung des Staatsorganisationsrechts mit den Grundrechten. Das Grundgesetz beantwortet die Frage nach

Abbildung:
**Exlibris für
Ernö Huppert**
Lujos Kosmas
(1911)
Entnommen aus:
Kretz, Hans J.:
Exlibris für Juris-
ten. Ein kultur-
geschichliches
Bilderbuch.
Verlag C. H.
Beck 2003

Im so genannten **Kopftuchurteil** aus dem Jahre 2003
hatte das Bundesverfassungsgericht zu entscheiden, ob das Land Baden-Württemberg den an staatlichen Pflichtschulen tätigen Lehrkräften verbieten
darf, in Schule und Unterricht ein Kopftuch zu tragen. Das Gericht entschied, dass hierfür in Baden-
Württemberg die geltenden Gesetze nicht ausreichen. Es forderte darüber hinaus den Gesetzgeber
auf, das zulässige Ausmaß religiöser Bezüge in öffentlichen Schulen im Lichte einer zunehmenden
religiösen Pluralität in unserer Gesellschaft zu überprüfen.

der Legitimität rechtlicher Herrschaft durch die in Artikel 1 bis 19 fixierten Grundrechte als dem vor-rechtlichen (auch der Volkssouveränität entzogenen) Geltungsgrund rechtsstaatlicher Ordnung. Die Absage des Grundgesetzes an einen relativistischen Gesetzespositivismus (siehe Erläuterung) ist damit ausgesprochen in den Grundrechten des Grundgesetzes, die nicht nur als unmittelbar geltendes Recht Legislative, Exekutive und Judikative binden, sondern in ihrem Kern unabänderlich und einer Änderung durch die verfassunggebende Gewalt entzogen sind. Der Staat des Grundgesetzes lässt also die prekäre Frage nach dem Recht des in ihm gesprochenen Rechts ausdrücklich nicht unbeantwortet. Die in Frage stehende Legitimationsgrundlage der Verfassung wird durch den Rückbezug auf ein Wertefundament beantwortet, das für die Bundesrepublik bindend ist und Recht und Ordnung normiert. Richtig aber ist, dass dieses Wertesystem säkular und profan ist, weil ein legitimatorischer (rechtfertigender) Bezug auf eine Religion unterbleibt. Verankert ist es stattdessen in der als Autonomie (Selbstbestimmtheit) bestimmten Freiheit, die sich selbst Gesetz ist und in der Unbedingtheit des eigenen Wesens den Verbindlichkeitsgrund moralischen Sollens entdeckt. Wer also die berechtigte Frage aufwirft, ob in einem modernen säkularen Verfassungsstaat dem politischen Willen des Menschen grundsätzliche Grenzen gesetzt sind, die nicht überschritten werden

Es ist nicht Aufgabe des Staats Sinn zu produzieren.

dürfen, dem ist zu antworten: In ihren Grundrechtsteilen besitzen, allgemein gesprochen, moderne Verfassungen ein ethisches Wertesystem, das Recht und Gesetz bindet und die Prozesse politischer Willensbildung normiert. Anders gewendet: Durch die Rückbindung der Instrumente des demokratischen Verfahrens an eine Verfassungsordnung, die sich zu vorpolitischen moralischen Grundlagen eines freiheitlichen Staats bekennt, wird Legitimität und Legalität in einer Weise erzeugt, die aus diesen Gründen jedenfalls keiner religiösen Verankerung bedürfen.

Welche Schlüsse für unser Thema sind aus diesem Befund zu ziehen, dass die Freiheit Rechtsgrund und Sinnprinzip des modernen Verfassungsstaats ist? Einerseits kann nur um den Preis kultureller Amnesie vergessen werden, dass das christliche Erbe die historische Tiefenstruktur Europas nachhaltig geprägt hat. Andererseits lässt sich die Angewiesenheit des säkularen Verfassungsstaats auf religiöse Sinnressourcen nicht auf dem Wege einer Wiederherstellung des religionsgebundenen Staats behaupten. Es handelt sich ebenfalls um eine Form kultureller Amnesie, wenn verdrängt wird, dass es sich beim Verhältnis von Christentum und Moderne keineswegs um harmonische

Erbschaftsverhältnisse handelt. Zu den Lektionen, die das alte Europa nach dem Dreißigjährigen Krieg hat lernen müssen, gehört offenkundig, dass die Entflechtung von Religion und politischer Ordnung wesentlich zur Befriedung der Gesellschaft beigetragen hat und eben auch zur Zivilisierung von Religion. Schärfer noch: Es lohnt das ernsthafte Nachdenken darüber, ob

Der Staat hat seinen Sinn nicht in sich selbst.

nicht das alteuropäische Modell einer Trennung von Staat und Kirche, von Religion und Politik eine Antwort sein kann auf die gegenwärtig zu beobachtende Rückkehr von religiös aufgeladenen Kriegen und Konflikten.

Damit kein Missverständnis aufkommt: Ich meine nicht, dass mit diesen Bedenken die mögliche Angewiesenheit des säkularen Staats auf explizit religiöse Sinnvorgaben bereits vorentschieden ist. Wohl aber

Abbildung:
Exlibris für Alex Fuchs
Leopold Forstner
Entnommen aus:
Kretz, Hans J.:
Exlibris für
Juristen. Ein kulturgeschichliches Bilderbuch. Verlag
C. H. Beck 2003

der blaue reiter

Der **Rechtspositivismus** vertritt die Auffassung, dass das Recht lediglich der Ausdruck einer durch seine bloße Setzung wirksame (positive) Ordnung ist. Er unterschlägt den für einen liberalen Rechtsstaat grundlegenden Unterschied zwischen Moralität und Legalität und kennt keinen ethischen Orientierungsmaßstab für die Rechtmäßigkeit einer Rechtsordnung.

erzwingen die bisherigen Überlegungen Differenzierungen, die, so mein Vorschlag, als Präzisierung in das Böckenförde-Paradox einzutragen sind: Die Bezogenheit des weltanschaulich-neutralen Verfassungsstaats auf religiöse Traditionsbestände ist, so die These, im Schema von historisch-kulturellem Entdeckungszusammenhang und vernunftrechtlichem Begründungszusammenhang zu denken. Es stimmt einerseits gewiss, dass historisch betrachtet die Entstehung der neuzeitlichen Welt und die Heraufkunft ihrer wesentlichen Errungenschaft ohne das Christentum nicht verstanden werden können. Doch andererseits gilt für den vielfach behaupteten Gegenwartsbezug des geistig-religiösen Erbes Europas, dass sein Geltungsanspruch sich kritisch zu vermitteln hat mit den vernunftrechtlichen Prinzipien moderner Verfassungen, die sich aus einer profanen Moral- und Rechtsordnung heraus begründen. Um das Verhältnis von Religion und Gesellschaft auf dem Boden eines neuzeitlichen Staatsverständnisses bestimmen zu können, ist die autonome Vernunft als diejenige Instanz aufzusuchen, die dem Selbstverständnis neuzeitlicher Rechtsphilosophie entspricht, weil staatliche Verfassungen und gesellschaftliche Ordnungen nach Kriterien aufgebaut und an ihnen zu messen sind, die durch die sittliche Vernunft selbst zu begründen und zu rechtfertigen sind.

In der Konsequenz dieser Überlegungen wird deutlich, dass der sachgerechte Umgang mit dem so genannten Böckenförde-Paradox seinen Preis hat und nicht zu haben ist ohne „Zumutungen". Die eine „Zumutung" ist an die als säkular sich begreifende liberale Politik adressiert und besteht, wie Jürgen Habermas es in seiner Friedenspreisrede formuliert hatte, darin, den fortwährenden Streit über das säkulare Selbstverständnis der Gesellschaft nicht lediglich externalisieren, also in die Köpfe von Gläubigen abschieben zu wollen. Vielmehr sollte der liberale Staat in Anbetracht der religiösen Herkunft seiner moralischen Grundlagen zumindest mit der Möglichkeit rechnen, dass die „Kultur des gemeinen Menschenverstandes" (Hegel) angesichts ganz neuer Herausforderungen das Artikulationsniveau der eigenen Entstehungsgeschichte nicht einholt (Habermas 2001). Immerhin wird mit dem Grundgesetz für die Bundesrepublik Deutschland das Wagnis eingegangen, auf der Basis des Grundsatzes der staatlichen Religionsneutralität ein kooperatives Zueinander von Kirchen und Staat auszubalancieren. In dieser Konsequenz stünde die bundesrepublikanische Verhältnisbestimmung von Kirche und Staat für das institutionelle Korrelat einer Forderung, die Habermas jüngst erhoben hatte: dass es nämlich in einer säkularen Gesellschaft nicht zu einem „unfairen Ausschluss der Religion aus der Öffentlichkeit" kommen dürfe (Habermas 2001, 47 f.).

Aphorismenschneise • Aphorismen

Es ist leichter, im Herzen des Bösen
zu leben als in seinem Angesicht.

Der vergrämte Okzidentale kann nicht wieder gutmachen, was er ist oder war, doch wo er gegen sich selbst wütet, erzeigt er dem Weltrest seinen Respekt.

Literatur:

- Böckenförde, E.-W.: Staat, Verfassung, Demokratie. Studien zur Verfassungstheorie und zum Verfassungsrecht (stw 953). Frankfurt am Main 1991
- Böckenförde, E.-W.: Die Entstehung des Staates als Vorgang der Säkularisation. In: Böckenförde, E.-W.: Recht, Staat, Freiheit. Studien zur Rechtsphilosophie, Staatstheorie und Verfassungsgeschichte (stw 914). Frankfurt am Main ²1992, Seite 92–114
- Essen, G.: Sinnstiftende Unruhe im System des Rechts. Religion im Beziehungsgeflecht von modernem Verfassungsstaat und säkularer Zivilgesellschaft (Essener Kulturwissenschaftliche Vorträge 14). Göttingen 2004
- Habermas, J.: Glauben und Wissen: Friedenspreis des Deutschen Buchhandels 2001. Jürgen Habermas. Ansprachen aus Anlass der Verleihung. Frankfurt am Main 2001
- Krings, H.: Staat und Freiheit. In: Krings, H.: System und Freiheit. Gesammelte Aufsätze (Reihe: Praktische Philosophie, 12). Freiburg 1980, Seite 185–208
- Metz, J. B.: Zum Begriff der neuen Politischen Theologie. 1967–1977. Mainz 1997
- Schiller, Fr.: Die Gesetzgebung des Lykurgus und Solon. In: Schiller, Fr.: Sämtliche Werke 4. Historische Schriften. Darmstadt ⁶1980, Seite 805–836

Anmerkungen:

1. Böckenförde, E.-W.: Die Entstehung des Staates als Vorgang der Säkularisation. In: Böckenförde, E.-W.: Recht, Staat, Freiheit. Studien zur Rechtsphilosophie, Staatstheorie und Verfassungsgeschichte (stw 914). Frankfurt am Main ²1992, Seite 111–112

Abbildung:
Exlibris für Gustav Haas
Walter Sobotka (1910)
Entnommen aus: Kretz, Hans J.: Exlibris für Juristen. Ein kulturgeschichliches Bilderbuch. Verlag C. H. Beck 2003

Die andere „Zumutung" richtet sich hingegen an die Adresse des Christentums und darüber hinaus aller Religionen, die in dem plural verfassten Feld der Zivilgesellschaft öffentlich präsent sein wollen. Sie sind aufgefordert, in einer theologischen Relektüre der eigenen Tradition Wege zu finden, sich konstruktiv auf die durch die Heraufkunft des weltanschaulich-neutralen Staats bestimmten Bedingungen einzulassen. Die Beantwortung der Frage, inwiefern es Religionen auf Grund ihrer eigenen Glaubensüberzeugung überhaupt möglich ist, die Grundprinzipien einer säkularen Rechtsmoral und Rechtsordnung theologisch anzuerkennen, dürfte dringlicher sein denn je.

Georg Essen ist Professor für Dogmatische Theologie an der theologischen Fakultät der Radboud Universiteit Nijmegen/Niederlande.

Aphorismenschneise • Aphorismens•
•eise • Aphorismenschneise

Das Letzte ist nicht Langeweile, sondern Kampf für das Recht, an ihr zu leiden.

Vernunft, Freiheit, Individuum: Man würde gewisse Vokabeln nicht ernst nehmen ohne das Blut und den Schmutz, die daran kleben und deren Kruste sie zusammenhält.

Der Naivitätsbedarf der Aufklärung ist so unerschöpflich wie der Rohstoffhunger der Zivilisation.

Zwischen dem Bedarf und der Bedarfslosigkeit entfaltet sich der ganze Reichtum menschlicher Kränkung.

Eine Hoffnung, die sich nicht von Kopf bis Fuß besudelt hat, mag man nicht Wirklichkeit werden lassen.

Der Bedrückte meint, es müsse groß sein, was ihn bedrückt, mindestens so groß wie er selbst.

Die Güte verteilt sich schon deshalb so schwer in der Welt, weil jeder weiß, um wie viel uneigennütziger darin die Bosheit verteilt ist.

Was ist gerecht?

Mit dem Mikrofon unterwegs in Stuttgarts Straßen ...

Gerechtigkeit? Das, was die deutschen Gerichte machen, hat bestimmt nichts mit Gerechtigkeit zu tun. Aber Pilatus hatte ja auch schon Schwierigkeiten mit dem Verhältnis von Wahrheit und Gerechtigkeit.
Rentnerin, 66

Solange es Neid gibt, ist die ganze Diskussion um Gerechtigkeit Quatsch!
Studentin, 38

Gerecht ist, wenn ich mein Honorar bekomme.
Rechtsanwalt, 59

Ich finde es ungerecht, dass Frauen älter werden als Männer!
Rentner, 87

Gott ist gerecht!
Zeuge Jehova, 73

Nach Gerechtigkeit schreien nur die, die selbst nichts zu Stande bringen.
Schauspielerin, 35

Gerecht ist, was der Gemeinschaft nützt.
Hausfrau, 38

Ungerecht ist, dass meine kleine Schwester mehr Taschengeld bekommt, als ich in ihrem Alter bekommen habe.
große Schwester, 11

Kapitalismus ist ungerecht! Gerecht wäre, wenn alle die gleichen Chancen und Möglichkeiten hätten.
Landschaftsgärtner, 46

Gerecht ist, wenn ich gleich viel Taschengeld bekomme wie meine große Schwester.
kleine Schwester, 7

der blaue reiter

Gerecht ist, wenn alle Arbeit haben.
arbeitsloser Bauarbeiter, 51

Heute verwechseln alle Gerechtigkeit mit materiellem Wohlstand. Das, was als gerecht empfunden wird, ist von zufälligen Wertmaßstäben abhängig. Für einen Richter heißt Gerechtigkeit nicht, zu überprüfen, ob die Gesetze richtig oder falsch sind. Gerichte können immer nur überprüfen, ob die Spielregeln eingehalten worden sind. Richter können nur Gesetze anwenden, nicht Gesetze machen. Ob die Gesetze richtig sind, ist eine Frage, die Philosophen oder Theologen beantworten müssen.
Richter, 45

Das ganze Geschrei nach mehr Gerechtigkeit dient doch nur dazu, die Faulheit zu fördern.
Unternehmer, 57

Ich finde es ungerecht, wie das Geld verteilt ist und dass jeder glaubt, dass die, die Geld haben, auch die besseren Menschen sind.
Schüler, 15

Gerechtigkeit herrscht nach Platon dann, wenn die Philosophen herrschen – aber der kannte die heutigen Philosophieprofessoren noch nicht.
Philosophiestudent, 25

Gerecht ist, wenn jeder das bekommt, was er braucht.
Englischlehrer, 52

Schwer zu sagen. Das Mindestmaß an Gerechtigkeit wäre, wenn niemand hungern müsste und jeder eine ausreichende medizinische und soziale Versorgung bekommen könnte. Ich weiß nicht, ob dieser Zustand in unserer Welt je eintreten wird. Obwohl die Welt völlig ungerecht ist, hat man doch ein starkes Empfinden für sein eigenes Recht oder Unrecht.
Feuerwehrmann, 26

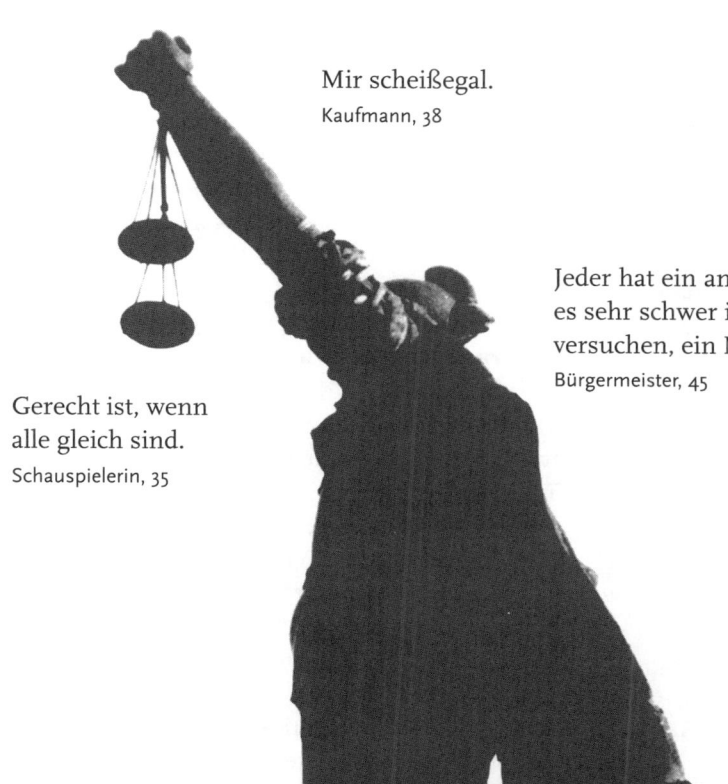

Mir scheißegal.
Kaufmann, 38

Man macht sich seine gerechte oder ungerechte Welt selbst zurecht.
Studentin, 22

Jeder hat ein anderes Gerechtigkeitsempfinden, so dass es sehr schwer ist, jedem gerecht zu werden. Man muss versuchen, ein Maß zu finden.
Bürgermeister, 45

Gerecht ist, wenn alle gleich sind.
Schauspielerin, 35

Man kann ungefähr fühlen, was gerecht ist, aber das wird selten in Taten umgesetzt.
angehende Abiturientin, 18

Gerechtigkeit ist ein Luxus! Nur wer genug Geld hat, kann das, was er für sein Recht hält, kaufen.
Student, 28

Gerecht ist, wenn ich alles kriege, was ich will.
Grundschüler, 7

Man kann nicht gerecht sein, aber versuchen muss man es schon.
Studentin, 23

Gerechtigkeit ist eine leere Hülle, in die alle das hineinsetzen, was ihnen in den Kram passt.
Goldschmiedelehrling, 19

Blöde Frage! Es gibt weder Gerechtigkeit noch Ungerechtigkeit. Jeder hat das, was er verdient. Wenn einer glaubt, er habe zu wenig, dann muss er sich halt anstrengen.
Börsenmakler, 38

Gerechtigkeit ist eine Gratwanderung über der allgegenwärtigen abgrundtiefen Ungerechtigkeit!
Rentner, 67

„Die Idee der Gerechtigkeit muss immer wieder auf den Prüfstand"

Ein Interview mit Joachim Gauck

Herr Gauck, Sie waren Mitinitiator der kirchlich-politischen Protestbewegung in der späten DDR, Sprecher des Neuen Forums in Rostock, Leiter eines parlamentarischen Sonderausschusses zur Auflösung des Ministeriums für Staatssicherheit, schließlich Bundesbeauftragter für die Unterlagen des Staats- sicherheitsdienstes der ehemaligen Deutschen Demokratischen Republik, auch Gauck-Behörde genannt. Welche Vorstellungen von Gerechtigkeit haben Sie bei der Gründung der Behörde Ihrer Arbeit zu Grunde gelegt?

Es war ein ganz praktischer Bezug zum Thema Gerechtigkeit. Wir, die wir gegen die SED protestiert und die Stasi besetzt hatten, haben uns leiten lassen von der Vorstellung, dass das Herrschaftswissen der Unterdrücker, all das, was in den über 180 Kilometer Aktenmaterial der Stasi steht, in die Hände und Köpfe der Unterdrückten gehört. Das sollte so etwas wie ein Ausgleich sein, ein Informationsausgleich. Es war ungerecht, dass die kommunistische Führung das Volk zum Objekt der Bespitzelung und Unterdrückung gemacht hatte. Es galt nun, die geraubte Würde der Unterdrückten wieder herzustellen. Als Ausfluss einer Gerechtigkeitserwartung existierte das kreatürliche Bedürfnis: Wir wollen wissen, was die in die Akten geschrieben haben. Zudem wollten wir die Akten nutzen, um zu verhindern, dass die Unterdrücker von einst in führende Positionen der neuen Demokratie einzogen.

Sie haben dafür die rechtlichen Voraussetzungen, nämlich das Stasi-Unterlagengesetz, maßgeblich befördert. Was hat Sie so sicher gemacht, dass die Bespitzelten das ehemalige Herrschaftswissen wollten?

Ich war gar nicht so sicher. Aber sie sollten jedenfalls das Recht auf Wissen haben. Das Schlussstrich-Modell war uns suspekt.

Das Schlussstrich-Modell der Nachkriegsära war damals akzeptiert, aber die 68er-Bewegung hat gezeigt, wie begrenzt das Modell des Schlussstrichs war. Es vermag für eine gewisse Zeit zu befrieden, verzögert aber notwendige Konflikte. Die Dynamik der 68er-Konflikte ist nur erklärbar aus einem Rückgriff auf tiefere Schichten als nur Protest gegen Kapital oder Establishment. Motor war auch der Zorn über die Verweigerung, die Verantwortung für Schuld, für ge-

schehenes Unrecht und schreiende Ungerechtigkeiten während der Nazizeit angemessen zu verarbeiten. In Kenntnis dieser Dinge haben wir 1990 in der frei gewählten Volkskammer gesagt: Wir wollen gleich aufarbeiten.

Steht das Urteil, die Akte Kohl verschlossen zu halten, nicht im Widerspruch zu Ihrem Anliegen?

Helmut Kohl ist ein Opfer der Staatssicherheit und kein Täter. Eine Absicht des Gesetzgebers ist es gewesen, die Unterdrückten oder Ausgeforschten zu schützen. Aber besonders glücklich bin ich mit diesem Urteil nicht. Deutsche Juristen haben oft Probleme mit innovativen Politik- und Rechtsansätzen. Sie haben das Aufarbeitungselement für nachrangig gegenüber dem Schutz von Persönlichkeitsrechten erklärt. Aber daraus entsteht kein Gerechtigkeitskonflikt. Es ist ein Rechtskonflikt, der durch die unabhängige dritte Gewalt entschieden worden ist.

Kohl ist das falsche Beispiel. Sie müssen eher Manfred Stolpe nehmen. In seinem Fall zeigte sich, wie ein Verstrickter aus politischer Opportunität von Lobby Groups gehalten wird. Da sahen viele Ungleichheit. Mit seiner Belastung wäre es einem Lehrer oder einem anderen öffentlich Bediensteten schwerlich gelungen, im öffentlichen Dienst zu verbleiben, das war seinerzeit ein häufig zu hörender Vorwurf.

Kann Aufarbeitung neue Ungerechtigkeit hervorbringen? Müssen zum Beispiel die Mauerschützen ausbaden, was bei der juristischen Behandlung der Nazitäter versäumt worden ist?

Es war nach dem Krieg noch nicht möglich, mit deutschen Richtern und mit deutschen Rechtsvorstellungen die Verfahren gegen die Kriegsverbrecher in Gang zu setzen. Aber insbesondere seit dem Auschwitzprozess ist die deutsche Rechtspflege auf diesem Gebiet vorangetrieben worden. Die Mauerschützen genießen den Vorzug, in Verfahren zu stehen, in denen das Recht sich weiter entwickelt hat. Sie haben Teil an jener Würde von Rechtspflege und Rechtsprechung, die davon ausgeht, dass auch das System des Rechts wächst, sich erweitert und weiser wird. Es war für mich allerdings faszinierend zu sehen, dass linke Juristen, die einst die Argumentation von Filbinger – was damals Recht war, kann heute nicht Unrecht sein –, verurteilten, diese 20 Jahre später ihrerseits anwenden. In grundlegenden Erörterungen zu Beginn und während dieser Mauerschützenverfahren ist man gerade davon abgerückt. Es gibt einen Kernbereich des Humanen, der jedem einsichtig ist: Man schießt niemandem in den Rücken. Auch wer dies als Kommandeur befiehlt und als Politiker als „Recht" setzt, macht sich schuldig. Es war wichtig, dass höchstrichterlich klargestellt wurde, dass das Rückwirkungsverbot nicht absolut gilt, was in diesen Verfahren mit Rückgriff auf Gustav Radbruch deutlich gemacht wurde.

Sie glauben an eine Fortentwicklung, Verbesserung, gar Vervollkommnung des Rechts?

Selbstverständlich.

Glauben Sie, dass diese Entwicklung wieder rückgängig zu machen ist?

Wenn wir ein realistisches Menschenbild haben, dann werden wir uns dies vorstellen müssen. Es war ja auch nicht vorstellbar, dass das gebildetste Land Europas den größten Mord in der Menschheitsgeschichte organisiert. Die Rechtsordnung ist nie „zu Hause". Das ist der Kern des Problems. Wenn wir das Thema Gerechtigkeit diskutieren, sprechen wir von einer Größe, die wir nicht „haben". Vielleicht ist es mit der Gerechtigkeit so, wie Luther es von seiner Kirche haben wollte. Er hat sich seine Kirche als eine Ecclesia semper reformanda, eine Kirche, die sich beständig reformiert, gewünscht. Wenn wir uns die Gesellschaft vorstellen, in der wir Bürger sein möchten, dann würde ich sie nicht als eine sehen, die ans Ziel gekommen ist, sondern als eine Societas semper reformanda, und bei der Gerechtigkeit ebenso. Im Grunde gehören alle Strategien, also auch die der Rechtssicherung, der Rechtspflege, der Friedenssicherung und die, die „Gerechtigkeit" fördern sollen, immer wieder auf den Prüfstand. Das, was wir gestalten können, nämlich die Rechtsordnung, muss in einer Rückbindung bleiben zu dem, was wir nie vollends gestalten können, der Gerechtigkeit. Und es zeigt sich, dass es möglich ist, neue Rechtsgüter zu gestalten. Nach dem Krieg waren die Würde der Unterdrückten, ihre Integrität und ihre Rechte nachrangig. Die Persönlichkeitsrechte der Unterdrücker galten mehr. Das ist heute anders. Mit dem Datenrecht und mit den Datenzugangsrechten sind alte Archivrechte und alte Besitzstandsrechte des Staats an Informationen über uns obsolet geworden. Auch andere Rechtsgüter wie das Umweltrecht tauchen plötzlich auf. Das hat sogar diese Nation, die so geprägt ist von Obrigkeitsdenken, begriffen.

Von der ehemaligen DDR-Bürgerrechtlerin Bärbel Bohley stammt die Sentenz: „Wir wollten Gerechtigkeit und haben den Rechtsstaat bekommen"...

Ein Verhängnisvoller Satz, den Bärbel Bohley sicher heute so nicht mehr formulieren würde. Vielleicht hätte ich 1989 auch so gesprochen. 1990 schon nicht mehr.

Joachim Gauck,
geboren am 24. Januar 1940, studierte Theologie, seit 1965 Tätigkeit bei der Evangelisch-Lutherischen Landeskirche Mecklenburg, hauptsächlich in einem Rostocker Neubaugebiet. Von 1982 bis 1990 Leiter der Kirchentagsarbeit in Mecklenburg, 1989/1990 Mitinitiator der kirchlichen und politischen Protestbewegung in Mecklenburg sowie Mitglied und Sprecher des Neuen Forums Rostock. März bis Oktober 1990 Abgeordneter der Volkskammer für das Bündnis 90, Leiter des Sonderausschusses zur Kontrolle der Auflösung des Ministeriums für Staatssicherheit/Amt für Nationale Sicherheit, Mitinitiator des Stasiunterlagengesetzes der Volkskammer. Von Oktober 1990 bis 2000 zunächst Sonderbeauftragter, dann Bundesbeauftragter für die Unterlagen des Staatssicherheitsdiensts der ehemaligen DDR. 1991 veröffentlicht er das Buch *Die Stasi-Akten. Das unheimliche Erbe der DDR* (Rowohlt Verlag). 1997 wird Gauck mit dem Hannah-Arendt-Preis für politisches Denken ausgezeichnet. Seit November 2003 ist er Vorsitzender des Vereins Gegen Vergessen – Für Demokratie.

interview

dürfnis wird plötzlich frei gelassen. Eine große Freiheitssehnsucht verbindet sich mit der Gerechtigkeitssehnsucht und nistet sich ein im Bereich des Wünschbaren, weit weg vom Feld der Politik in einer offenen Gesellschaft. Die Leute sagen: Endlich kommt die Fülle. Dann kommt aber im Grunde nur eine Normalität, die für viele nur das Uneigentliche ist, unsere täglichen Kämpfe und Abmachungen. Wie viel Gerechtigkeit können wir uns leisten? Was bedeutet Gerechtigkeit in der Ökonomie? Was bedeutet sie in der Politik? Die Leute werden oft auch maßlos in ihren Erwartungen. Außerdem rechnen sie mit einer Instanz, die für Gerechtigkeit sorgt. Die Menschen begreifen nicht, dass sie selbst die Appellationsinstanz sind – als Bürger.

Kann nur der freie Bürger gerecht handeln?

Der andere ist nur ein Staatsbewohner oder, wie ich die DDR-Menschen gern bezeichne, ein Staatsinsasse. Man kann von einem Menschen in einer unfreien Gesellschaft nicht erwarten, dass er die Ungerechtigkeit dieser Gesellschaft heilt. Aber dass er in seinem zu verantwortenden Bereich gerecht ist, das kann man erwarten und das kann er auch leisten. Bei den vielen Dingen, die das Humane betreffen, gibt es ein Ensemble von Schutzaffekten und seelischen Möglichkeiten, die den Menschen einladen, ein wenig über seine Möglichkeiten hinauszugehen, ein wenig freiheitsliebender, ein wenig wagemutiger zu sein oder

Wie gelangt das, was wir glauben, in das, was wir tun?

auch nur das Nötige zu tun. Freiheit ist immer im Werden, man muss um sie kämpfen. Ich will Amerika nicht als das Land der Vollkommenheit darstellen. Aber es ist immer noch leichter Amerikaner zu sein als Deutscher. Die Fehler, die unsere Nation begangen hat, sind ungleich verheerender als die Fehler der amerikanischen Nation. Die Amerikaner gehen oft nicht zur Wahl, aber sie nehmen Verantwortung wahr. Ich denke zum Beispiel an die Bedeutung des Einzelnen als Citizen – dass der Zahnarzt einmal in der Woche hingeht to do anything as a volunteer – wer hat mir davon in Deutschland erzählt? Das bürgerschaftliche Engagement in den USA gefällt mir. Für mich ist es eine durch die individuellen Freiheitsmöglichkeiten initiierte De-

Ich war inzwischen Parlamentsabgeordneter, der sich zum Beispiel mit Steuer- oder Eigentumsrecht befassen musste oder mit Fragen, wie der Zugang zum politischen Raum organisiert werden kann und begriff, dass wir unsere alte Gleichgültigkeit gegenüber der Bedeutung des Rechts aufheben mussten. Solange wir ohnmächtige Oppositionelle waren, genügte im Grunde die bessere Moral. Als unsere Ermächtigung gegriffen hatte und wir den öffentlichen Raum zu erobern begannen, mussten wir nicht nur die Fakten neu besichtigen, neu bewerten, sondern auch Rolle und Bedeutung des Rechts. Dabei zeigte sich, dass wir einen Wissensrückstand hatten, nicht nur demokratiepraktisch, sondern auch demokratietheoretisch.

Vielleicht ist das Bedürfnis nach Gerechtigkeit mit der Schaffung rechtsstaatlicher Strukturen nicht befriedigt?

In einem psychischen Haushalt, der sich auf das Funktionieren in einem Angst-Anpassungs-Mechanismus eingestellt hat, kommt es nach der Befreiung zu einem riesigen Problem. Ein eingesperrtes Gerechtigkeitsbe-

Zur Würde und zum Leben in der Freiheit gehört die immerwährende Reparatur von Gerechtigkeitslücken.

finition der Freiheit als Verantwortung für das Gemeinwesen. Mit unseren deutschen Fähigkeiten, auf gutem Fuße mit unseren Obrigkeiten zu stehen, neigen wir dazu, Widersprüche zu glätten, die die Amerikaner stehen lassen würden. Wir leben in einer durch Fürsorge organisierten minderen Ermächtigung. Ich möchte unser Sozialsystem nicht gegen das amerikanische tauschen, und vielleicht auch nicht unser Schulsystem, aber bei all diesen auch dubiosen Führungskräften, die dort immer wieder auftauchen, imponiert mir die Selbstregulierungskraft, die in dieser Nation steckt. Amerika ist für mich immer noch eine Nation, der ich einiges zutraue.

Ist Gerechtigkeit ein Gefühl, das sich einer rationalen Bewertung entzieht?

Einem gesunden Menschen wohnt ein Gefühl der Gerechtigkeit inne, weil eigentlich fast jeder in seiner Biografie Ungerechtigkeit erlebt hat. Die Mutter bestraft das Kind zu Unrecht. Daraus entsteht eine kreatürliche Empörung. Ich vermute, dass tief in unserer Psyche ein Schutzmechanismus eingelagert ist, der auf die Verletzung der Integrität der Person mit Protest reagiert. Wenn der Protest nachhaltig und stark niedergeschlagen wird, reagieren wir mit Autoaggression oder Depression. Was es im Individuellen gibt, gibt es auch im Öffentlichen. Dass ich in meinem Sosein, in meinem Lebensrecht und in meiner Würde geachtet und geschützt werde, ist für mich der Kern der Gerechtigkeit.

In der gegenwärtigen Diskussion hat man den Eindruck, dass es bei der Frage nach der Gerechtigkeit mehr um materielle Dinge geht, um Verteilungsgerechtigkeit, als um Würde oder moralisches Empfinden.

Die Forderung nach Gerechtigkeit kam in Zeiten auf, als die Menschen gemerkt haben, dass sie, zum Beispiel als Mitglieder der Unterschicht, weniger Rechte hatten, sie waren mit minderer Würde ausgestattet. Natürlich beginnt die Französische Revolution mit einer Hungerrevolte. Aber wir sprechen ja über ein Element von theoretischer Wirklichkeitsvergewisserung, wenn wir über Gerechtigkeit diskutieren. Und da erscheint mir die unterschiedliche Stellung im Staatswesen und vor Gericht entscheidend zu sein; also die unterschiedliche Möglichkeit, das eigene Leben zu gestalten oder eben nur zu erleiden, weil man von der Mitwirkung bei den Angelegenheiten der Gemeinschaft oder des Landes ausgeschlossen ist. Hier und nicht bei der Versorgung ist der Schwerpunkt des Gerechtigkeitsbegriffs im politischen Raum.

Liegt es an den Umständen, ob sich jemand gerecht oder ungerecht verhält, ob er sich dem Unrecht beugt oder nicht?

Es ist schwer für mich, auf diese Frage zu antworten, denn ich habe zu viele Menschen erlebt, die sich an Ohnmacht gewöhnt haben. Es gibt eine Normalität von Ohnmacht, die von Menschen unter anderem deshalb ertragen wird, weil sie einen Gewinn davon haben. Der Ohnmächtige ist nicht verantwortlich. Das ist auch der Grund, warum es mitten in freien Gesellschaften so viele Menschen gibt, die an ihrem Status als Bürger gar nicht interessiert sind, denen es reicht, Konsument zu sein. Menschen richten sich in Ohnmacht ein und leben mit einem eingesperrten Verlangen nach Gerechtigkeit. Sie verfolgen ein uraltes Menschheitsprogramm, wonach die Gehorsamen aufsteigen in die Kreise der Arrivierten. Es gibt gerade in formierten und total durchherrschten Gesellschaften so etwas wie die Zweitrangigkeit ursprünglicher Lebensthemen, zu denen die Gerechtigkeit gehört. In Bezug auf die deutsche Geschichte habe ich früher gedacht, es sei eine nationale Prägung. Unser kollektives Ich ist stärker auf Gehorsam geeicht. Inzwischen denke ich, dass es eine anthropologische

69

Konstante gibt, das heißt eine dem Menschen als Menschen eignende Eigenschaft, die wir als Erschrecken vor der umfassenden Eigenverantwortung definieren können. Sie ist mit der Furcht verbunden, in das Stadium der Selbstbestimmtheit einzutreten.

Platon schreibt, dass, wer sich nicht für das Gemeinwesen engagiert, ein unnützer Bürger ist. Müsste man vor diesem Verdikt nicht sagen, dass ein Großteil der Deutschen unnütz ist?

Klar, aus dem Gesichtspunkt aufgeklärter Demokraten müssen wir das sagen. Da tauschen Menschen ihre Möglichkeit und Fähigkeit ermächtigt zu sein in freiwillige Ohnmacht um, sie mutieren vom Bürger zum Verbraucher. Wenn wir jetzt nicht in der christlichen Tradition stünden, würden wir sie zu Sklaven erklären, weil sie als Bürger unnütz sind. In Wirklichkeit glauben wir natürlich, dass ihnen die Würde autonomer Subjekte eigen ist, und wenn sie sich freiwillig in das Stadium von beherrschten oder manipulierten Objekten begeben, dann trauern wir um sie und versuchen sie wieder zu gewinnen. Notfalls ertragen wir ihre Existenz als Appell an uns: Willst du auch so leben? Offensichtlich gibt es jede Menge Menschen, die keiner kommandiert und die dennoch in Ketten gehen. Keiner von ihnen hat Lust, die Mühen der Partizipation auf sich zu nehmen. Die meisten sehnen sich nach dem aufgeklärten Fürsten.

Mit Aristoteles könnte man meinen, gerecht handelt ein Mensch, der sich so verhält, wie sich ein gerechter Mensch verhalten würde.

Bei Kant begegnet uns das in ähnlicher Weise wieder. Obwohl Kant den Horizont weit ausspannen kann und den bestirnten Himmel nicht auslässt, bindet er uns an unsere Gestaltungsmöglichkeiten zurück, an das, was man selber erleben oder nicht erleben möchte. An einer berühmten Stelle heißt es: „Habe den Mut". Das heißt, man muss auch den Mut haben, an sich zu glauben als freies und an der Gerechtigkeit teilhabendes Individuum. Für mich geht Kant davon aus, dass das Individuum mächtig und ausgestattet genug ist, um den zureichenden Begriff von Gerechtigkeit ins Leben zu rufen und wohl auch, ein hinlängliches Maß an Gerechtigkeit zu leben. Was man hieraus auch ableiten kann, ist dies: Man muss nicht erst auf das Stadium der Erleuchtung oder der Vollkommenheit warten, um als Handlungsfähiger einzutreten in den Kreis der anderen. Das ist ein elementar wichtiges, für politische Idealisten aber ganz schweres Lernprogramm.

Sie haben keine Vision von einer gerechten Gesellschaft?

Ich würde keinen Politiker wählen, der mir erneut sagt, er kennt das Ziel der Geschichte und hat die überragende Vision. Ich bin ein hartnäckiger Realo geworden. Mein persönlicher Höchstwert in der Politik ist die Gestaltung des Weniger-Schlechten.

Der Mensch ist nicht nur ein Homo politicus ...

Richtig, als Person würde ich seelisch verdorren, gäbe es für mein Tun keinen weiteren Horizont als den relativ schmalen Bereich dessen, was ich gestalten kann. Ich muss also den Visionen, großen Programmen, Idealvorstellungen einen Raum schaffen. Wo aber soll dieser Raum sein? Er ist bei mir in meinem Glauben, meiner Religiosität – und in der Kunst. Als Person könnte ich auf die weiteren Horizonte des Glaubens und der Künste nicht verzichten. Ich habe nur große Skepsis, wenn solche Idealvorstellungen in der Politik auftauchen.

Bedarf es nicht gewisser Bindeglieder zwischen den – soziologisch gesprochen – ausdifferenzierten Systemen wie Religion, Kunst, Politik, Ökonomie und so weiter? Brauchen wir nicht die Vermittlung von Visionen wie der Vorstellung einer gerechten Welt gerade im politischen Alltag?

Wie gelangt das, was wir glauben, in das, was wir tun? Wie gibt dieser weitere Horizont unseren kleinen nächsten Schritten die Richtung? Ich weiß es nicht. Tatsache ist, dass die Menschen, die sich der Vorstellung einer größeren oder geheilten Welt verbunden fühlen, oftmals handlungsfähiger sind. Sie sind belastbarer, in ihrem Einsatz energischer und oftmals verlässlicher, auch barmherziger und hoffentlich liebevoller. Das ist das eine, das andere: Sie sind verführbarer. Wenn Sie mich jetzt noch fragen, warum das der Fall ist, dann lautet meine Antwort darauf: Es ist der Hunger nach dem Unbedingten und die Sehnsucht danach, dass mein Leben und das Unbedingte in Zusammenhang stehen möchten. Das religiöse Bedürfnis ist in den Menschen angelegt, aber wenn es sich nicht mehr in den originär religiösen Lebenswelten und Lebensformen abspielt, sucht diese Sehnsucht nach einer irdischen Heimat. Das ist auch der Grund, warum der Aufstieg aller totalitären Herrschaftssysteme in einer nachreligiösen Ära erfolgt. Dennoch spüre ich hier

Die Rechtsordnung ist nie zu Hause.

sehr deutlich ein Desiderat. Es muss eine Ansage des Eigentlichen geben für Menschen, denen die religiöse Dimension ganz oder partiell verschlossen ist. Was tun? Wollen wir eine zivile Religion? Wir sind uns darüber nicht einig, weil wir uns vor einer Überhöhung banaler Vorgänge fürchten. Die Idee eines demokratischen Gemeinwesens, wo jeder eine gerechte Position innehat, beruht nicht nur auf vernünftiger Einsicht, sondern auch darauf, dass es eine Neigung des Herzens zu diesem Gemeinwesen gibt. Deshalb wäre wahrscheinlich eine Gemütsverbindung der Bürgergesellschaft oder eine Seelenverbindung der Bürger zu ihrem Gemeinwesen zu fördern. Oft ist es so, dass wir die Lebensmöglichkeiten und die Gestaltungsmöglichkeiten minimieren, weil wir das Ermächtigende nicht ausreichend lieben. Wenn wir von Lebensmöglichkeiten sprechen, dann sprechen wir auch von Wahlmöglichkeiten. Als Christopher Browning an seinem Buch *Ganz normale Männer* schrieb, untersuchte er die Geschichte des Polizeibataillons 101 und stellte fest, dass fast alle 500 Männer Juden, Kinder und Alte erschossen haben. Aber ein Dutzend hat es nicht getan. Diese Menschen haben mit ihrem Leben bezeugt, dass sie eine Wahl und diese wunderbare Freiheit eines Individuums hatten, das nicht nur den Befehlen folgt, sondern in das Stadium der Reife tritt und sagt, ich bin frei. Aber wozu bin ich frei? Wo Freiheit übersetzt werden kann mit Verantwortung, da geht es los und da erwachen auch diejenigen, die bereit sind, für die Gerechtigkeit zu arbeiten. Man muss ihnen gar kein Seminar verordnen. Sie haben ein Gespür dafür, dass zur Würde und zum Leben in der Freiheit die immer während Reparatur von Gerechtigkeitslücken gehört.

Ist Gerechtigkeit ein religiöser Begriff?

Es gab in Südafrika die Truth and Reconciliation Commission (Wahrheits- und Versöhnungskommission). Mit einem der Intellektuellen, die dieses Modell erarbeitet haben, habe ich über den Begriff der Versöhnung gesprochen. Er sagte zu mir, mit dem Begriff der Versöhnung haben wir uns verhoben. Das ist eine Dimension, die uns nicht zur Verfügung steht. Ich würde heute sagen, man kann dafür sorgen, dass Menschen unterschiedlicher Herkunft und mit unterschiedlicher Schuld eine Umgehensweise miteinander entwickeln können, die gewaltfrei ist; aber das ist noch nicht Versöhnung, das ist friedliche Koexistenz. Versöhnung gehört eher in eine religiöse Dimension. Vielleicht ist es so, dass die Gerechtigkeit, die wir so gerne im Munde führen, letztlich aus unserer Sehnsucht nach dem Paradies stammt, dass sie in einem versöhnten, das heißt jedem seine Würde, sein Recht und seine Sicherheit zubilligenden Entwurf von Leben ihren letzten Grund hat. Das zu erkennen würde einem auch ermöglichen zu sagen, dass unsere Regelungsversuche in der – theologisch gesprochen – „gefallenen" Welt, also in der Bürgerwelt, nicht den Charakter der letzten Dinge, sondern der vorletzten Dinge haben. Das wäre ein wunderbarer

71

Nein, man kann es nur mildern. Die demokratischen Nachfolger von Unrechtsstaaten, egal, ob totalitärer oder nur autoritärer Herrschaft, können die Getöteten nicht wieder lebendig und die Verletzten nicht wieder völlig gesund machen. Aber sie können das tun, was man in Südafrika sehr deutlich getan hat: sagen, wo Recht und wo Unrecht war. Das ist eine moralische Wiedergutmachung. Oftmals leiden die Opfer an mangelnder Anteilnahme der sie umgebenden Gesellschaft, und deshalb brauchen sie einen Platz in unserem Herzen und in unserem Kopf. Es gibt Menschen unter uns, die haben mehr gelitten als wir, und deshalb muss ihnen unsere Sympathie gehören. Alle Opfergruppen werden anders reden und agieren, wenn dies geschieht.

Welche Rolle spielt die Vergebung?

Ein gesunder Mensch hat die Fähigkeit zur Vergebung. Es gibt aber Erscheinungen, Mechanismen, Haltungen, die der Vergebungsbereitschaft im Wege stehen. Das ist der Fall, wenn Täter oder Verantwortliche die Lüge und die Vermeidung der Wahrheit vorziehen. In dem Moment, wo schuldige Menschen zur Wahrheit stehen im Wort oder sie nur in einer Geste zulassen, wird die Vergebungsbereitschaft sehr stark. Sie ist oft sogar voreilig, sie ist vorwitzig, sie will leben. Wir ertragen es nicht, in Zwietracht zu sein. Wir behindern damit aber auch einen Akt von Selbstkritik. Bei einer Überprüfung von Abgeordneten der Volkskammer auf Zusammenarbeit mit der Stasi sagten alle Beschuldigten, dass sie eigentlich nur dem besseren Verhältnis zwischen Staat und Kirche gedient hätten oder die Wissenschaft fördern wollten und so weiter. Ein Einziger machte das nicht so, der stand auf und sagte: „Ja, ich war IM (Inoffizieller Mitarbeiter), leider stimmt das. Ich würde viel dafür geben, dass ich das nicht getan hätte, ich kann das nur bedauern." Bei allen anderen gab es Zorn- und Unmutsäußerungen im Plenum; als der Mann gesprochen hatte, war Stille. Ich bin zu ihm hingegangen und habe ihm die Hand gegeben. „Nicht wegen damals", habe ich gesagt, „sondern wegen jetzt".

Herr Gauck, wir danken Ihnen für das Gespräch.

Das Interview führten Elke Uhl, Frank Augustin und Siegfried Reusch.

Appell an Realitätssinn, und wir würden damit helfen, dass wir uns bei unseren Gerechtigkeitsforderungen nicht verheben. Nehmen wir als Beispiel die geschriebene Rechtsordnung. Ich komme noch einmal auf die Sentenz von Bärbel Bohley zurück: Wir wollten Gerechtigkeit und haben den Rechtsstaat bekommen. Was will ich denn jetzt von den Richtern und Staatsanwälten in meinem Land? Die große Gerechtigkeit? Nein, sie sollten Bärbel Bohley trotzen und sagen: Ich bin nur ein Ingenieur des Rechtsstaats, ich konstruiere Rechtsvorstellungen und schaffe Normen, ich überwache die Einhaltung und sanktioniere die Verletzung

> **Die 68er-Bewegung hat gezeigt, wie begrenzt das Modell des Schlussstrichs ist.**

dieser Normen. Dennoch darf das Recht nicht völlig abgehoben von der Idee der Gerechtigkeit sein, sonst gäbe es keine Möglichkeit, es zu kritisieren und zu verändern. Die Rechtsordnungen der Völker müssen Bestand haben vor der Idee der Gerechtigkeit. Und von daher spüren wir, dass dieses visionäre Element im Grunde einen politischen Bezug hat.

Sie haben die Wahrheits- und Versöhnungskommissionen in Südafrika angesprochen. Kann man Unrecht und Ungerechtigkeit, wie es die Menschen im Apartheidsstaat erleben mussten, überhaupt sühnen?

Jan-Dirk Müller

Gottes gerechtes Urteil

Die Welt des Zweikampfs

Berüchtigt ist Bärbel Bohleys Wort, damals beim Zusammenbruch der DDR, man habe Gerechtigkeit gewünscht, und was habe man bekommen? Den Rechtsstaat. Ein seltsamer Satz, denn was könnte der Rechtsstaat anderes zum Ziel haben als Gerechtigkeit? Und doch ist er Ausdruck eines Dilemmas, das keine positive (gesetzte) Rechtsordnung lösen kann. Bohleys Ansicht dürften viele Menschen teilen, die einen Gegensatz zwischen juristischen Normen und Verfahrensregeln einerseits und der Gerechtigkeit andererseits sehen; häufig anzutreffende, doch deshalb nicht weniger unverständige Wendungen wie „formaljuristisch" (im Gegensatz zu: gerecht) sprechen dafür. Zu Grunde liegt ein emphatischer Begriff von Gerechtigkeit, der letztlich metaphysisch, das heißt jenseits der sinnlich erfahrbaren Welt verankert ist.

Gerechtigkeit liegt jenseits aller menschlichen Satzungen. Sie wird von höheren Mächten garantiert und ist deshalb das Anliegen der großen Weltreligionen, in der Moderne dann der Rechtsphilosophie. Im Alltag geltender Rechtsordnungen scheint Gerechtigkeit gelegentlich zu verschwinden. Unmittelbar fassbar wird sie hingegen in der archaischen Einrichtung des Gottesurteils. Im Gottesurteil wird die Entscheidung in einem Rechtsstreit, die Aufklärung eines Verbrechens oder die Enthüllung geheimer Absichten und Gedanken auf eine Probe übertragen, deren Ausgang Gott selbst bestimmt, um anzuzeigen, welche Sache die gerechte oder wahre ist: In einem Zweikampf zeigt sich, wer von zwei Kontrahenten im Recht ist; wer ein glühendes Eisen tragen kann, beweist seine Unschuld; wer die Wasserprobe (siehe Erläuterung) übersteht, gilt als gerechtfertigt, und so gibt es noch viele andere Proben, in denen die göttliche Gerechtigkeit zu Tage treten soll.

In den frühmittelalterlichen Volksrechten ist das Gottesurteil als Mittel der Rechtsfindung noch vorgesehen. Das gelehrte Recht lehnte es ab, und der mittelalterlichen Kirche, die als Erste dieses Recht aufgriff und fortbildete, war der archaische Brauch nicht nur peinlich, sondern auch theologisch bedenklich. Man sah darin einen gefährlichen Missbrauch des Namen Gottes und einen im Kern noch magischen Versuch, Gottes Handeln zu manipulieren und für menschliche Zwecke einzuspannen. Seit dem 13. Jahrhundert mehren sich deshalb kirchliche Verbote des Gottesurteils und theologische Widerlegungen seiner Voraussetzungen. Man vergisst meist, dass der später so fürchterlich entartende Inquisitionsprozess im Vergleich

Wenn Gerechtigkeit sich zeigt, dann gegen alle juristischen Prozeduren – das Gottesurteil eingeschlossen.

mit dem Gottesurteil ursprünglich ein fortschrittliches Verfahren war: Statt der irrationalen Probe wollte man als Urteilsgrundlage ein Geständnis der Beschuldigten und Nachforschungen über den Tatsachenzusammenhang; dabei griff man dann allerdings zu den grässlichen Mitteln, denen die Inquisition ihren Ruf verdankt. In der Rechtspraxis gelang die Verdrängung des Gottesurteils nur sehr langsam: Bis ins Spätmittelalter sind Gerichtskämpfe bezeugt; die Wahrheit eines Eids

Abbildung: **Gefesselte Verbrecher vor dem Richter.** Geofroy Tory, Holzschnitt, 16. Jahrhundert

essay

der blaue reiter

konnte mittels Gottesurteil überprüft werden, und die Wasserprobe war noch ein beliebtes Mittel der Hexenverfolgung, um festzustellen, wer eine Hexe war und wer nicht.

Wo Gott spricht, spricht die Gerechtigkeit, sollte man meinen. Doch wie spricht Gott? Durch physische Überlegenheit? Durch die Aufhebung von Naturgesetzen? Durch Wunder? Außerdem, wenn der von Gott gelenkte Ausgang einer Probe die Wahrheit oder Unwahrheit einer Tatsache bestätigen sollte, dann musste diese Tatsache erst einmal formuliert werden, und an dieser Stelle konnte das Urteil beeinflusst werden. Man musste die Formulierung nur so wählen, dass sie ihrem Wortlaut nach wahr schien; dann konnte Gott gar nicht anders als sie bekräftigen.

Berühmt ist das Gottesurteil im *Tristan* Gottfrieds von Straßburg, mit dem König Marke seiner Frau Isolde den Ehebruch mit Tristan nachweisen will (nachdem er die beiden bereits in einer Weise überführt hat, die heute in jedem Indizienprozess ausreichen würde). Das Verfahren ist das übliche: Isolde hat vor den Repräsentanten des Reichs und der Kirche eine Eidesformel zu sprechen, deren Wahrheit Gott bestätigen soll, indem er Isolde befähigt, ohne Verletzung ein glühendes Eisen zu tragen. Wie in vielen ähnlichen Geschichten wählt Isolde die Eidesformel so, dass sie wörtlich wahr ist, obwohl sie die Anklage nicht widerlegt: Wenn sie am Ort des Gerichtsverfahrens ankommt, täuscht sie einen Sturz vor, bei dem ein scheinbar zufällig anwesender Pilger (es ist der verkleidete Tristan, den sie herbeizitiert hat) bei dem Versuch sie aufzufangen, mit ihr hinfällt. So kann sie wahrheitsgemäß sagen, dass sie nie bei einem anderen Mann als bei Marke oder ebendiesem Pilger gelegen habe. Folglich besteht sie im Roman die Probe. Interessant der Kommentar Gottfrieds zu dem „vergifteten Eid": Da habe sich gezeigt, dass der „höfische Christus" von der Art eines Ärmels sei (*wintschaffen alse ein ermel*), den man so herum und so herum wenden könne. Dieser Kommentar hat eine erregte Debatte ausgelöst, ob sich Gottfried hier über die archaische Einrichtung des Gottesurteils lustig macht, ob er vielleicht gar zu den klerikalen Kritikern des Gottesurteils gehört oder ob er nur mit einem beliebten Schwankmotiv spielt. Wie immer man die Antwort wählt: für einen Intellektuellen zu Anfang des 13. Jahrhunderts war solch ein Urteil bereits fragwürdig.

Das bestätigen andere volkssprachige Texte. Der Schwank des Stricker *Das heiße Eisen* (13. Jh.) erzählt zum Beispiel, wie eine Ehefrau mittels Gottesurteil herausfinden will, ob ihr Mann ihr treu war oder wie viele Seitensprünge er zu beichten habe. Der Mann folgt nach einigem Hin und Her ihrem Wunsch, legt aber das heiße Eisen, das er zum Beweis seiner Unschuld tragen soll, auf einen Holzspan, so dass es seine Hand nicht verletzt. Als er die Gegenprobe verlangt, ist die Ehefrau nicht so gewitzt; um der Probe zu entgehen, gesteht sie notgedrungen einen Liebhaber nach dem anderen, muss das Eisen trotzdem anfassen und verbrennt sich fürchterlich. Empört verlässt sie der Ehemann.

**Die willkürlichen Gesetze der
Menschen kümmern mich nicht.**

Solche Geschichten raffinierter Manipulation spiegeln die Zweifel ebenso wie die Versuche, die Entscheidung Gottes an bestimmte Verfahrensregeln zu binden, gewissermaßen die Gerechtigkeit rechtsstaatlich zu organisieren. So wird bei einem Zweikampf zwischen Mann und Frau der Mann in die Erde eingegraben oder darf sich nur mit einer Hand wehren, so dass das Kräfteverhältnis zwischen den Geschlechtern ausgeglichen wird. Oder die (erwartbare) Brandwunde wird medizinisch versorgt, und Gottes Urteil offenbart sich nur im Verlauf des Heilungsprozesses statt im Wunder der Unverletzlichkeit. Dergleichen beweist nicht eben viel Vertrauen in die göttliche Allmacht. Trotz allem aber steht hinter dem Gottesurteil die Überzeugung, dass alle Winkelzüge des positiven Rechts letztlich die Gerechtigkeit nicht auszuhebeln im Stande sind.

Es scheint dieses Problem gewesen zu sein, das Heinrich von Kleist zu Beginn des 19. Jahrhunderts veranlasste, in seinem *Zweikampf* das Thema noch einmal aufzugreifen. Aus der Perspektive seiner Zeit behandelte er damit eine längst überholte Thematik, und so versetzte er seine Geschichte auch ins Mittelalter. Sie beginnt mit einem Mord: Herzog Wilhelm von Breysach wird nächtens aus dem Hinterhalt von einem Pfeil tödlich getroffen, als er gerade von einem Treffen mit dem Kaiser zurückkommt, bei dem er seine Erbfolge zu Gunsten eines vorehelich geborenen Sohns geregelt hatte. Dadurch war ausgeschlossen worden, dass ihm sein Halbbruder Graf Jakob der Rotbart in der Herrschaft nachfolgen würde. Der schwer verwundete Herzog kann noch seine Vasallen auf die Regelung einschwören, bevor er stirbt. Ohne Widerstand tritt seine Frau die Regentschaft für den unmündigen Sohn an. Auch Jakob der Rotbart erhebt keine Einwände.

Bei der Untersuchung des Mords durch die Herzogin ist einziger Anhaltspunkt der Pfeil. Überraschend stellt sich heraus, dass der Rotbart ihn gekauft hat und dass er sich außerdem in der fraglichen Nacht nicht in seiner Burg aufhielt. Trotzdem, ebenso selbstverständlich, wie er der Frau des Bruders die Herrschaft überlassen hatte, erklärt die Herzogin jeden Verdacht gegen den Schwager für gegenstandslos. Zwei Rechtssachen, deren Gewicht ein Gottesurteil rechtfertigen würde, scheinen entschieden, bevor sie Gegenstand eines Gerichtsverfahrens werden können. Wo alle sich in Edelmut überbieten, muss niemand nach Gerechtigkeit fragen.

Dabei bleibt die Angelegenheit dubios: Die Erbfolgeregelung verletzt hergebrachtes feudales Recht (der Thronfolger ist nicht ehelich geboren; er stammt zudem aus einer Verbindung, die als Mesalliance angesehen wird; die Vasallen stimmen daher „nicht ohne lebhaften Widerstand" zu; der Rotbart „verschmerzt" das „Unrecht" nur), und die Indizien weisen nun einmal auf den potenziellen Mörder (der Rotbart fasst deshalb den Brief, in dem die Herzogin ihn von jedem Verdacht freispricht, als indirekte Beschuldigung auf), und so ist nichts zu Ende. Der Rotbart verlangt, in einem förmlichen Gerichtsverfahren seine Unschuld zu beweisen: ein Fall für ein Gottesurteil. Die Sache kommt vor den Kaiser.

Damit beginnt sich der Kern des Rechtsstreits zu verschieben, von der Aufklärung eines Kapitalverbrechens auf einen Ehrenhandel. Jakob der Rotbart bietet ein Alibi für die Mordnacht an: Er habe die Nacht mit Littegarde von Auerstein verbracht. Dafür kann er gleichfalls ein Beweisstück vorzeigen, einen Ring, den er von der Geliebten erhalten habe. In der Tat handelt es sich bei dem Ring, den der Rotbart vorweist, um einen Ring Littegardes, den sie von ihrem verstorbenen Gemahl erhalten hatte. Littegarde ist eine angesehene, bis dato untadelig lebende Witwe, die bislang jede neue Heirat abgelehnt hatte und in ein Kloster eintreten wollte, um ihr Vermögen später an ihre Brüder und deren Nachkommen zu vererben. Die angebliche Liebschaft mit dem Rotbart streitet sie empört ab. Trotzdem ruiniert dessen Aussage ihren Ruf; ihr Vater stirbt vor Schreck am Schlag; die Brüder werfen sie, als sie nichts außer

der Beteuerung ihrer Unschuld zur Entlastung vorbringen kann, aus dem Schloss und entziehen ihr das Erbe. Littegarde flieht, um sich Beistand vor Gericht zu holen, zur befreundeten Familie von Trota. Friedrich von Trota der nach dem Tod ihres Mannes um ihre Hand geworben hatte – ihn hatte sie nur „unter vielen Tränen" abgewiesen – ist ihr Freund geblieben. Friedrich von Trota glaubt entgegen aller Beweise an ihre Unschuld: „In meiner Brust spricht eine Stimme für

Euch, weit lebhafter und überzeugender, als alle Versicherungen, ja selbst als alle Rechtsgründe und Beweise." Während die Brüder sie für überführt halten, während Jakob der Rotbart ihren Fehltritt für erwiesen hält, während Kaiser und Richter diesen vom Mordvorwurf freisprechen, nennt ihn Friedrich einen Verleumder und fordert ihn zum Zweikampf heraus, um „vor aller Welt, im Gottesurteil" den Vorwurf des Ehrverlusts Littegardes zurückzuweisen. Der andere nimmt an – „so gewiß als Gott gerecht, im Urteil der Waffen, entscheidet".

Abermals hat sich der Gegenstand verschoben. Statt um die Ehre des Grafen geht es nun um Unschuld oder Schande einer Frau. Littegarde ist sich, wie auch Friedrich, ihrer Unschuld trotz ihres Rings, den der Rotbart als Beweis für die gemeinsam verbrachte Nacht vorweisen kann, so sicher, dass sie ein Wunder erwartet: „Keine Schuld befleckt mein Gewissen; und ginge er ohne Helm und Harnisch in den Kampf, Gott und alle Engel beschirmten ihn." Doch kommt alles anders. Zu Beginn des Zweikampfes ist Friedrich von Trota zwar im Vorteil, kann den Gegner verwunden,

75

doch „ein Unglück, das die Anwesenheit höherer, über den Kampf waltender Mächte nicht eben anzudeuten schien", lässt ihn straucheln, so dass der Rotbart ihn „nicht eben auf die edelmütigste und ritterlichste Weise" so schwer verletzt, dass er nicht weiterkämpfen kann. Jakob der Rotbart wird zum Sieger erklärt. Littegarde wie ihr Kämpfer sind damit vor dem Richterstuhl Gottes überführt und zum Tode auf dem Scheiterhaufen verurteilt. Hat Littegarde – „das Bewußtsein der Schuld im Busen" – „ein Gottesurteil, in einem ungerechten Zweikampf" herausgefordert, wie Friedrichs Mutter glaubt?

Doch wieder eine überraschende Wendung: Friedrich von Trotas Wunden sind lebensgefährlich, aber wider aller Erwarten „durch eine besondere Fügung des

Himmels" nicht tödlich; rasch wird er wiederhergestellt. Da er Littegarde weiter glaubt, stellt er die Eindeutigkeit des Urteils in Frage: Wer könne es wagen, „den geheimnisvollen Spruch, den Gott in diesem Zweikampf getan, auszulegen"; „einen Augenblick" nur, „durch einen nichtigen Zufall" sei er unterlegen, doch gewinne er „wie unter dem Hauch des Himmels" seine früheren Kräfte zurück. Dem Einwand, ein abgeschlossener Kampf könne nicht wieder aufgenommen werden, hält er entgegen, die „willkürlichen Gesetze der Menschen" kümmerten ihn nicht; wäre eine Wiederholung möglich, so dürfe er hoffen, „einen ganz anderen Spruch Gottes zu erkämpfen". Wo die Mutter darauf beharrt, dass die Gesetze „die Kraft göttlicher Satzungen" ausüben, erhofft Friedrich „Gerechtigkeit" gegen alle Regeln, die das Gottesurteil in menschliche Ordnung einbinden.

Im Gefängnis trifft er Littegarde halb wahnsinnig, denn jetzt glaubt auch sie, sich für schuldig halten zu müssen: „Gott ist wahrhaftig und untrüglich." Doch als die Mutter ihren Vorwurf wiederholt und noch anführt, sogar in der Beichte, „auf die heilige Hostie", habe der Graf die Liebesnacht noch einmal bekräftigt, lehnt sie sich noch einmal auf und erzählt, was der verhängnisvollen Nacht vorausging, gipfelnd im Bekenntnis, sie sei ohne Schuld „wie die Brust eines neugeborenen Kindes". Jetzt geht es nicht mehr um justiziable

> ## Gott lässt sich nicht auf juristische Prozeduren festlegen.

Vergehen, sondern um Sündlosigkeit vor Gott. Auch für Friedrich gilt weiter das Gefühl der Unschuld mehr als der Augenschein des Zweikampfs; lieber als daran zu zweifeln, wolle er glauben, das Gottesurteil sei zu seinen Gunsten ausgefallen. Zeichen sei seine wunderbare Genesung: „Wo liegt die Verpflichtung der höchsten göttlichen Weisheit, die Wahrheit im Augenblick der glaubensvollen Anrufung selbst, anzuzeigen und auszusprechen?" Gott lässt sich nicht auf juristische Prozeduren festlegen.

Das **Gottesurteil** (auch: Ordal) wurde als Beweismittel benutzt, wenn in Rechtsstreitigkeiten und bei Schuldfragen der Beweis durch Zeugen versagte. Es beruht auf dem Glauben, dass der Unschuldige in der Probe, die er zu bestehen hatte, von Gott als dem Hüter des Rechts geschützt werde. Proben waren beispielsweise der **Zweikampf** (bis zur Überwältigung des „Schuldigen"), die **Feuerprobe** (Tragen eines glühenden Eisens oder Durchschreiten eines brennenden Holzstoßes), die **Wasserprobe** (Versenken des gefesselten Beschuldigten im Wasser), der **Kesselfang** (Herausholen eines Gegenstands aus siedendem Wasser). Als schuldig galt, wer zum Beispiel trotz Fesseln im Wasser nicht unterging (weil das reine Wasser ihn nicht dulden wollte) oder im **Kreuzurteil**, wer als Erster die in Kreuzform ausgebreiteten Arme sinken ließ. Häufig fanden auch geweihte Gegenstände Verwendung. So beruhte die **Abendmahlprobe** auf der Überzeugung, dass ein Schuldiger das Abendmahl nicht straflos zu sich nehmen könne.

Wo Friedrichs Heilung wunderbare Fortschritte macht, frisst sich die scheinbar unbedeutende Verletzung des Rotbart immer weiter, so dass „die Ärzte, da sich sein ganzer Körper nach und nach in Eiterung und Fäulnis auflöste, erklärten, dass keine Rettung für ihn sei". Das weckt Zweifel am Ausgang des Gottesurteils. Doch noch im Angesicht des Todes beschwört der Rotbart auf das Sakrament seine Aussage. Menschliches Recht und göttliche Gerechtigkeit scheinen in einen unauflöslichen Widerspruch geraten zu sein. Die Auflösung gelingt nur in einer halsbrecherischen Volte des Erzählers: In Wirklichkeit geschah ganz anderes, was auch der Rotbart nicht wissen konnte. Tatsächlich hatte er die Nacht nicht bei Littegarde, sondern bei deren eifersüchtiger Zofe, einer seiner früheren Geliebten, verbracht, die Littegardes Ring an sich gebracht und ihm geschenkt hatte; er schenkte ihr dafür einen anderen Ring. Als die Eltern des inzwischen schwangeren Mädchens, denen es sich anvertraut hatte, eine Vaterschaftsklage anstrengen und den Ring des Rotbarts als Beweisstück vorlegen, kommt alles heraus. Jakob der Rotbart selbst erkennt „die Verblendung seiner Sinne" und bezeugt, während Littegarde und Friedrich zum Scheiterhaufen geführt werden, Littegardes Unschuld. So wird im letzten Augenblick die Hinrichtung verhindert. Bevor er „seine schwarze Seele" aushaucht, ge-

phorismenschneise • Aphorismenschneise • Aphorismenschnei

Was hat die Welt mehr verheert als ein Glück, das ihr mitgeteilt werden sollte?

Exponentiell wächst, was nicht zählt.

Allein die Raserei des Unglücklichen krümmt kein Haar auf dem Haupt der Welt.

Nie war die Unschuld so hässlich wie heute.

Die Freudlosigkeit des Okzidents entschuldigt alles.

War „die Zukunft" je anderes als eine Verleumdung der Gegenwart?

steht der Rotbart obendrein noch, den Mörder seines Bruders beauftragt zu haben. Friedrich und Littegarde heiraten, erben große Güter und Ehren. Der Kaiser aber lässt „in die Statuten des geheiligten göttlichen Zweikampfs, überall wo vorausgesetzt wird, daß die Schuld dadurch unmittelbar ans Tageslicht komme, die Worte einrücken: ‚wenn es Gottes Wille ist.'"

Ein Gottesurteil, hervorgegangen aus einem Zweikampf. Aber was wird hier eigentlich entschieden? Gewiss, ein Mord wird aufgeklärt, aber dessen Auftraggeber hatte von Anfang an das Motiv dafür preisgegeben, und niemand hatte sich vor dem kaiserlichen Gericht noch für den Mord interessiert. Gewiss, ein Alibi wird erschüttert, aber doch nur seine genaueren Umstände, denn der Rotbart war tatsächlich beim Mord nicht dabei. Gewiss, wahre und falsche Indizien (Pfeil, Ringe) können jetzt richtig zugeordnet werden, aber doch nur auf Grund einer Reihe nachgeschobener Geständnisse. Gewiss, der unerwartet verlaufende Heilungsprozess Friedrich von Trotas bringt die Wahrheit ans Licht, aber er widerlegt damit den augenscheinlichen Ausgang des Zweikampfs und hebt dessen Rechtsverbindlichkeit auf. Und um welche Wahrheit geht es? Nicht um die richtige Erbfolge, nicht um die Aufklärung eines Verbrechens, nicht um den Leumund des Grafen, sondern um die Unschuld einer Frau und das unumstößliche Vertrauen des Mannes in sie.

Der Zusatz in den Statuten zeigt: Das Gottesurteil ist nicht mit menschlichen Ordnungen zu vereinbaren. Sein von Anfang an prekäres Verhältnis zum positiven Recht, zu den „willkürlichen Gesetzen der Menschen", hat Kleist noch verschärft: indem mögliche Rechtsstreitigkeiten schon beigelegt sind, bevor sie nur begonnen haben; indem sich der Beweisgegenstand laufend verschiebt; indem der entscheidende Kampf in ein unübersichtliches (und ganz unmittelalterliches) Netz juristischer Verfahren, Akten, Instanzenzüge, Rechtsmittel und -kollegien eingelassen ist, die allesamt leer laufen und nichts zum gerechten Ausgang beitragen. Es geht um eine Wahrheit, die vor keinem Gericht der Welt erscheinen kann. Vor dieser Wahrheit verblasst der Umstand, dass der Gegner subjektiv sich im Recht fühlen musste, zur Nebensache: Vor Gott ist der Wüstling aus anderen Gründen schuldig.

Das Gottesurteil als Ziel einer erbaulichen Geschichte von bestraftem „Sünder", von geretteter Unschuld und unerschütterlichem Vertrauen? Dazu ist die Geschichte zu verwickelt. Kleist zitiert die Gattung der Legende, in den Worten des Kaisers: „Jedes Haar auf eurem Haupt bewacht ein Engel." Er kleidet die Erzählung ins Gewand der christlichen Mythologie, nutzt zur Datierung der Ereignisse den kirchlichen Heiligenkalender. Die Szene, in der Friedrich und Littegarde die Gewissheit ihrer Unschuld vor Gott wiedergewinnen, spielt auf christliche Erlösung an, die den Tod überwindet: „Der Tod schreckt mich nicht mehr." Friedrich trägt christushafte Züge; Littegarde verwandelt sich von der reuigen Büßerin, die mit ihren Tränen die Füße ihres Erlösers netzt, in die erlöste Seele, die nichts auf Erden mehr anfechten kann. Aber die christliche Glaubens-

zuversicht ist gebrochen; sie führt Littegarde in Wahnsinn, Friedrich an den Rand des Todes. Sie wird nur auf Umwegen bestätigt – in letzter Sekunde und in der unwahrscheinlichen Wendung der nachgeschobenen Erklärungen, die man, dem Erzähler zufolge „wissen muss", die aber niemand wissen konnte. Alles zuvor steuert der Katastrophe zu: Die Heilszeit des Kirchenjahrs, auf welche die Erzählung insistierend anspielt, erweist sich für die Betroffenen als Unheilszeit, in der das Verbrechen immer mehr Menschen in den Strudel des Verderbens reißt. Die Rettung dagegen erfolgt „irgendwann", nicht mehr im christlichen Festtagszyklus fixiert. Ein „heilloser Fehltritt" beim Gottesgericht stellt das Vertrauen in höhere Mächte in Frage. Diese treiben, sollten sie im Hintergrund wirken, ein fürchterliches Spiel. Was sich nachträglich aufklärt, erscheint zuerst als eine Serie unvorhersehbarer, alles Planen vereitelnder Zufälle mit teuflischen Folgen. Bewiesen wird nicht eine gerechte Ordnung der Welt, sondern es bestätigt sich das subjektive Gefühl zweier Menschen. Für Friedrich und Littegarde hätte es auch bei einem heillosen Ausgang Bestand. Und der Schlusssatz verbannt Gottes Gerechtigkeit in eine undurchschaubare Jenseitigkeit: „wenn es Gottes Wille ist".

So wird im Gewand der Legende eine Antilegende erzählt. Kleists Mittelalter-Phantasma wird zum Reflexionsmedium der Moderne: Die Krise der göttlichen Weltordnung wird als Krise der Subjektivität erfahren; statt Vertrauen aufs Recht ein absurd scheinendes Vertrauen in Gerechtigkeit, statt heilsgewisses Aufscheinen von Sinn ein unübersichtliches Knäuel immer neuer, immer wieder abreißender Erzählfäden. Die Mühlen der Justiz laufen leer, oder sie laufen auf einen Justizmord zu. Wenn Gerechtigkeit sich zuletzt zeigt, dann gegen alle juristischen Prozeduren zuvor, das Gottesurteil eingeschlossen, und nur auf Grund einer fragilen Konstruktion von Gnaden des Erzählers: im poetischen Text.

Jan-Dirk Müller ist Professor für deutsche Philologie an der Ludwig-Maximilians-Universität München.

77

Gerechter Krieg

(lat. bellum iustum)
In der Antike wurde der Krieg gegenüber denen, die nicht zum Gemeinwesen gehören, als legitim empfunden. Der Krieg war Teil der Politik, nicht der Moral oder des guten Lebens im engeren (innerstaatlichen oder gemeinschaftlichen) Sinne. Für Aristoteles (384 v. Chr.–322 v. Chr.) war der Krieg „Teil der Erwerbskunst", wie die Jagd. Diese komme „teils gegen Tiere, teils gegen solche Menschen zur Anwendung, die von Natur zu dienen bestimmt sind, aber nicht freiwillig dienen wollen". Ein Krieg gegen zum Dienen bestimmte Sklaven sei „von Natur aus gerecht".

Cicero (106 v. Chr.–43 v. Chr.) hat zwischen einem Recht zum Krieg (ius ad bellum) und einem Recht im Krieg (ius in bello) unterschieden und betont, dass grausames Vorgehen im Krieg ungerecht sei. Ferner kritisiert er Kriege aus dem Motiv der Habgier. Legitim ist ein Krieg nach Cicero dagegen, wenn er auf Schadenersatz aus ist. Er entwirft damit Grundzüge der klassischen Theorie des gerechten Kriegs.

Die klassische Theorie des gerechten Kriegs

Augustinus (354–430) und Thomas von Aquin (1224–1274) befassen sich zunächst mit dem Problem, ob Krieg zu führen für Christen überhaupt erlaubt sein kann. Sie schließen aus der Interpretation mehrerer widersprüchlicher Bibelstellen, dass die Kriegsführung für Christen nicht grundsätzlich verboten ist. Diese Einsicht führt Thomas zu der Frage, welche Kriterien erfüllt sein müssen, damit ein Krieg als erlaubt (licitum) im Sinne von gerechtfertigt (iustum) gelten kann. Er stellt drei Bedingungen auf: Erstens die Vollmacht des Fürsten (auctoritas principis), der den Befehl zum Krieg geben kann. Es ist Aufgabe des Fürsten, die öffentliche Ordnung sowohl gegen innere als auch gegen äußere Feinde zu schützen. Eroberungskriege zum Beispiel zum Zweck der Vergrößerung des Territoriums oder des eigenen Reichtums werden durch das zweite Kriterium ausgeschlossen: den gerechten Grund (iusta causa). Gerecht kann, wie schon Augustinus schreibt, nur ein Krieg sein, der ein vorhergegangenes Unrecht bestraft: „Unter gerechten Kriegen versteht man solche, durch welche Unrecht geahndet wird." Die eigene Bereicherung ist kein legitimer Kriegsgrund, sie stellt vielmehr ein Unrecht an dem angegriffenen Staat dar, der nun seinerseits einen legitimen Kriegsgrund hat: Der Angreifer verdient einer vorhergegangenen Schuld wegen die Antwort Krieg. Der Krieg dient hier der Wiederherstellung der (Friedens-)Ordnung. Bestraft werden sollen diejenigen, welche die Ordnung verletzt haben.

Ist die innerstaatliche Ordnung eine Rechtsordnung, die der Rechtsprechung des Fürsten unterliegt, so ist die Ordnung zwischen den Staaten vor allem eine moralische Ordnung. Für sie gilt es, Regeln zu finden. Bei Thomas kann man gut sehen, dass diese Regeln sich vor allem an den Fürsten und sein Gewissen wenden. So verlangt das dritte Kriterium, das erfüllt sein muss, damit ein Krieg gerechtfertigt ist, „dass die Kriegsführenden die rechte Absicht (recta intentio) haben, nämlich entweder das Gute zu mehren oder das Böse zu meiden". Durch die dritte Bedingung soll vermieden werden, dass das Vorliegen der zweiten, des gerechten Grunds, zu eigennützigen Absichten missbraucht werden kann: Gier und Grausamkeit sind nach Augustinus sündhaft und mit der Legitimation des Kriegs unvereinbar.

Man hat später versucht, die Kriterien des Thomas zu ergänzen und auch auf das Recht im Krieg anzuwenden. So wird die Verhältnismäßigkeit der Mittel (iustis mediis) oft als eigenes, viertes Kriterium genannt. Die Aussicht auf Erfolg ist in neuerer Zeit als fünftes Kriterium dazugekommen. Auch soll der Krieg sechstens nur nach Ausschöpfung aller anderen Verhandlungsmöglichkeiten, sozusagen als letzter Ausweg (ultima ratio) gewählt werden dürfen.

Die spanische Spätscholastik

So plausibel die Theorie des gerechten Kriegs als moralische Kritikmöglichkeit an Kriegen aus Machthunger und Eroberungslust einerseits scheinen mag, so problematisch ist sie andererseits. Vor allem die Kriterien des gerechten Grunds und der rechten Absicht scheinen präzisierungsbedürftig. Wer sich als Vollstrecker der gerechten Sache fühlt, wird vielleicht sehr schnell Gründe finden, andere anzugreifen, um „das Böse" überall zu bekämpfen. Was aber, wenn sich beide Seiten auf einen gerechten Kriegsgrund berufen? Wer soll dann entscheiden? Problematisch ist besonders, dass das Vorliegen der rechten Absicht nicht gut überprüfbar ist. Hier scheint eine Ideologisierungsgefahr vorzuliegen. Besonders bei Augustinus ist fraglich, ob die Kriterien des gerechten Grunds und der rechten Absicht nicht sehr weit ausgedehnt werden können. Denn unter Unrecht kann bei Augustinus auch eine Verletzung der göttlichen Ordnung verstanden werden. Augustinus' Annahme der Überlegenheit der himmlischen gegenüber der irdischen Ordnung wurde teilweise christlich-imperial ausgelegt. Insofern konnte der Theorie des gerechten Kriegs der Vorwurf gemacht werden, Verbindungen zu der möglichen Rechtfertigung eines heiligen Kriegs aufzuweisen. Unter einem so genannten heiligen Krieg versteht man einen Krieg, der im Namen einer höheren göttlichen Ordnung geführt wird. Die Feinde sind dann diejenigen, die gegen eine solche Ordnung verstoßen oder sich ihr nicht fügen wollen.

Die Frage, wie mit fremden Kulturen umzugehen sei, beschäftigt vor allem die spanische Spätscholastik. Deren Erfahrung ist von den spanischen Eroberungskriegen gegen die Indios geprägt, die vor allem von Bartholomé de las Casas (1474–1566) scharf kritisiert werden. Auch Francisco de Vitoria (1492/93–1546) und Francisco Suarez (1548–1617) versuchen, philosophische Argumente gegen den grausamen Eroberungsfeldzug vorzubringen. Vitoria versucht zunächst zu zeigen, dass die Indios nicht von Natur aus als Sklaven zu betrachten sind. Er hält fest, dass keine moralische oder „natürliche" (das heißt von der Schöpfung Gottes ausgehende) Überlegenheit der Spanier gegenüber den Indios auffindbar sei. Daher kommt er zu dem Schluss, dass – obwohl eine friedliche Missionierungspflicht von Seiten der Christen bestehe – Heiden als Gottes gleiche Geschöpfe nicht mit der Gewalt des Schwerts bekehrt werden dürfen.

Die völkerrechtliche Entwicklung

Die Idee der Gleichheit aller Parteien wird erst von Völkerrechtlern wie Hugo Grotius (1583–1645) und Emer de Vattel (1714–1767) systematisch ausgearbeitet. Im Laufe der Zeit wird die Kriegslegitimation immer weiter von religiösen Gründen und Machtansprüchen gelöst. Liberale Theoretiker wie Immanuel Kant (1724–1804) und John Stewart Mill (1806–1873) betonen zudem ein striktes Nichteinmischungsgebot in innerstaatliche Verhältnisse. Völker sind grundsätzlich gleichberechtigt und haben ein Recht auf territoriale Integrität und politische Souveränität. Das strikte Interventionsverbot bei Mill spiegelt die Ausrichtung des modernen Völkerrechts an der Souveränität der Einzelstaaten. Entsprechend haben sich die Staaten in der UN-Charta von 1945 auf ein grundsätzliches Kriegs- und Gewaltverbot geeinigt. Damit sind Angriffs- und Eroberungskriege von der Völkergemeinschaft geächtet. Ferner soll, was das Recht im Krieg betrifft, der Schutz von Zivilisten und die faire Behandlung von Kombattanten durch die Genfer Konvention von 1949 garantiert werden. Gleichwohl tut sich in der Neuzeit mit der Annahme der gleichberechtigten Souveränität der Einzelstaaten ein neues Problem auf: Wer soll Streitfragen schlichten und letztinstanzliche Entscheidungen fällen, wenn sich zwei Staaten uneinig sind? Nach Beendigung der mittelalterlichen imperialen Ordnung gibt es keine Entsprechung mehr

9:38 am

Illustration:
Christiane
Forstnig
www.
butterandjam.com

zu Instanzen wie Papst oder Kaiser. Wenn einer der Staaten sich nicht an die Verträge hält, bleibt die Frage, wer ihn bestrafen soll. Manche zeitgenössischen Theoretiker halten deswegen einen übergeordneten Weltstaat für sinnvoll, während andere mit Kant die Gefahr des Despotismus (Gewaltherrschaft) in einer solchen Einrichtung angelegt sehen.

Strategische Positionen: Krieg als Teil der Machtpolitik

Als moralische Lehre unterscheidet sich die Theorie des gerechten Kriegs vor allem von Positionen, die den Krieg aus strategischen Gründen rechtfertigen. So beschreibt schon Thukydides in der Antike den Krieg als Teil der Machtpolitik. Später ist es vor allem Niccolo Machiavelli (1469–1527), der die geschickte Strategie des römischen Imperiums bei der Erhaltung und Erweiterung seiner Machtposition herausstellt. Für Machiavelli ist der Krieg an sich kein Übel: Er ist nützlich, wenn er der Machterweiterung des Fürsten dient, und schädlich, wenn er die Machterhaltung des Fürsten gefährdet. Ein weiterer bekannter Vertreter einer machtstrategischen Position ist Carl von Clausewitz (1780–1831), der den Krieg als „bloße Fortsetzung der Politik mit anderen Mitteln" bezeichnet hat, wobei Politik durchaus im Sinne der Durchsetzung der eigenen Interessen verstanden werden kann. Eine ähnliche Position wird auch heute noch von manchen Politikwissenschaftlern vertreten: Im so genannten realistischen Paradigma (hier: Grundauffassung) ist ein Krieg dann gerechtfertigt, wenn er dem eigenen Staat einen Nutzen bringt.

Gerechter Krieg und humanitäre Intervention

Ein zeitgenössischer Kritiker der so genannten realistischen Position ist Michael Walzer. Er stellt vor allem die moralische Dimension der Theorie des gerechten Kriegs heraus, die er vom vorherrschenden machtstrategischen und realistischen Paradigma abgrenzt. Jede Kriegsführung, so Walzer, werde im Vokabular der Moral legitimiert und stelle sich so unter moralischen Rechtfertigungszwang. In seinem 1977 erschienenen Buch *Just and Unjust Wars* (deutscher Titel: *Gibt es den gerechten Krieg?*) hält Walzer unter Rückgriff auf Mill an einem Selbstbestimmungsrecht der Völker und an einem grundsätzlichen Interventionsverbot fest. Die Theorie der humanitären Intervention zu Gunsten der Verbesserung der Menschenrechtslage in einem fremden Staat hält Walzer für problematisch. Liegen allerdings massive Menschenrechtsverletzungen vor, so kann eine Intervention in den betreffenden Staat von Seiten Dritter legitim sein, auch wenn diese von dem betreffenden Staat gar nicht angegriffen wurden. Das heißt: Eine humanitäre Intervention kann unter bestimmten Bedingungen als legitim angesehen werden, obwohl sie in die Souveränität des betroffenen Staats eingreift. Nach Walzer trifft dies jedoch nur auf die absoluten Extremfälle von Völkermord, massenhafter Vertreibung von Menschen oder vorheriger Intervention durch einen fremden Staat zu. Ansonsten müsse man es jedem Volk überlassen, welche Staatsform es wählen und welche kulturellen Regeln es befolgen wolle. Gerechtfertigt seien dagegen Verteidigungskriege. In diesem Sinne hat Walzer auch den Afghanistankrieg der USA nach dem 11. September als Verteidigungskrieg der USA gegen einen Staat, der Terroristen beherbergt, unterstützt. Hier sieht man, dass die Problematik der mittelalterlichen Theorie des gerechten Kriegs wiederkehrt: Der gerechte Kriegsgrund und die rechte Absicht sind sehr dehnbare Kriterien, die bis zur Legitimierung eines Präventivkriegs reichen können. Vor allem der zweite Irak-Krieg der USA zeigt, dass die moralische Theorie des gerechten Kriegs zum Völkerrecht in einem Spannungsverhältnis stehen kann, wenn die Verteidigung der eigenen Werte als ausreichende Kriegslegitimation betrachtet wird. Wichtig sind im Zusammenhang mit dem Kosovo-Krieg und dem Irak-Krieg auch utilitaristische (auf den praktischen Nutzen ausgerichtete) Überlegungen, die in der Theorie des gerechten Kriegs als Kriterien der Aussicht auf Erfolg, der begrenzten Dauer und der Verhältnismäßigkeit der Mittel auftauchen. Kann ein Krieg gerecht sein, der viele zivile Opfer fordert? Besonders im Zusammenhang mit dem „Krieg gegen den Terrorismus" ist es von zentraler Bedeutung, zwischen Schuldigen und Unschuldigen zu unterscheiden. In neueren philosophischen Debatten rückt bei der Bewertung von Kriegen immer mehr die Frage nach der Art ihrer Durchführung in den Mittelpunkt.

Abschließend ist darauf hinzuweisen, dass die Vermeidung von Krieg und die Entwicklung eines gerechten Friedens nur durch eine langfristige faire Zusammenarbeit der Völkergemeinschaft gewährleistet werden können. Erst ein „ewiger Friede", in dem das Recht in und zwischen allen Staaten an die Stelle der Gewalt tritt, schlösse, wie Kant schon 1795 schreibt, den Krieg als Mittel der Konfliktbewältigung schlechterdings aus.

Dr. Corinna Mieth ist wissenschaftliche Assistentin am Philosophischen Seminar der Universität Bonn.

79

lexikon

Literatur:

– Janssen, Dieter / Quante, Michael (Hrsg.): Gerechter Krieg. Paderborn 2003
– Walzer, Michael: Just and Unjust Wars. Portland ³2000 (dt.: Gibt es den gerechten Krieg? Stuttgart 1982)
– Walzer, Michael: Erklärte Kriege – Kriegserklärungen. Übersetzt von Christina Goldmann. Hamburg 2003

Gnade

(von gotisch nipan: helfen; Grundbedeutung wohl: sich neigen; althochdeutsch ginada: (göttliches) Erbarmen, Wohlwollen, Gunst)

Der Begriff Gnade ist in unserer kulturellen Tradition primär mit theologischen Vorstellungen verknüpft. Er scheint seine Bedeutung weitgehend daraus zu beziehen, dass jemand die Überzeugung teilt, es gebe eine göttliche Verzeihung für menschliche Sünden. Doch klarerweise ist es für Zeitgenossen des 21. Jahrhunderts nicht mehr selbstverständlich, eine Sünden- und Gnadentheologie zu akzeptieren, wie man sie aus der christlichen Tradition kennt. Auch die andere geläufige traditionelle Verwendungsweise wirkt antiquiert. Wenn ein führender Politiker einen Häftling „begnadigt", so macht er von einem Privileg Gebrauch, das typischerweise in die vormoderne Rechtspraxis gehört: Der Souverän eines Landes, etwa der König oder der Fürst, verfügt demnach über die Befugnis, zu strafen oder aber die Strafe auszusetzen. Dass der Regent hierbei als Herr über das Recht erscheint, das nach seiner Willkür angewandt wird, bildet eine Provokation, die wir als schwerlich akzeptabel ansehen. In der aktuellen Rechtspraxis nimmt die Begnadigung denn auch nur eine marginale Stellung ein.

Gnade bezeichnet mithin den Vorgang, bei dem man jemanden von einer Schuld freispricht, die der Betreffende auf sich geladen hat. Es handelt sich um einen Begriff aus dem Feld der moralischen (und sekundär der rechtlichen) Straftheorie. Die moralische Attraktivität, die sich mit der Praxis des Gnade-walten-Lassens verbindet, könnte nun mindestens vierfach sein.

Erstens haben wir es mit einer Vorgehensweise zu tun, die denjenigen adelt, der sie vollzieht. Wer die Möglichkeit besitzt zu strafen und berechtigterweise strafen könnte, es aber nicht tut, scheint über eine besondere Charakterstärke zu verfügen. Er mäßigt seine Rachsucht und praktiziert die Tugend der Milde (praotês, clementia), wie man in der alten Tugendethik gesagt hätte. Gnade zeigt so betrachtet eine positive Eigenschaft auf Seiten dessen, der sie ausübt.

Zweitens honoriert Gnade das Verhalten dessen, dem sie zuteil wird, nämlich sein Schuldbewusstsein und seine Bitte um Nachsicht. So gesehen ist Gnade das, was auf ein Eingeständnis von Schuld und die Bitte um Vergebung folgt und wodurch Reue erst sinnvoll wird.

Drittens wird einem Schuldigen durch Gnade ein neuer Anfang ermöglicht. Dies erscheint uns moralisch deswegen so wertvoll zu sein, weil wir es als wesentlichen Bestandteil der moralischen Autonomie einer Person ansehen, von einer alten Identität loskommen zu können und nochmals von vorne zu beginnen. Gnade ist dergestalt ein moralisch wünschenswerter Vorgang, bei dem beispielhaft individuelle moralische Fehlbarkeit berücksichtigt wird.

Und viertens scheint uns Gnade deswegen wertvoll, weil sie eine fatale Symmetrie von Gewalt und Gegengewalt (oder gar eine Eskalationsspirale) durchbricht, da es sich um eine kalkulierte einseitige Vorleistung handelt. Insofern bezeichnet Gnade etwas moralisch Wünschenswertes, weil sie eine verfestigte soziale Unrechtssituation aufzulösen vermag. Die häufig äußerst günstigen individuellen und sozialen Folgewirkungen eines solchen Verhaltens liegen auf der Hand.

Doch unter welchen Umständen ist eine solche Verhaltensweise angebracht? Lassen wir einmal die Beispiele beiseite, in denen das Gnadenprinzip eine mehr prudentielle (eigeninteressierte) als moralische Rolle spielt. Das ist überall dort der Fall, wo wir an das Erlassen von Schulden, an eine Kulanzregelung, an ein Entgegenkommen bei einer Zahlung, kurzum an ein Rabattprinzip denken, das zum eigenen langfristigen Vorteil eingesetzt wird. Davon also abgesehen, ist der wohl zentrale Fall, in welchem Gnade eine positive Rolle spielt, der der so genannten personalen Gerechtigkeit. Personale Gerechtigkeit unterscheidet sich dadurch von institutioneller Gerechtigkeit, dass sie zu einzelfallbezogenen Güterabwägungen befähigt. Güterabwägungen bedürfen einer besonderen Urteilskraft, die man traditionell als „Billigkeit" bezeichnet. In der Antike stammt die ausführlichste Darstellung des Prinzips der Billigkeit (epieikeia, aequitas) von Aristoteles (*Nikomachische Ethik*, Buch V, Kapitel 14). Nach Aristoteles gilt das schriftlich fixierte Recht auf Grund seiner allgemeinen Fassung nicht gleichermaßen für alle einschlägigen Rechtsfälle. Denn ein geschriebenes Gesetz kann die spezifischen Umstände und Kontexte des Einzelfalls nicht ausreichend berücksichtigen. Es bedarf deswegen einer abwägenden Kompetenz, die das geschriebene Recht fallgerecht abwandelt oder ergänzt, und zwar so „als ob der Gesetzgeber selbst dort anwesend wäre und als ob er den Fall, wenn er ihm bewusst gewesen wäre, selbst in das Gesetz aufgenommen hätte" (1137 b 22–24). Billigkeit wird daher als „Berichtigung des Gesetzes, da wo es infolge seiner allgemeinen Fassung lückenhaft ist" bestimmt (1137 b 26 f.).

Aus der Perspektive personaler Gerechtigkeit betrachtet ist Gnade ein Nachsichtsprinzip, das die überstrenge Anwendung von Rechtsregeln und Gerechtigkeitsprinzipien reguliert. Wer Gnade praktiziert, tut dies insbesondere mit Blick auf die unzureichende Schuldfähigkeit eines Straftäters. Dabei spielt der sokratische Grundsatz *Niemand handelt freiwillig schlecht* häufig eine zentrale Rolle. Man nimmt zu Gunsten des Straftäters an, er sei zum Zeitpunkt der Straftat wegen seines unzureichenden Wissens gar nicht oder nicht vollständig schuldfähig gewesen. Interessanterweise sind die aus der Antike bekannten Reflexionen über Gnade und Vergebung (syngnômê) meist von diesem Grundsatz bestimmt. Sogar der Evangelist Lukas lässt seinen Jesus am Kreuz den bekannten Satz sagen: „Vater, vergib ihnen, denn sie wissen nicht, was sie tun." (23, 34a) Bezeichnen wir diese Variante als *Gnade I*. Gegen diese Vorstellung ließe sich jedoch einwenden, Gnade liege in Wahrheit erst dort vor, wo *nicht mit Gründen* (also etwa weil der Übertäter nicht schuldfähig war), sondern *aus grundloser Nachsicht* auf Strafe und Vergeltung verzichtet wird. Man könnte argumentieren: Bei *Gnade I* handelt es sich gar nicht wirklich um Gnade, weil der Vergeltungsverzicht dem betroffenen Straftäter ja zusteht. Gnade sei erst dann gegeben, wenn der Straftäter auf den Strafverzicht keinen Anspruch hat. Das ist sicherlich ein überlegenswerter Einwand; bezeichnen wir diese zweite Variante daher als *Gnade II*. *Gnade II* steht für ein Nachsichtsprinzip, das ohne eine starke Begründung auskommt.

Doch gerade mit Blick auf *Gnade II* scheint es Fälle zu geben, in denen der Begriff so viel bedeutet wie eine moralisch unangemessene, vielleicht sogar inakzeptable Nachgiebigkeit (Indulgenz). Behandelt jemand einen Schuldigen nachsichtig, ohne dass bei diesem Reue oder Nichtwissen im Spiel sind, besiegt er keineswegs seine Rachsucht, und er erbringt auch keine heroische Vorleistung, die über das moralische Geforderte hinausgeht (Supererogation). Vielmehr scheut jemand die Anwendung von Härte, vielleicht aus Feigheit, vielleicht aus einem falsch verstandenen Mitgefühl. Ist also Gnade etwas Sinnvolles? Für *Gnade I* gilt dies zweifellos. Aber es könnte sein, dass sie dem Begriff nicht vollständig gerecht wird. Umgekehrt scheint *Gnade II* zwar dem Wortsinn voll gerecht zu werden, aber sie erscheint uns längst nicht immer als angemessen.

Christoph Horn ist Professor für Philosophie an der Rheinischen Friedrich-Wilhelms-Universität Bonn.

Neid

Die Bedeutung des Begriffs Neid (griechisch: phtonos, lateinisch: livor, invidia) reicht von der Missgunst bis zum Hass gegen einen anderen Menschen (oder eine Gruppe, Klasse von Menschen) und erstreckt sich vornehmlich auf diejenigen Güter oder Vorzüge materieller, sozialer und geistiger Art, die ein anderer besitzt, die für den Neider aber im Bereich des Erreichbaren zu liegen scheinen. Dabei wird der Neid aus unterschiedlichen Perspektiven behandelt: Manche Philosophen orientieren sich fast ausschließlich am Individuum und wählen dementsprechend eine psychologisch-anthropologische Perspektive, andere ergänzen diese durch eine ethisch-religiöse Verwurzelung der Betrachtung und andere wiederum legen den Schwerpunkt auf sozial-politische Aspekte.

Das markanteste Ereignis in der Geschichte des Neids ist die Ablösung der abergläubischen Furcht vor neidischen Göttern und Dämonen, einmal durch die Aufklärung der griechischen Philosophen Sokrates, Platon und Aristoteles, zum anderen durch die Lehre des Christentums, derzufolge Neid eine Verfehlung des Menschen darstellt. An die Stelle der alltäglichen Bedrohung durch den zauberischen Einfluss eines neidischen Mitmenschen oder der neidischen Götter und deren Abwehr durch magische Mittel tritt die philosophische beziehungsweise christliche Aufklärung mit ihrer Aufforderung an das Individuum, den Neid als eine schwere Verfehlung zu meiden und in der Haltung zum Nächsten der Bewunderung von dessen Vorzügen und der Liebe zu ihm den Vorrang einzuräumen. Zur moralisch-ethischen Ganzheitserklärung des Neids treten im Laufe der Geschichte einseitige Ableitungen und Erklärungen hinzu, die den Neid entweder auf eine leibliche Krankheit oder auf gesellschaftlich-ökonomische Ursachen zurückführen. In der Gegenwart überwiegt eine ökonomische Neidbetrachtung, die im Gefolge von John Rawls den Neid nicht mehr als unmoralisch kritisiert, sondern als ein gesellschaftlich wirksames Stimulans betrachtet, durch das eine größere Gleichheit in der Gesellschaft herbeigeführt wird. Ein Teil der modernen Gerechtigkeitstheoretiker ist der Auffassung, dass der Neid durch eine entsprechende Gleichverteilung der Güter und materiellen Mittel zum Verschwinden gebracht werden könne; für diese Theoretiker ist der Neid kein moralisches Problem – ebenso wenig wie für die Psychoanalyse, derzufolge der neidische Mensch durch rationale Maßnahmen therapiert werden kann.

Antike, Altes und Neues Testament, Mittelalter

Die Götter des archaischen Griechenlands sind neidisch, wenn von den Menschen nicht mehr ausreichend Opfer dargebracht werden. Dabei wird die Gottheit nicht als moralisch handelnde Person gedacht, sondern als Naturmacht, die ein Gesetz der Weltordnung vollzieht. Bei Herodot zeigt sich die geläufige und volkstümliche Form des Neids der Götter: Auf die menschliche Hybris (Überheblichkeit; Hochmut) folgt die Strafe der Götter. Im volkstümlichen Glauben ist der Neid der Götter allezeit zu befürchten. Er tritt als eigener Dämon auf, der zum Beispiel die Blüte der Jugend raubt, besonders begabte junge Menschen dahinrafft und bei allzu großem Glück rächend eingreift.[1] Als die furchtbarste Waffe eines neidischen Dämons galt dessen „böser Blick", der in späterer Zeit auch Menschen zugeschrieben wurde. Neid und „böser Blick" wurden weitgehend miteinander gleichgesetzt. Der „böse Blick" wurde im ganzen Mittelmeerraum als vermeintliche Todesursache gefürchtet. Um ihn abzuwehren, wurden Amulette getragen und Abbilder des menschlichen Auges an die Türen gehängt.

Die jüdische Tradition hat ein monotheistisches Gottesbild (Monotheismus: Glaube an einen einzigen Gott, der die Existenz anderer Götter ausschließt). Im Alten Testament gibt es keinen Neid der Götter, wohl aber die Eifersucht Jahwes auf andere beziehungsweise fremde Götter Israels. Das Alte Testament enthält bereits Beispiele, welche die ganze Komplexität des Neids aufweisen. Kain ermordet Abel, nicht, weil er diesen um dessen Güter beneidet, sondern weil er der Überzeugung ist, dass dessen Opfer von Gott angenommen werden und seine nicht. Die Brüder Josephs sind neidisch auf den Vorzug, den Joseph bei seinem Vater genießt, und Saul ist voller Neid und Eifersucht auf David.

Bereits in der archaischen Zeit entwickelt sich der gleichmacherisch demokratische Neid mit dem Programm, soziale Unterschiede zu beseitigen und soziale Gerechtigkeit in Form von Gleichheit herzustellen.[2] Die Vertreibung von Bürgern durch das Scherbengericht in der athenischen Demokratie hängt unter anderem auch mit dem Neid von Bürgern zusammen, die über die Gleichheit wachen.

Eine erste umfassende Analyse des Neids wird in der griechischen Philosophie von Platon und Aristoteles vorgelegt. Nach Platon ist die Gottheit nicht neidisch (Platon, Phaidros 247 A). Die menschlichen Beziehungen sollen nicht durch den Neid, sondern die Anerkenntnis der Vorzüge der anderen und durch ein entsprechendes Nacheifern ausgezeichnet sein. Missgunst und Neid sind dagegen die Grundzüge des Tyrannen. Der wahrhaft vollkommene Mensch lässt seine Vorzüge

den anderen Menschen zugute kommen (Platon, Nomoi 731 A–B). Für Platon wie für Aristoteles hat der Neid gesellschaftliche und politische Auswirkungen, umgekehrt kann eine zu große gesellschaftliche Ungleichheit oder ein entsprechend provokantes Verhalten einer politischen Elite Neid hervorrufen. Zu große gesellschaftliche Unterschiede sollen nach Platon und Aristoteles durch die Mischverfassung gemildert werden, die monarchische, aristokratische und demokratische Elemente in sich vereint. Bereits Aristoteles reflektiert auf die Frage, ob der Neid über die Herstellung des gleichen Besitzes aller Bürger zu beseitigen sei. Aristoteles meint jedoch, dass es besser sei, bei der Veränderung der seelischen Haltung anzufangen als beim Eigentum. Entsprechend sind für ihn die Gesetzgebung und die richtige Erziehung wichtig (Aristoteles, Politik, 1266 b).

Vorneuzeit, Neuzeit, Moderne

Im Unterschied zu Aristoteles bezieht sich Thomas Hobbes nicht auf den moralischen und seelischen Ursprung des Neids, sondern auf dessen funktionalen Stellenwert „in der Ordnung der Natur". Der Neid gehört zu dem Grundstreben des Menschen, Güter zu begehren und Schlechtes abzuwehren. Güter, die andere haben und die man selbst haben will, sind Ursache für den Neid. Die grenzenlose Begierde des Menschen nach allen Gütern, und in deren Gefolge der Neid, erzeugt im Naturzustand die Furcht vor dem gewaltsamen Tod, der man nur dadurch abhelfen kann, dass sich die „Willen aller" bedingungslos dem Willen eines „Souveräns" unterwerfen.[3] Bei Hobbes wie auch bei Jean-Jacques Rousseau geht es nicht mehr in erster Linie um eine moralische Theorie des Neides und der daraus folgenden individuellen Laster, weil für beide der Neid zur Grundausstattung des Menschen gehört. Für Hobbes ist der Neid eine ursprüngliche Grundausstattung, für Rousseau dagegen ist er geschichtlich entstanden. Zu den anfänglichen Mechanismen der Vergesellschaftung gehören die Entstehung von Eitelkeit und Geringschätzung, Scham und Neid.[4] Die gesellschaftliche Dynamik des Neids führt Rousseau zufolge zu gesellschaftlicher Ungleichheit, die er auf der einen Seite durch die Transformation des egoistischen Menschen in den guten Bürger, auf der anderen Seite durch eine ideale Erziehung des jungen Menschen, dessen von Natur aus gute Triebe durch die Abschirmung von schlechten gesellschaftlichen Einflüssen entwickelt werden, abmildern will.

Eine andere neuzeitlich einseitige Sicht des moralischen Phänomens des Neids findet sich in den wissenschaftlichen Erklärungen von René Descartes. Descartes folgt zwar der platonisch-aristotelischen Analyse, derzufolge der Neid mit der Verdorbenheit der menschlichen Natur zusammenhängt, aber entsprechend seinem Wissenschaftsprogramm hat jedes moralische Phänomen auch eine physikalische Ursache. Der Neid hat bei Descartes seine Ursache in leiblichen Fehlfunktionen wie etwa der Ausbreitung der „gelben Galle" und der „schwarzen Flüssigkeit" aus der Milz. Er kann infolgedessen auch wie eine körperliche Krankheit behandelt beziehungsweise erforscht werden.[5] Noch in der von Diderot und D'Alembert edierten französischen Enzyklopädie finden sich Gesundheitsratschläge (Bäder, Milchspeisen, schmerzstillende Mittel), um dem Neid als Krankheit abzuhelfen.[6]

Karl Marx greift unter veränderten historischen Bedingungen die Entfremdungsanalyse von Jean-Jacques Rousseau auf. Im Unterschied zu diesem soll die Wurzel des Neids durch die Schaffung der neuen Gesellschaft beseitigt werden. Karl Marx kritisiert zwar den rohen Kommunismus, der zur „unnatürlichen Einfachheit des armen, rohen und bedürfnislosen Menschen" zurückkehren will. Eine solche Gleichmacherei geht für ihn auf den Neid zurück.[7] Der wissenschaftlich abgeleitete Kommunismus von Marx dagegen möchte den Neid durch die herzustellende Gleichheit des „Gattungswesen" Mensch mittels einer Revolutionierung der kapitalistischen Verhältnisse abschaffen. „Jedem" soll „nach seinem Bedürfnis", wie es in der Kritik des Gothaer Programms heißt, Genüge getan werden.

Eine bedenkenswerte Analyse des Neids gibt Friedrich Nietzsche. Er sieht dessen treibende Kraft und glaubt, dass die gesellschaftliche Dynamik solcher Motive bedarf. Die Gefahr, die im Neid liege, könne gebannt werden, wenn der Neider ein Ventil finde, das ihn daran hindere, als Zerstörer aufzutreten. Dass die soziale Gleichheit die Menschen vom Neid befreien könne, glaubt Nietzsche nicht: „Sie verlangen, dass jene Gleichheit, die der Mensch anerkennt, nun auch von der Natur und dem Zufall anerkannt werde, sie zürnen darüber, dass es dem Gleichen nicht gleich ergeht." In seiner *Genealogie der Moral* nennt Nietzsche das Ressentiment (hier: Gefühl der Unterlegenheit) die eigentlich üble Form des Neids. Dem aus Ressentiment Handelnden wirft er vor, dass er das eigene und das allgemeine Elend dem Glücklichen anlaste. So werde das Glücklichsein zur Schande und der Glückliche müsse sein Wohlergehen verbergen. Der schlimmste Neider ist nach Nietzsche jener „Weltvernichter", der aus seiner eigenen Misere folgert: „Weil ich *etwas* nicht haben kann, soll alle Welt *nichts* haben! Soll alle Welt *nichts sein!*" Letzten Endes muss bei Nietzsche die aristokratische Natur des Übermenschen die kranke Wirklichkeit der europäischen Kultur vom Fluch des Ressentiments erlösen.[8]

John Rawls schlägt zur Bewältigung des Neids in der Gesellschaft eine faire Verteilung objektiver Grundgüter vor. Er unterscheidet zwischen dem allgemeinen, das heißt auf die Grundstruktur der Gesellschaft bezogenen Neid und dem besonderen Neid der einzelnen Individuen. Im Gegensatz zum allgemeinen Neid ist der besondere Neid nicht in realen Güterdifferenzen begründet. Es geht dabei vielmehr um Differenzen, die im einzelnen Fall von Individuen unbegründeterweise als Benachteiligungen aufgefasst werden und deshalb Neid auslösen. Diese Phänomene kritisiert Rawls – ebenso wie Kant – als Laster. Bei krassen Einkommensunterschieden hingegen sei der Neid, so Rawls, objektiv in Güterdifferenzen verwurzelt.

Rawls setzte sich auch mit dem Vorwurf von Helmut Schoeck[9] auseinander, dass die Tendenz zur Gleichheit in den neueren sozialen Bewegungen ein Ausdruck von Neid

horismenschneise • Aphorismenschneise • Aphorismenschneise • Aphorismenschneise • A

Wann kämen wir uns alberner vor – wenn wir kämpfen oder wenn wir beten müssten für uns?

In Würde lebt der Mensch nur, wo es ihn das Leben kostet, Eindruck zu machen.

Die Rohheiten der Vorgeschichte empören eine Welt, die ihre Feinde zu braten pflegt – sofern die Bomben treffen.

Gewohnheitsmensch heißt, wer nicht die Fortschritte von gestern hergeben will für die Barbareien von heute.

sei. Ebenso prüft er die Beobachtungen Sigmund Freuds, nach denen der Neid der Ursprung des Gerechtigkeitssinns sei: Was ursprünglich Neid und Eifersucht war, wird in ein soziales Gefühl umgewandelt, in einen Gerechtigkeitssinn, der Gleichheit für alle fordert. Freud veranschaulicht seine Beobachtungen an Kindern, die um die Aufmerksamkeit und Zuneigung ihrer Eltern konkurrieren. Freud zufolge entspringt die Konkurrenz aus Neid und Eifersucht. Rawls wendet dagegen ein, dass die Beschwerden der Kinder auf eine tatsächlich ungerechte Behandlung der Eltern zurückgehen könnten. Generell gesehen akzeptiert Rawls jedoch, dass die Energie, die den Gerechtigkeitssinn antreibt, aus dem Neid und der Eifersucht herrührt. Indem er behauptet, dass seine Theorie berechtigten Neid nicht fördert, lehnt er in dogmatischer Weise die Einwände von Freud und Schoeck ab, dass Theorien der Verteilungsgerechtigkeit auf den Neid zurückzuführen seien beziehungsweise ihre Anwendung diesen vermehrten.[10]

Der Rawls-Schüler Wilfried Hinsch verzichtet gänzlich auf eine moralische Differenzierung des Neids und erklärt diesen zum eindeutig positiven Regulativ sozialer Kooperation: „Neid setzt der Entstehung und der Präsentation materieller und immaterieller Privilegien gewissermaßen natürliche soziale Grenzen und trägt so zur Entstehung und zum dauerhaften Entstehen des Zusammenhalts sozialer Gruppen bei. Die Neider versuchen zu verhindern, dass Andere in den Genuss von bestimmten Gütern (Reichtum, Status, Macht, Freundschaft) gelangen, und regulieren dadurch den Grad sozial akzeptierter Ungleichheiten." Hinsch schließt die moralische Problematik des Neids als irrelevant aus. Andere Wohlfahrtstheoretiker wie zum Beispiel H. R. Varian oder der von Hinsch angeführte Ronald Dworkin kommen durch ihre Anerkennung der moralisch schlechten Qualität des Neids in eine Schieflage. Dworkin möchte die Neidvermeidung zum Kriterium für die Verteilungsgerechtigkeit machen. Er hält eine neidfreie Güterverteilung über Auktionen und Märkte für möglich, wenn die Gesellschaftsmitglieder gleiche Anteile an Tauschmitteln bekommen. Es ist jedoch leicht einzusehen, dass auch dann der Neid nicht ausgeschlossen werden kann. Wenn zum Beispiel alle eine Jacht bekommen, dann kann der eine Jachtbesitzer den anderen immer noch um das Erlebnis eines rauschenden Fests mit entsprechenden Gespielinnen an Bord beneiden. Auch wenn Dworkin sich in einen offenen Widerspruch hineinbewegt, so zeigt sich an seiner Theorie doch, dass die moralische Form des Neids ökonomisch und damit gesamtgesellschaftlich nicht irrelevant ist.[11]

Am Ende bleiben die Einwände von Aristoteles, Nietzsche, Schoeck und Freud nach wie vor aktuell: Die gegenwärtigen Theorien der Verteilungsgerechtigkeit können den Neid nicht durch ökonomische Verteilungen beseitigen und indem sie den Neid auf ein ökonomisches Problem reduzieren, übersehen sie die Bedeutung des Politischen. Globalisierung bedeutet globale Vergleichbarkeit der Lebenssituationen und hat globalen Neid zur Folge. Politik und Erziehung haben sicher die Aufgabe, Anlässe für den Neid gering zu halten – Neidlosigkeit ist indessen die Aufgabe der einzelnen

Persönlichkeit. Durch die überschwänglichen Hoffnungen, welche die „Neidaufklärer" auf Korrekturen durch den Markt hegen, übersehen sie, dass der Neid auch im „Menschlichen und Allzumenschlichen" verwurzelt ist.

Karl-Heinz Nusser ist Professor für Philosophie an der Universität Augsburg.

Zur Vertiefung empfohlen

– Nusser, Karl-Heinz: Neid. In: Historisches Wörterbuch der Philosophie. Herausgegeben von Joachim Ritter und Karl-Fried Gründer. Band 6, Spalte 695–706
– Nusser, Karl-Heinz: Neid. In: Theologische Realenzyklopädie. Band 24, Seite 246–254
– Zur Analyse der Ehrlichkeit des gegenwärtigen Ethos: Nusser, Karl-Heinz: Gemeinwohl und geistiges „Schwarzfahren". Zur Analyse der gegenwärtigen gespaltenen Moral. In: Buchheim, Th.; Schönberger, R.; Schweidler, W. (Hrsg.): Die Normativität des Wirklichen. Klett-Cotta Verlag 2002

Anmerkungen:

1. Kern, Otto: Die Religion der Griechen. Berlin 1935
2. Hirzel, R.: Themis, Dike und Verwandtes. Leipzig 1907
3. Hobbes, Thomas: Leviathan. Kapitel 17
4. Rousseau, Jean-Jacques: Discours sur l'origine illefondement de l'unigalité parmi les hommes. 1755
5. Descartes, René: Les passions de lame. Artikel 184
6. D'Alembert, Jean le Rond / Diderot, Denis: Enzyklopädie où dictionnaire raisonné des sciences, des arts et des métiers. Band 5, Seite 735
7. Marx, Karl / Engels, Friedrich: Ökonomisch philosophische Manuskripte (1844). In: Ergänzungsband. Berlin 1968, Seite 534
8. Nietzsche, Friedrich: Zur Genealogie der Moral. 4/3, Seite 200. Und: Menschliches, allzu Menschliches. Band II, 6/2, Seite 352. In: Kritische Gesamtausgabe. Herausgegeben von Colli / Montinari. 1967
9. Schoeck, Helmut: Der Neid, eine Theorie der Gesellschaft. 1966
10. Rawls, John: Eine Theorie der Gerechtigkeit. Deutsche Übersetzung. 1975, Seite 166 ff., Seite 575–587
11. Hinsch, Wilfried: Gerechtfertigte Ungleichheiten. Grundsätze sozialer Gerechtigkeit. 2002, Seite 285–287

Superheld

(von lat. super: (dar)über, von oben, jenseits, und dt. Held)

Superhelden sind seit Jahrzehnten die Hauptumsatzbringer der US-Comicindustrie und mittlerweile auch fester Bestandteil der Filmproduktion Hollywoods. Die bizarr gewandeten, in hautengen Kostümen für Gerechtigkeit streitenden Popkulturrecken blicken auf eine illustre Ahnenreihe. Sie kämpfen als moderne Varianten der antiken Götter, Halbgötter und Ungeheuerbezwinger. Übermenschlich mächtig, wandeln sie zwischen den Stunden von Kampf und Bewährung meist in täuschender Büromenschen- oder Studentengestalt unter ihren schutzbedürftigen Mitmenschen.

Der Wirkungsbereich der Superhelden ist die amerikanische Großstadt sowie der Kosmos bis hin zu den fernsten Sonnen, wobei Letzterer allerdings eher als der erweiterte Vorgarten der Städte erscheint. Das reale Krisenfeld Erde – der Bereich zwischen den US-Stadtstraßen und den Weiten der Galaxis – interessiert die Superhelden weniger; allenfalls als Ort, von dem Bedrohungen für Amerikas Städte ausgehen.

Superhelden sind meist ortsgebunden, also dem engeren Umfeld ihrer Tarnidentität treu. Der Superheld ist mithin auch ein düsterer Idylliker in Zeiten der grenzauflösenden Globalisierung, nämlich am liebsten mit seinen heimatlichen, nach der Weltherrschaft strebenden Superschurken beschäftigt. Er sieht sich als Kämpfer für Recht und Gesetz, für Zivilisation und amerikanische Werte, als Beschirmer der Menschheit angesichts kosmischer Bedrohungen und stets als Champion der Gerechtigkeit. Eine Organisation der Superhelden im Figurenuniversum des Verlags DC nennt sich denn auch „Justice League Of America" (Gerechtigkeitsliga von Amerika). Allerdings bleibt den Superhelden wenig Zeit, über das Wesen der Gerechtigkeit zu grübeln. Eine bedrängende Wirklichkeit unablässiger Keilereien schützt sie vor der Versuchung philosophischer Erkundungsgänge.

Die meisten Superhelden besitzen Kräfte, die jenseits unseres Verständnisses physikalischer Gesetzmäßigkeiten liegen. Mit ihrer proletarischen Körperbetontheit stellen sie die abstrakten Werte der Informationsgesellschaft in Frage. Superman etwa, der 1938 erstmals auftretende Pionier der Superhelden, besitzt eine unverwundbare Haut, enorme Muskelkraft, immens verfeinerte Sinne, die Fähigkeit, zu fliegen, einen Hitzeblick, der Stahl schmelzen, sowie einen Röntgenblick, der jede Wand durchdringen kann. Diese Allmacht birgt die Gefahr der Langeweile. Den Genreautoren war der mächtig geratene Erstling denn auch eine Lehre, und sie entwarfen die Nachfolger als spezialisierte Sonderlinge. Superman folgten die kämpfenden Fachidioten einer arbeitsteiligen Moderne, deren Spezialisten sich verwundbarer für Gefahren erwiesen als der universale Kämpe. Flash beispielsweise ist ein immens beschleunigter Mann. Er kann sich so schnell bewegen, dass die Welt um ihn her wie zu Stein erstarrt erscheint. Spiderman besitzt Sinne und Kräfte einer Spinne, kann Wände emporlaufen und an der Decke krabbeln. Daredevil ist blind, besitzt aber einen Radarsinn, der dem einer Fledermaus mindestens gleichkommt.

Dass Daredevil seine sonstigen Vorteile im Kampf nur rigorosem Akrobatiktraining zu verdanken hat, macht ihn zum Bindeglied zu jener Minderheit der Superhelden, die keine übernatürlichen Kräfte besitzen, sondern nur ihre natürlichen Anlagen über vertraute Rekordmaße hinaus trainiert haben. Nicht ihr Körper, sondern ihr Wille zum Körper ist übermenschlich. Batman, der prominenteste Vertreter dieser Gruppe, ist seit 1939 im Einsatz.

In allen Superheldenbiografien steckt ein Moment der Erwählung durch ein blindes Schicksal, waltende Vorsehung oder geheimnisvolle Mentoren. Aber innerhalb dieser Fremdbestimmtheit begegnen uns zwei Konzepte des Handelns. Das des Helden, der von besonderen Gaben geprägt und bestimmt wird, und jenes des Helden, der seine normalen Anlagen individuell ausprägt, um einer besonderen Bestimmung gerecht zu werden.

Unter Batmans Cape steckt der Multimillionär Bruce Wayne. Bei ihm wie bei den meisten seiner Kollegen und Kolleginnen ist die Vermummung im Kostüm nicht bloß nächtlicher, geheimer Teil des Lebens. Sie ist das eigentliche Leben. Mit Entdeckung oder Entwicklung der außergewöhnlichen Kräfte verkümmert das bürgerliche Leben des Superhelden zur bloßen Tarnexistenz. Oder, wie beim vermögenden Wayne, der seine ausgeklügelten Batwaffen und Supertechnologien aus den Gewinnen seines Unternehmens finanziert, zum dienstbaren Zweitleben, das der Beschaffung von Ressourcen dient.

Superhelden sind Gestalten der manchmal hadernden Hingabe. Sie symbolisieren eine vereinnahmende Berufung, einen höheren Daseinszweck, in ihnen drückt sich also eine religiöse Vorstellung aus – mag sein, auch nur eine traumtänzerische. Superhelden führen vor, dass unser inneres Leben der eigentlich wichtige Teil unseres Daseins ist. Bei ihnen stülpt sich nämlich das Fantasieleben, der kindliche Allmachtstraum, nach außen und wird zum wirkmächtigen, auch für die anderen bedeutsamen Existenzteil.

Die Erwählung des Helden ist mit Opfer und Schmerz verbunden. Erfüllende freundschaftliche oder sexuelle Beziehungen bleiben Superhelden meist verwehrt. In naiveren Comics früherer Jahrzehnte wurde dies gern mit der Gefahr begründet, ein Umfeld geliebter Menschen könne zur Zielscheibe der Superschurken werden. Später wurde darüber gegrübelt, ob die Einsamkeit des Helden nicht auch mit speziellen sozialen und emotionalen Prägungen durch seine Abenteuer und sein fortgesetztes Anderssein zu tun haben könnte. Dem Geschenk, der Gabe, der zusätzlichen Kraft stehen Verlust, Wegnahme und Verzicht gegenüber. Der Superheld bleibt menschlich, weil auch er der Deformation des Menschen durch seine Arbeit nicht entkommt.

Der Verlust der Normalität und die tiefe seelische Verwundung müssen keine Folge des Superheldentums sein, sie können dessen Anstoß sein. Bruce Wayne hat im Alter von acht Jahren miterlebt, wie seine Eltern bei einem Raubüberfall erschossen wurden. Das hat ein unstillbares Bedürfnis nach Rache geweckt. 1986 hat der Autor Frank Miller im unerhört erfolgreichen *The Dark Knight Returns* – erstmals landete ein Superheldencomic auf der Bestsellerliste der *New York Times* – neue Impulse gegeben. Er betonte die düstere, triebhafte, irrationale, traumatisierte Seite Batmans – und die psychopathischen Aspekte einer Gesellschaft, in der solche Helden aktiv sind. In Superheldencomics klafft auch da, wo er nicht thematisiert wird, ein schizophrener Spalt zwischen dem Reden über Gerechtigkeit hie und dem Durst nach Rache, der Selbstgewissheit der Helden, der Reflexhaftigkeit der Zielerfassung, der Kompromisslosigkeit gegenüber den Widersachern da.

Gerechtigkeit ist für die meisten Superhelden eine simple Angelegenheit, ein Teamsport. Gerechtigkeit herrscht, wenn die eigene Seite gewinnt. Die Comicindustrie hat schon aus Gründen des Markterhalts keine Illusionen über die Vorläufigkeit der Triumphe. Der Endsieg ist der Tod der Fortsetzung – jeder Triumph darf nur vorläufig sein. So erscheint das Comicuniversum als dualistischer Kosmos, in dem Superhelden und Superschurken wie Symbole für die in Balance zu bringenden Kräfte von Yin und Yang, des Guten und des Bösen, des Bejahenden und Verneinenden, des Sozialen und des Asozialen wirken.

Superhelden sind Kinder der großen Wirtschaftskrise, einer Epoche der Grenzverwischung und Unsicherheit. Die Rechtsunsicherheit der Prohibitionsära (Zeit des Alkoholverbots in den USA 1919–1933), in der brave, aber durstige Bürger dem organisierten Verbrechen jenes Geld über die Flüsterkneipentheke reichten, mit dem es dann Politik und Verwaltungen korrumpierte, wurde in der Wirtschaftskrise von der ökonomischen und ideologischen Ungewissheit noch übertroffen. Die Vorläufer der krisengeborenen Comicsuperhelden waren zwar schon in Groschenmagazinen und den Hörspielreihen des Radios aufgetreten. Aber zur Natur des Superhelden gehört das anschauliche Bild, die beständige Sichtbarmachung der Differenz von Heldentum und Normalität.

In ihren Anfangsjahren genügten Superman und Batman noch Gangster in Alltagskluft als Gegner. Der Zweite Weltkrieg kam dem Bedürfnis der Comicmacher nach dem Augenfälligen entgegen. Die Superhelden traten in ihren Kunstwelten gegen Hakenkreuz- und Totenkopfträger an. Das Böse lief nun ebenfalls in einer Uniform mit einschüchternder Signalwirkung herum. Dieser Zeichenwelt der Wirklichkeit entlehnt der Superheldencomic bis heute die Autorität seiner Schurkenkostüme. Das Böse will sich als Böses aus dem Alltag herausheben, sich tröstlich als dessen Gegenteil zu erkennen geben, so wie das Gute im Helden nach leuchtturmhafter Sichtbarkeit strebt.

Die grellen Kostüme, die an den Balzschmuck im Tierreich erinnern, weisen zudem auf einen Subtext der Supermärchen. Superhelden sind Symbole des (meist männlichen) sexuellen Erwachens. Ihre enormen körperlichen Transformationen, ihre manchmal unfreiwilligen Verwandlungserlebnisse, die Erektionen ihrer geheimen Talente, ihr Machtzuwachs, gekoppelt mit Ängsten vor Impotenz, also der Kastration ihrer Superfähigkeiten durch das andere Geschlecht der Superschurken, ihr Drang zur Durchsetzung gegen Rivalen spiegeln das pubertäre Ich- und Welterleben. Die Welt der Superhelden ist ein einziger Dauertumult, sie ähnelt einem von Hormonschüben geschüttelten Körper.

Schon in den Sechzigern und Siebzigern drang zwar der Geist der Gegenkultur in die Superheldencomics, und der ein oder andere Recke fragte sich gelegentlich, ob der Ist-Zustand seiner Gesellschaft wirklich verteidigenswert war. Aber bei der Mehrzahl der Leser kam die Frage, ob strukturelle Ungerechtigkeit nicht der größere Gegner als der ein oder andere verkleidete Schurke war, nie besonders an. Der Superheld soll eben nicht die ausgleichende Beherrschung widerstrebender gesellschaftlicher Kräfte demonstrieren, sondern im Kleinen die Beherrschbarkeit des rebellischen Körpers und im Großen die Durchsetzbarkeit der eigenen Vorstellungen von Gerechtigkeit gegen Widerstände und Passivität der Gesellschaft. Dass Superhelden im Kino Konjunktur haben, mag an den neuen Möglichkeiten der Bilderzeugungscomputer zur Darstellung ihrer Fähigkeiten liegen. Aber man darf auch nicht ausschließen, dass sich hier eine neue kollektive Sehnsucht nach Helden Luft macht, die statt mühseliger Konsensfindung entschlossenes Handeln praktizieren.

Thomas Klingenmaier ist Film- und Literaturkritiker der Stuttgarter Zeitung.

85

DER BLAUE REITER VON CANIA

RICHTER BEISSWENG

UNGEHEUER ??? DAS WAREN WINDMÜHLEN !!!!

RICHTER BEISSWENG

der
blaue
reiter

Stefan Baur

Bücherrätsel

I.

Wird Gerechtigkeit eingefordert, gibt es in der Regel ein konkretes Problem oder Anliegen. Philosophen werden dann konsultiert, wenn dem eigenen Anspruch eine allgemeine Begründung gegeben werden soll. Das erste zu erratende Buch, ziemlich bekannt und wirkungsmächtig, entstand aus politischen Gründen. Anlass war ein gewisser Übergriff von Landsleuten des Autors auf Angehörige einer wenn nicht verfeindeten, so doch konkurrierenden Nation. Als Jurist einer bedeutenden Handelsunternehmung sollte unser Autor eine Rechtfertigung dieses Übergriffs verfassen oder, besser gesagt, er sollte aufzeigen, dass der geschehene Raub durchaus gerecht(fertigt) gewesen sei. Kaum zu glauben, dass aus dieser wenig originellen und intellektuell scheinbar so wenig ergiebigen Situation geradezu ein klassisches Werk hervorgehen sollte. Wie weit es unserem Juristen gelang, seine Auftraggeber zufrie-

den zu stellen und inwiefern er die Gegenseite beeindruckte, wissen wir für den speziellen Fall kaum mehr zu sagen. Auf anderem Weg sollte das so entstandene Gutachten aber außerordentliche Wirkung entfalten, denn ein Teil daraus wurde gedruckt und fand seinen Weg in den bleibenden Fundus der Philosophie.

Wie angedeutet ging es um Besitzfragen, genauer um solche, die den Handel ganzer Nationen betreffen. Die Grundsätze, nach denen der Autor das Thema verhandelte, beruhten auf einer verbreiteten (aber umstrittenen) Annahme, dass nämlich bestimmte Besitz- und Rechtsverhältnisse von Natur aus gegeben seien und sich der Willkür von Personen oder Gesetzgebern entzögen. Selbst wenn der Papst persönlich eine Verfügung trifft, hängt deren Rechtmäßigkeit demnach davon ab, ob sie mit dem natürlichen Recht in Einklang steht. Überflüssig zu sagen, dass genau dies geschehen war, wenn auch rund anderthalb Jahrhunderte vor

Erscheinen der gesuchten Schrift. Die Folgen jenes päpstlichen Akts, seinerzeit eine nicht unkluge Frieden stiftende Maßnahme, sorgten zu Lebzeiten des Autors für ständige Auseinandersetzungen, die sich zwar weit entfernt von den Hauptstädten der Konkurrenten abspielten, nichtsdestotrotz aber ein politisch-diplomatisches Problem erster Güte waren.

Unser Autor, der hohe Ämter bekleidete und in den komplizierten politisch-religiösen Konstellationen seiner Zeit letztlich Schiffbruch erlitt (er musste aus seiner Heimat flüchten), legte seine Doktrin später genauer und vollständiger in einem anderen, dreibändigen Werk nieder. Dieses Werk gilt als Grundlegung für eine bis heute äußerst bedeutende Kontroverse darüber, wie Gerechtigkeit zwischen Staaten und Völkern zu verstehen sei. Gesucht ist aber jener Titel, der unter anderem für die so seltsam scheinende Frage wie die nach der Rechtmäßigkeit von Butterfahrten auch heute noch von großer theoretischer Bedeutung ist.

2.

Bestimmt haben Sie sich schon gefragt, ob es bei der Auswahl der hier zu erratenden Bücher eigentlich gerecht zugehe. Gewiss eine schwierige Frage, denn was wäre denn eine gerechte Auswahl? Sollte Alter, Geschlecht des Autors, Entstehungsort, Hauptthema oder die Position des Titels im Alphabet Kriterium dafür sein, was als Nächstes zu erraten ist? Oder ist es generell ungerecht, ehrbare Werke in die Niederungen dieser Rubrik zu zerren? Für diese Ausgabe schlage ich eine andere Definition des gerechten Rätsels vor: Da meine Wenigkeit Zeit und Aufmerksamkeit in das zu erratende Werk investieren muss, ist es nur gerecht, wenn ich mir einfach eines aussuche, selbst wenn das nach Willkür schmeckt.

Ganz in diesem Sinn ist der traditionell schwierigere zweite Rätselteil einem Büchlein (will sagen, einem wenig umfangreichen Buch) gewidmet, das nicht im engeren Sinn ein philosophisches ist. Dafür geht es in dieser Schrift – eigentlich eine gewaltige Anklage – um eine große, fortgesetzte Ungerechtigkeit, begangen vor recht langer Zeit, sogar vor dem Erscheinen des oben beschriebenen Werks.

Geschrieben wurde es von einem Augenzeugen, einem Dominikaner aus gutem Haus, der einen großen Teil seines Lebens im Kampf gegen das von ihm miterlebte Unrecht zubrachte: „Ich ... ward durch Gottes Barmherzigkeit bewogen, mich an den ... Hof zu verfügen, und daran zu arbeiten, ... damit jene unzählbaren Seelen, die Jesus Christus mit seinem Blute erlösete, nicht rettungslos und auf ewig verloren gehen, sondern vielmehr ihren Schöpfer erkennen, und selig werden möchten."

Bevor er diese letztlich nur mäßig erfolgreiche Arbeit aufnahm, die in der gesuchten Schrift ihren dauerhaften Niederschlag fand, „verfügte" sich der Autor in entlegene Gegenden fern seiner Heimat. Dort lernte er Verhältnisse und Gewohnheiten kennen, die ihn zunehmend erschreckten und abstießen, obwohl er ursprünglich einer ihrer Nutznießer gewesen war. Nach langen Aufenthalten in verschiedenen betroffenen Regionen, während derer er einheimische Sprachen lernte und sich eingehend mit den Verhältnissen der Region vertraut machte, verfasste er die gesuchte Schrift als Anklageschrift mit dem Ziel, ebendiese Verhältnisse zu ändern. Das war ein schwieriges und politisch gefährliches Unterfangen, denn er griff einflussreiche Personen an und zog wichtige Institutionen seines Herrschers in Zweifel: Seit vierzig Jahren haben die Beschuldigten unter den Opfern „nichts anderes getan, und noch bis auf den heutigen Tag tun sie nichts anderes, als dass sie dieselben zerfleischen, erwürgen, peinigen, martern, foltern, und sie durch tausenderlei eben so neue als seltsame Qualen ... auf die grausamste Art aus der Welt vertilgen". Kein Wunder, dass die Lektüre keine vergnügliche ist, denn der Autor spart nicht mit drastischen Beispielen, zeittypisch übertriebenen (doch auch korrigiert noch grausigen) Zahlen und Schilderungen, die bis heute schwer erträglich sind.

Wer sich für die Frage nach der Gerechtigkeit interessiert, mag hier wenig philosophische Argumente finden, aber doch einen erschütternden Beleg dafür, dass Auffassungen über Gerechtigkeit keineswegs weltfremde Spielerei sind, sondern über Leben oder den Tod vieler entscheiden können. In diesem Sinn ist das Buch auch immer wieder herangezogen worden, gleichsam als Mahnung, Beispiel und Illustration dazu, was es mit Gerechtigkeit oder eben Ungerechtigkeit auf sich hat.

Lösung des Bücherrätsels der 18. Ausgabe:

Gesucht wurde nach Albert Einsteins Arbeit *Zur Elektrodynamik bewegter Körper*, erschienen 1905 in den *Annalen der Physik*. Darin legt Einstein die wesentlichen Prinzipien der (speziellen) Relativitätstheorie dar, samt weiterreichender Schlussfolgerungen und Anwendungen (bis hin zum berühmten „$E=mc^2$"). Ausgehend von der Konstanz der Lichtgeschwindigkeit unabhängig vom Bewegungszustand eines Beobachters gelangt Einstein gleich zu Beginn zur Relativierung von Zeit und Gleichzeitigkeit, was den – zugegebenermaßen etwas hergeholten – Zusammenhang zum Thema „Erinnern" bildet.

Lösung des Schriftenrätsels der 18. Ausgabe:

Abgebildet war eine handschriftliche Notiz von Martin Heidegger für einen Beitrag zur *Encyclopaedia Britannica* von 1927.

Haben Sie Probleme philosophischer Art?

Dr. B. Reiter sorgt für Aufklärung!

Es gibt keine Frage, zu der er nicht die passende Antwort hätte.

Wenden Sie sich vertrauensvoll an unseren Spezialisten für philosophische Aufklärung.

Sehr geehrter Herr Dr. B. Reiter,

...können Sie mir bitte Näheres über den Begriff und Inhalt von „Nachhaltigkeit" sagen? Woher kommt er, wer hat ihn zuerst in seiner Bedeutung gebraucht? Ist er inhaltlich neu oder hat er Wurzeln in der Vergangenheit (Indianer?)...

Liselotte Kleine, Eddigehausen

Sehr geehrte Frau Kleine,

der Begriff Nachhaltigkeit lässt sich im deutschen Sprachraum erstmals bei Jeremias Gotthelf in der Schrift *Erzählungen und Bilder aus dem Volksleben der Schweiz* (1850–1855) nachweisen: „...dann legten sie sich auf ihr tagewerk, lagen ihm auch mit groszem fleisz und staunenswerther nachhaltigkeit ob...". Das Adjektiv „nachhaltig" findet sich erstmals 1844 in dem von Friedrich Benedikt Werner herausgegebenen Werk *Allgemeines deutsches terminologisches ökonomisches Lexicon und Idioticon*: „...eine nachhaltige wirkung des bades..."

Angesichts des zunehmenden Verbrauchs unwiederbringlicher natürlicher Ressourcen, erfuhr mit dem Aufkommen der Ökologiebewegung in den 1970er-Jahren der ursprünglich unspezifische Sinn von Nachhaltigkeit – dauerhaft, lang anhaltend – eine Eingrenzung auf den Bereich der Wirtschaft. Das positiv besetzte Prädikat „nachhaltig" wird seitdem Wirtschafsformen zugeschrieben, die ohne den Verbrauch ihrer Ressourcen auskommen. Im Bereich der Forstwirtschaft zum Beispiel spricht man dann von Nachhaltigkeit, wenn nicht mehr Bäume gefällt werden, als jeweils nachwachsen. Zur gleichen Zeit wurden Begriffe wie „nachwachsende Rohstoffe" oder „regenerative Energien" geprägt.

Fälschlicherweise wird das Konzept der Nachhaltigkeit oft den scheinbar im Einklang mit der Natur lebenden Indianern Nordamerikas zugeschrieben. Unrichtig ist die Zuschreibung deshalb, weil die so genannten Indianer nicht, wie die Aussteiger heutiger Tage gerne glauben möchten, aus religiösen, esoterischen, mythologischen oder philosophischen Beweggründen in Harmonie mit der Natur lebten, sondern notgedrungen.

Sofern sie nicht zu Grunde gehen wollten, mussten sie nachhaltig wirtschaften (dies galt im Übrigen auch lange Zeit für die Agrargesellschaften Europas)!

Philosophie, Mythologie und Ethik sind keine primären, sondern sekundäre Errungenschaften, das heißt, sie passen sich den jeweiligen wirtschaftlichen Erfordernissen an. Der Religion kommt in diesem Zusammenhang die Funktion zu, Verhaltensregeln für Unverständige verbindlich zu machen. Viele Verwerfungen unserer Zeit liegen darin begründet, dass die Menschen im westlichen Kulturkreis eine immer höhere Lebenserwartung haben und sich mithin die Dogmen der Religionen nicht so schnell wandeln wie die wirtschaftlichen und technischen Entwicklungen dies erfordern würden beziehungsweise ermöglichten. Papst Johannes Paul II. ist ein lebendes Beispiel für diese These.

Auf Grund ihrer geringen durchschnittlichen Lebenserwartung konnten es sich viele Naturvölker auch leisten, heute so alles andere als nachhaltig anmutende Praktiken wie die Brandrodung im Regenwald zu praktizieren. Quasi von Natur aus kann es nie so viel von ihnen geben, dass aus deren Wirtschaften Ozonlöcher, Klimaerwärmungen oder Ähnliches resultieren könnten. Ähnliches gilt für die Bisons jagenden Indianer Nordamerikas. Hätten diese eine ähnliche Bevölkerungsentwicklung wie die Europäer gehabt, wäre der letzte frei lebende Bison mit Pfeil und Bogen und nicht mittels Winchestergewehren niedergestreckt worden.

Nur allzu oft wird verdrängt, dass erst moderne Technik und Medizin es den westlich geprägten Gesellschaften ermöglichen, Sünden gegen die so genannte Nachhaltigkeit zu kompensieren und Natur nicht nur zu nutzen, sondern zu konsumieren. Nur weil es Insulin vom Internisten gibt, können wir uns falsche Ernährungsgewohnheiten leisten, und nur dank der Dünger und Pestizide von Bayer und BASF können riesige Monokulturen gedeihen.

Dass es in westlich geprägten Kulturkreisen so schwierig ist, den Nachhaltigkeitsgedanken zu verankern, liegt auch in der Erlösungsvorstellung der westlichen Leitreligion, dem Christentum, begründet. Derweil Christen auf Erden wandeln, sind sie gehalten, sich die Erde untertan zu machen. Während viele indigene Völker an eine Wiedergeburt glauben, mithin die

„Schöpfung" für ihr wiedergeborenes Ich zu hegen bemüht sind, vollendet sich die irdische Mühsal für Christen und Muslime gleichermaßen im Tod und im erhofften Einzug ins Paradies. Die Wendung vom „Erhalt der Schöpfung", die Parole vieler christlich motivierter Naturschützer, ist eine moderne Erscheinung, die erst in den Auseinandersetzungen um die Kernenergie in den 1980er-Jahren aufkam.

Eine philosophische Manifestation erfuhr der christliche Endzeitgedanke in der Philosophie des ehemaligen Messnerbuben Martin Heidegger. Dessen Denken gipfelt in der Vorstellung des Lebens als eines „Seins zum Tode". Das Dasein, so Heidegger in *Der Begriff der Zeit*, „ist ein Vorlaufen des Daseins zu seinem Vorbei". Während Montaigne mit seinem Ausspruch „Philosophieren heißt sterben lernen" das Überwinden des Todes im Denken zum Programm erhob, war die bewusste Gegenwärtigkeit des Todes für den Meisterdenker die Art und Weise des Lebensvollzugs, „das Wie meines Daseins schlechthin".

Ein derartig morbides Leben, ein Sterben von Geburt an, ist für Johann Gottlieb Fichte ein „Scheinleben". Im Gegensatz zum wahrhaftigen Leben, das notwendig in alle Ewigkeit bleibt, so Fichte in seiner Schrift *Die Anweisung zum seligen Leben, oder auch die Religionslehre*, verschlingt und verzehrt im Scheinleben „jeder künftige Moment den vorhergegangenen; und so wird das Scheinleben zu einem ununterbrochenen Sterben, und lebt nur sterbend und im Sterben".

Hans Jonas, der in vielen Diskussionen als Begründer des modernen Prinzips der Nachhaltigkeit genannt wird, schreibt in *Das Prinzip Verantwortung. Versuch einer Ethik für die technologische Zivilisation*: „Ein Imperativ (Aufforderungs-, Sollenssatz), der auf den neuen Typ menschlichen Handelns paßt und an den neuen Typ von Handlungssubjekt gerichtet ist, würde so lauten: ‚Handle so, daß die Wirkungen deiner Handlung verträglich sind mit der Permanenz echten menschlichen Lebens auf Erden' ... oder einfach: ‚Gefährde nicht die Bedingungen für den indefiniten Fortbestand der Menschen auf Erden'." Die Forderung, dass die menschliche Gegenwart eine Fortsetzung erfahre, ist dem kategorischen Imperativ Kants („Handle nur nach derjenigen Maxime, durch die du zugleich wollen kannst, dass sie ein allgemeines Gesetz werde"), so Jonas, nicht zu entnehmen: „Es ist ein außer ihr und ihr vorausliegendes Gebot ganz anderer Art und letztlich nur metaphysisch zu begründen." Dem lässt sich nicht widersprechen, denn aus welchem logischen Grund heraus sollte menschliches Leben auf der Erde andauern?

Solchermaßen philosophisch zugerüstet, ist es an der Zeit, sich dem Denken des eigentlichen Vaters des Nachhaltigkeitsgedankens zuzuwenden: Aristoteles. In dessen *Nikomachischer Ethik* heißt es: „Man darf aber nicht jener Mahnung Gehör geben, die uns anweist, unser Streben als Menschen auf Menschliches und als Sterbliche auf Sterbliches zu beschränken, sondern wir sollen, soweit es möglich ist, uns bemühen, unsterblich zu sein..." (1177b Zeile 37–39) Diese „Grundlegung zu einer Idee der Nachhaltigkeit" ist

kein absolute Gültigkeit fordernder Imperativ, keine abstrakte Maxime und auch keine nur unter Berufung auf religiöse Dogmen zu begründende Aufforderung des Erhalts natürlicher Ressourcen für zukünftige Generationen, sondern die schlichte Aufforderung, so zu leben, als müsste man die Folgen seines Handelns auch tatsächlich selber tragen. Denn wer kann mit letztlicher Sicherheit sagen, dass er sterben wird? Sir Raimund Popper hat es am Beispiel der weißen und schwarzen Schwäne hinreichend deutlich gemacht: Allein aus der Tatsache, dass nur sterbliche Menschen (respektive weiße Schwäne) bekannt sind, kann nicht zwingend geschlossen werden, dass nicht auch unsterbliche Menschen (respektive schwarze Schwäne) existieren.

Allen selbstmordgefährdeten, todeswütigen Anhängern Heideggers kann hier, frei nach Aristoteles, nur mit Nachdruck entgegengehalten werden: Leben heißt nicht, sich sein Leben von Geburt an durch den Tod bestimmen zu lassen. Leben heißt auch nicht, Sterben lernen – Leben heißt (ewig) leben lernen!

Noch Fragen? Fragen Sie Dr. B. Reiter!

Illustration:
CANIA

89

Johann S. Ach / Christa Runtenberg

Krummelus- und andere Pillen

Die Frage nach menschlicher Unsterblichkeit

„Nichts steht so finalistisch wie er am Ende, und nichts zerschmettert zugleich den Subjekten der historischen Zwecksetzung ihre Arbeit so antifinalistisch zum Fragment" wie der Tod, schreibt Ernst Bloch. Und weiter: „Die Kiefer des Todes zermalmen alles, und der Schlund der Verwesung frisst jede Teleologie (siehe Erläuterung), der Tod ist der große Spediteur der organischen Welt, aber zu ihrer Katastrophe."[1]

Kein Wunder daher, dass die Menschen seit je danach streben, sich „mit dem Kadaver nicht zufriedenzugeben" und die Träume von ewigem Leben, von Unsterblichkeit und postmortaler Weiterexistenz träumen – sei es in mythischer, religiöser oder theologischer Gestalt.

Sollten wir nicht alle uns zur Verfügung stehenden Mittel nutzen, die eine Abschaffung des Todes als äußerste Grenze menschlichen Daseins oder zumindest eine drastische Verlängerung unserer üblichen menschlichen Lebenserwartung versprechen? Wäre es nicht schön, wenn wir unsterblich wären?

Eugen Roth beantwortete diese Fragen mit einem Vierzeiler:

„Ein Mensch schaut in der Straßenbahn
der Reihe nach die Leute an.
Jäh ist er zum Verzicht bereit
auf jede Art Unsterblichkeit."

Wir werden stattdessen elf zentrale philosophische Argumente zum Thema erörtern.

Offenbar ist die Unsterblichkeit, die wir uns wünschen, an bestimmte Voraussetzungen geknüpft. Das zeigt beispielsweise das **Highlander-Argument**. Der Highlander, im gleichnamigen Film gespielt von Christopher Lambert, ist unsterblich. Seine Freunde und Gefährten sterben im Lauf der Jahrhunderte immer wieder dahin, immer wieder muss er sich verabschieden. Fast unerträglich aber wird sein Los, als seine große Liebe Heather in den schottischen Highlands in seinen Armen stirbt. Der Highländer: schön, stark und jung, trägt seine geliebte Frau: alt, gebrechlich und grau, hinauf in die Berge, wo sie stirbt. Natürlich nicht, ohne ihn aus ihren jung gebliebenen Augen noch einmal voller Liebe anzublicken. Müssen wir noch mehr sagen?

Niemand will als einziger Unsterblicher immer wieder zurückgelassen werden. Mit uns sollen auch unsere Mitmenschen unsterblich sein. Vielleicht nicht unbedingt alle; aber zumindest doch einige.

Doch nicht nur das. Wir wollen darüber hinaus auch nicht, dass die Programmmacher der unendlichen Jahre, die vor uns liegen, ihr Handwerk bei Kabel 1 gelernt haben. Warum das so ist, hat Nietzsche in deutlichen Worten klar gemacht: Dieses Leben, so Nietzsche, „wirst du noch einmal und unzählige Male leben müssen, und es wird nichts Neues daran sein, sondern jeder Schmerz und jede Lust und jeder Gedanke und Seufzer und alles unsäglich Kleine und Grosse deines Lebens muss dir wiederkommen, und alles in derselben Reihe und Folge – und ebenso diese Spinne und dieses Mondlicht zwischen den Bäumen, und ebenso dieser Augenblick und ich selber. Die ewige Sanduhr des Daseins wird immer wieder umgedreht – und du mit ihr, Stäubchen vom Staube."[2] Und täglich grüßt das Murmeltier – nur ohne Andie MacDowell und ohne Happy End? Dass an dieser Vorstellung nichts „Fröhliches" ist, liegt auf der Hand. Da gibt es viel zu vieles in unserem Leben, worauf wir schon beim ersten Mal hätten dankbar verzichten können. Unser Leben, so das **Murmeltier-Argument**, soll daher keine ewige Wiederkehr des Gleichen sein, sondern ein unabgeschlossener Raum für immer neue Erlebnisse und Erfahrungen.

Das gilt aber nur für ganz bestimmte Erfahrungen, wie das **Mimsy-Porpington-Argument**, das sich gegen die verschiedenen Theoretiker einer Unsterblichkeit der Seele und insbesondere gegen Kant richtet.

Dieser hatte die Unsterblichkeit der Seele zu einem Postulat der praktischen Vernunft erhoben. Denn, so hatte Kant messerscharf geschlossen, wenn Vollkommenheit praktisch notwendig ist, von endlichen Wesen, wie wir es nun einmal sind, aber in diesem Leben nicht erreicht werden kann, dann müssen wir uns eine Fortsetzung ins Unendliche als möglich denken. Dieser unendliche Progressus aber sei, so Kant weiter, „nur unter der Voraussetzung einer ins Unendliche fortdauernden Existenz und Persönlichkeit desselben vernünftigen Wesens (welche man die Unsterblichkeit der Seele nennt) möglich."[3]

Tatsächlich ist die Unsterblichkeit zumindest der Seele besser als nichts. Das sieht auch Giacomo Casanova so; dennoch ist ihm die Aussicht auf die Unsterblichkeit der Seele zu unsicher und zu riskant, um sie in seinen Lebensplan zu integrieren:

„Da ich mich also erst nach meinem Lebensende in der vollkommenen Gewißheit wiegen darf, unsterblich zu sein, wird man mir verzeihen, wenn ich es nicht eilig habe, zur Erkenntnis dieser Wahrheit zu gelangen. Eine Wahrheit, die das Leben kostet, ist zu teuer erkauft."[4]

Vor allem aber ist sie eben auch nicht alles, wie Sir Nicholas de Mimsy-Porpington, Hausgeist von Gryffindor, anlässlich eines der zahlreichen Banketts auf Hogwarts deutlich gemacht hat:

„,Ich habe seit fast vierhundert Jahren nichts mehr gegessen‘, sagte der Geist. ,Ich muss natürlich nicht, aber man vermisst es ja doch.‘"[5]

Was der „Fast Kopflose Nick", wie er auch genannt wird, damit sagen will, ist offenbar Folgendes: Wir wollen nicht als körperlose Seelen, als gespenstische Schatten oder Datenspuren durch Galaxien, Schlösser oder virtuelle Datenräume huschen. Wir wollen unsere Unsterblichkeit in Fleisch und Blut erleben – und mit allen Sinnen genießen.

Dabei interessiert uns die Zeit vor unserer Geburt, oder genauer: die Zeit vor dem Beginn unserer Existenz, herzlich wenig. Nicht nur ist uns die Zeit vor unserer Existenz egal, sagt das **A-parte-post-Argument**, sondern: Wir wollen überhaupt keine Präexistenz. Zwar mag es sein, dass „Unendliche Dauer a parte post und Nichts a parte ante … nicht zusammen"[6] gehen, wie Schopenhauer meinte, der dem Christentum aus ebendiesem Grunde Inkonsequenz vorwarf. Tatsächlich aber, so unsere These, wollen wir, wenn wir Unsterblichkeit wollen, genau diese Inkonsequenz: Dass unser Leben einen Anfang hat, nur eben bloß kein Ende.

Können wir wirklich wollen, in diesem Sinne unsterblich zu sein? Folgt man dem ebenso komplexen wie prominenten **Was-Gott-tut-das-ist-wohl-getan-Argument**, dann muss man diese Frage ohne Wenn und Aber verneinen. Gott hatte gute Gründe, so das Argument, eine Welt sterblicher Wesen zu schaffen. Dabei handelt es sich, wie der Oxforder Religionsphilosoph Richard Swinburne ausführt, um die folgenden fünf[7]:
Erstens beweist Gott, indem er seine Geschöpfe sterblich macht,

dass er ihnen Vertrauen entgegenbringt. Wer einem Menschen ein Gewehr überlässt, so Swinburne, schenkt ihm damit großes Vertrauen. Wie groß muss dann erst das Vertrauen Gottes in den Menschen sein, da er sie doch sterblich machte und ihnen damit die Fähigkeit zu Mord und Totschlag gab?

Zweitens gibt es in einer Welt ohne Tod nicht die Möglichkeit des größtmöglichen Opfers seiner selbst

und des Mutes angesichts größter Bedrängnis. Wer würde noch den Einsatz von Winnetou, James Bond oder der Männer von Cobra 11 bewundern, würden diese zur Rettung wildfremder Lebewesen nicht ihr Leben aufs Spiel setzen?

> **Sich bei selbst Unberühmten berühmt und bei selbst Sterblichen unsterblich zu machen, stellt keine sehr reelle Investition dar.**

Drittens kommt dem Handeln in der Welt, in der es den Tod gibt, ein besonderer Ernst zu; denn es lässt sich nicht so leicht korrigieren. Seien wir ehrlich: Die Formel 1 wäre bei bekannter Unsterblichkeit der Teilnehmer nur noch halb so schön.

Viertens hätte die jüngere Generation in einer Welt, in der Menschen zwar geboren werden, nicht aber sterben, niemals einen großen Freiraum. Dieses Argument sieht jeder sofort ein, der schon mal Eltern hatte.

Fünftens würde es in einer Welt ohne Tod keine Grenzen hinsichtlich der Qualen geben, die einem zugefügt werden können. Indem Gott die Menschen sterblich machte, sorgte er dafür, dass die Hölle auf Erden, die unsere Mitmenschen uns bereiten, zeitlich befristet ist. Das Leben ist keine ewige, sondern bloß eine zeitliche Strafe.

Gott hatte also fünf Gründe, eine Welt zu schaffen, in der es Geburt und Tod gibt. Weil eine solche Welt für uns die Beste aller möglichen Welten ist und er nur unser Bestes will.

Ein weiteres wichtiges Argument gegen die Unsterblichkeit jedoch fehlt bei Swinburne und wird auch in der philosophischen

91

Literatur zumeist nicht erwähnt – mit der löblichen Ausnahme von Ekkehard Martens[8] – das **Fundamentum-in-re-Argument**.

Generationen von Schülern und Studenten haben unter erheblichen Mühen gelernt, dass, wenn alle Menschen sterblich sind, und Sokrates ein Mensch ist, Sokrates also sterblich ist. Warum akzeptieren sie diesen Schluss? Seien wir ehrlich: In der Regel doch wohl

> **„Dass der lange planende Mensch abfährt wie Vieh" und alles tut, sich „mit dem Kadaver nicht zufrieden zu geben, ist auch gleichsam witzig".**
> Ernst Bloch

Illustration:
Pippi & Sokrates
Entnommen aus:
Gaare, J.; Sjaastad, Ø.: Pippi & Sokrates. Philosophische Wanderungen durch Astrid Lindgrens Welt. Verlag Friedrich Oetinger, Hamburg 2003

nur, weil sie die erste Voraussetzung für überzeugend und die Folgerung für nicht weiter erschütternd halten. Glaubt im Ernst jemand, sie würden auch einen Syllogismus

Alle Menschen sind unsterblich.
Sokrates ist ein Mensch.
Also ist Sokrates unsterblich.

– und sei er noch so richtig – akzeptieren? Anders ausgedrückt: Eine Welt der Sterblichen ist auch – und gerade – aus logischen Gründen die beste aller möglichen Welten.

Eingangs war von Nietzsche, dem Erfinder des „Übermenschen", und seinem Gedanken einer ewigen Wiederkehr des Gleichen die Rede. Eine Vorstellung, die wir mit Hilfe des Murmeltier-Arguments als nicht wünschenswert ausgeschieden haben. Nun wird es Zeit, endlich auch über den „kleinen Übermenschen in Kindergestalt" zu sprechen. So zumindest nennt ihre Biografin die vielleicht wichtigste, auf jeden Fall aber stärkste Philosophin der Neuzeit. Es wird also Zeit über Pippilotta Viktualia Rollgardina Pfefferminza Efraims Tochter Langstrumpf zu sprechen. Denn ihr, und nur ihr, haben wir das für unseren Zusammenhang so wichtige **Krummelus-Argument** zu verdanken.

Bekanntlich endet die Geschichte von Pippi– oder endet eben gerade nicht – wie folgt:

„Die Sterne leuchteten über dem Dach der Villa Kunterbunt. Dort war Pippi. Sie würde immer dort sein. Es war wunderbar, daran zu denken. Die Jahre würden vergehen, aber Pippi und Thomas und Annika würden nicht groß werden. Natürlich nur, wenn die Kraft aus den Krummeluspillen nicht herausgegangen war! ... Ja, das war ein wunderbar tröstlicher Gedanke – Pippi würde für immer in der Villa Kunterbunt bleiben."[9]

Krummeluspillen haben eine frappierende Ähnlichkeit mit gelben Erbsen. Sie müssen in einem dunklen Zimmer eingenommen werden, sollen sie wirken, wobei folgender Zauberspruch aufgesagt werden muss:

„Liebe kleine Krummelus,
niemals will ich werden gruß."

„Gruß", nicht „groß" – sonst kommt es zur Katastrophe. In der rechten Weise eingenommen, retten sie für alle Zukunft vor der Zerstörung des Alters, davor, „gruß" und langweilig zu werden. Und das ist es doch, was wir wollen, wenn wir uns als unsterblich vorstellen oder jedenfalls als ziemlich langlebig: Nicht gerade als 12-jähriges Kind, auch die Pubertät darf ruhig schon hinter uns liegen und der erste Liebeskummer. Aber doch als jung und stark, als neugierig und gesund, als schön und klug ... Bernard Williams übrigens plädiert für 42 Jahre: „Ich persönlich bin im Augenblick geneigt ... diese Entscheidung gutzuheißen; wenn man die Ewigkeit schon in irgendeinem bestimmten Alter verbringen muss, so scheint dies ein großartiges Alter dafür zu sein." Und ergänzt: „Auch für eine Frau braucht dieses Alter nicht unbedingt weniger gut zu sein."[10]

Wir wollen jedenfalls nicht groß werden. „Nein, darum muss man sich wirklich nicht reißen", wie Pippi Langstrumpf klar macht:

„Große Menschen haben niemals etwas Lustiges. Sie haben nur einen Haufen langweiliger Arbeit und komischer Kleider und Hühneraugen und Kumminalsteuern."[9]

Auch für diejenigen, die Unsterblichkeit nicht wirklich wollen, bleibt doch immer noch die Frage, ob es nicht wünschenswert wäre, ein bisschen länger zu leben, als derzeit bei uns Menschen üblich. Andere sind uns hier offenkundig weit voraus – wie zum Beispiel Mammutbäume, Riesenschildkröten, Nessie und vermutlich auch die Oma des kleinen Königs Dezember.

Zur Erfüllung des Wunsches nach Langlebigkeit stehen uns heute eine Reihe von Techniken zur Verfügung. Manche davon sind allerdings problematisch. So kann man die Lebenserwartung männlicher Tiere beispielsweise dadurch erhöhen, dass man ihre Genitalien entfernt. Andere dagegen sind derzeit noch nicht ausgereift: So ist zum Beispiel die Idee, das Altersgen zu manipulieren, zwar interessant; allerdings ist über die genetischen Ursachen des Alterungsprozesses derzeit noch viel zu wenig bekannt, als dass man sich ernstlich Hoffnung machen könnte. Einstweilen, so der Rat von Ernst-Ludwig Winnacker, bleibt uns nichts anderes übrig, als bei der Auswahl der Eltern entsprechend sorgfältig zu sein, will man seine Lebenserwartung erhöhen.[11] Wieder andere Techniken zur Lebensverlängerung werden zwar praktiziert, sind aber nicht wirklich Erfolg versprechend. Es gibt zum Beispiel Menschen, die sich unmittelbar nach ihrem Tod einfrieren und in diesem Zustand in einer Art Kühlschrank für die Zukunft aufbewahren lassen. Je nach Geldbeutel kann man zwischen verschiedenen Optionen wählen. Entweder man lässt seinen ganzen Körper mit verschiedenen Konservierungsmittel behandeln, in einer computergesteuerten Anlage auf minus 78 Grad Celsius abkühlen und anschließend in einem Kühltank einfrieren. Oder man trennt den Kopf des Betroffenen nach der Behandlung mit Konservierungsmitteln vom Rumpf und friert nur diesen ein. Der ideale Fall wäre, so ein Kryonisierungstechniker, „einen Menschen so perfekt zu konservieren, dass keinerlei Schäden entstehen, dass keine Erinnerungen verloren gehen und das Gehirn komplett funktioniert. Wenn uns das gelingt, dann haben wir denselben Menschen wieder erschaffen. Sollte es aber so sein, dass wir einen Menschen nur genetisch wiederherstellen können, dann ist auch das immerhin ein kleiner Sieg über den Tod, und viele von uns sind gewillt, zumindest diesen Versuch zu wagen."

Kryoniker setzen ihre Hoffnung darauf, dass nachfolgende Generationen die Kryokonservierung fortsetzen und sie eines fernen zukünftigen Tages wieder aufgetaut und mit den Mitteln einer dann zur Verfügung stehenden Medizintechnologie zurück ins Leben geholt werden. Der Gedanke, der all diesen Ideen Pate steht, ist ebenso einfach wie verbreitet und wird von Hans Jonas wie folgt formuliert:

„Das Leben ist ein Gut – und daraus schließen wir: je mehr davon, desto besser; und diese Forderung setzten wir mit dem Gedanken gleich: je länger Leben währt, desto besser."[12]

Natürlich ist auch dieser Schluss – falsch. Das jedenfalls sagen das **Elina-Makropulos-** und das **Machen-Sie-Speicher-frei-Argument**.

Ersteres Argument spielt auf eine Frau namens Elina Makropulos an. Der Vater dieser Frau hatte an ihr ein Lebenselexier ausprobiert. Elina war mit Hilfe des Elexiers 342 Jahre alt geworden, bevor sie sich weigerte, das Elexier weiter einzunehmen und daraufhin in einem Zustand der Langeweile, Gleichgültigkeit und Kälte starb. Mit anderen Worten: Elina Makropulos gibt mit ihrem Schicksal der Einsicht Ludwig Feuerbachs Recht, wonach die Menschen, erfüllte sich ihr Wunsch nach ewigem Leben, selbiges „herzlich satt bekommen und sich nach dem Tode sehnen"[13] würden. Und Wilhelm Schmid stimmt zu, wenn er sagt: „Man macht das Leben zunichte, wenn man es eternalisieren (verewigen) will, so wie man eine Lust zunichte macht, wenn man sie immer genießen will. Alle Lust will Ewigkeit, aber die Ewigkeit ist ihr Tod, das gilt auch für das Leben."[14]

Neben Langeweile und Gleichgültigkeit hätten wir freilich, wie Hans Jonas weiß, mit einem weiteren Pro-

blem zu kämpfen: dem Problem der Speicherkapazität:

„Wir sind endliche Wesen, und selbst wenn unsere Vitalfunktionen unbeeinträchtigt weiterliefen, so gibt es doch Kapazitätsgrenzen unseres Gehirns für das, was es speichern und dem noch hinzufügen kann."[15]

Das Laufwerk in unserem Kopf hat, wie Jonas glaubt, nur begrenzte Speicherkapazität. Und das heißt, dass wir periodisch die alten Inhalte von Bewusstsein und Gedächtnis löschen müssten, um für neue Raum zu schaffen. Kurz bevor auf unserem inneren Bildschirm die Warnmeldung „Der Speicher auf dem Ziellaufwerk ist voll" erscheint, sollten wir damit aufhören, das Lebenselexier einzunehmen.

Vielleicht ist es tatsächlich nicht wünschenswert buchstäblich unsterblich zu sein. Und möglich ist es auf absehbare Zeit ohnehin nicht. Es bedarf daher anderer Wege, will man sich mit dem Kadaver nicht zufrieden geben. Nicht wenige versuchen daher zumindest im übertragenen Sinne unsterblich zu werden: Ein Haus gebaut, einen Sohn gezeugt, einen Baum gepflanzt – so macht man sich als Mann unsterblich. Als Bürgermeister setzt man sich vielleicht mit einer neuen Stadthalle oder einem Hallenbad ein Denkmal für die Ewigkeit. „Eingeschreint im Herzen der Arbeiterklasse" ist das Gedächtnis an die sozialistischen Hel-

93

> „Eine Wahrheit, die das Leben kostet, ist zu teuer erkauft." Giacomo Casanova

den und roten Märtyrer – auch er ist damit im kollektiven Bewusstsein unsterblich geworden.

Ähnlich empfindet auch der Denker oder Künstler, „welcher sein besseres Selbst in Werke geflüchtet hat", wie Nietzsche, durchaus mit Seitenblick auf seine eigene Person, erklärt „eine fast boshafte Freude, wenn er sieht, wie sein Leib und Geist langsam von der Zeit angebrochen und zerstört werden, als ob er aus einem Winkel einen Dieb an seinem Geldschrank arbeiten sähe, während er weiß, dass dieser leer ist und alle Schätze gerettet sind."[16] So weit das **Geldschrank-Argument**.

Wie überzeugend aber ist dieses Argument wirklich? Besonders erfolgreich war die Bemühung, Unsterblichkeit durch Ruhm zu gewinnen, nie: „denn sich bei selbst Unberühmten berühmt und bei selbst

Was einem durch Achtlosigkeit angetan wird, das muss man durch Berechnung wettmachen.

Unkurierbares Unglück, von den falschen Leuten geschlagen zu sein.

Die Anständigen sind die, die von sich schweigen, die Anständigen sind die, von denen die Mörder berichten.

Sterblichen unsterblich zu machen, stellt ja" wie Günter Anders völlig zu Recht hervorhebt, „keine sehr reelle metaphysische (siehe Erläuterung) Investition dar".[17] Vor allen Dingen aber können wir unsere Augen nicht vor der Tatsache verschließen, dass die Halbwertszeit von Ruhm und Ehre, zumindest im Zeitalter der Kulturindustrie, einfach zu kurz sind, als dass sie den Ehrennamen „Unsterblichkeit" tragen dürften, wie man zum Beispiel bei Adorno nachlesen kann. Der Schriftsteller, der Karriere machen will, „nimmt sich das Bekanntwerden und damit gewissermaßen auch das Nachleben ... in eigene Regie und kauft sich wie ehedem bei der Kirche so nun bei den Lakaien der Trusts die Anwartschaft auf Unsterblichkeit. Aber es ist kein Segen daran. Wie willkürliches Gedächtnis und spurlose Vergessenheit stets zusammengehörten, so führt die geplante Verfügung über Ruhm und Andenken unweigerlich ins Nichts, dessen Vorgeschmack schon am hektischen Wesen der Zelebrität sich wahrnehmen lässt ... Die unmenschliche Gleichgültigkeit und Verachtung, die gefallenen Größen der Kulturindustrie sogleich zuteil wird, enthüllt die Wahrheit über ihren Ruhm, ohne dass doch jene, die daran teilzuhaben verschmähen, bessere Hoffnung auf die Nachwelt hegen dürften."[18]

Das Problem des Geldschrank-Arguments scheint also darin zu liegen, dass es, wie auch die anderen Unsterblichkeitsvorstellungen, die wir bislang diskutiert haben, seine Hoffnungen auf die Zukunft richtet. Genauer: auf ein Ende, das sich in der Zukunft gerade

nicht ereignet oder sich zumindest als ein Ende herausstellt, das kein finales ist – wenn man so sagen kann.

Dass zeitliche Dauer des Lebens keine wesentliche Kategorie ist, wussten bereits Kenko und Campino. Der eine, japanischer Mönch im Mittelalter, formuliert in einem seiner berühmten Aphorismen:

„Ihr könntet auch tausend Jahre leben und doch das Gefühl haben, es sei nur der Traum einer einzigen Nacht gewesen."

Der andere, Edelpunker im 20. Jahrhundert, verspricht in einem seiner Lieder:

„Ich will mit dir für immer leben, wenigstens für diese eine Nacht!"

Tausend Jahre wie eine Nacht – eine Nacht wie tausend Jahre? Kann der Traum einer einzigen Nacht eine Ewigkeit währen? Kann Ewigkeit im Augenblick erfahren werden, zu dem wir sagen: „Verweile doch, du bist so schön?"

Das Leben ist keine ewige, sondern bloß eine zeitliche Strafe.

Wir kommen damit zu unserem letzten Argument, dem **Carpe-aeternitatem-in-momento-Argument.** „Nur momentweise", sagt Kierkegaard, „kann das einzelne Individuum existierend in einer Einheit von Unendlichkeit und Endlichkeit sein, die über dem Existieren hinausliegt ... Dieser Moment ist der Augenblick der Leidenschaft ... In der Leidenschaft ist das existierende Subjekt in der Ewigkeit der Phantasie unendlich gemacht, und doch zugleich am allerbestimmtesten es selbst."[19] Kierkegaard verweist uns auf eine Widersprüchlichkeit der Zeiterfahrung. Er befindet sich damit in Übereinstimmung mit manchem barocken Lyriker und zahlreichen romantischen Dichtern wie Christian von Hofmannswaldau oder Novalis, die in unzähligen Gedichten und Hymnen besungen haben, wie im Moment erotischer Entgrenzung und in den Augen der Geliebten Unendlichkeit erfahrbar wird.

Ist Unsterblichkeit womöglich nur im Augenblick zu erleben? Verbirgt sich in der romantischen Erfahrung, wonach im Augenblick der Leidenschaft und des sinnlichen Erlebens das Übersinnliche und Unendliche spürbar werden, zuletzt auch das Geheimnis der Unsterblichkeit?

Selbst hart gesottene Materialisten und Punk-Rocker geraten hier ins Nachdenken, wie die Erfahrungen von Julien Offray de la Mettrie:

„Der Freuden der Wollust wegen will ich die Seele gerne als unsterblich anerkennen"[20]

und Campino von den Toten Hosen zeigen:

„Mit dir hab' ich dieses Gefühl, dass wir heut Nacht unsterblich sind."

Dr. Johann S. Ach ist Geschäftsführer des Zentrums für Bioethik der Universität Münster. Dr. Christa Runtenberg ist wissenschaftliche Mitarbeiterin am Institut für Philosophie der Universität Rostock.

Anmerkungen:

1. Bloch, Ernst: Das Prinzip Hoffnung. Band 3. Frankfurt am Main [8]1982, Seite 1301
2. Nietzsche, Friedrich: Fröhliche Wissenschaft (1882). 4. Buch. Aphorismus 341
3. Kant, Immanuel: Kritik der praktischen Vernunft (1788). 1. Teil, 2. Buch, 2. Hauptstück, IV, A 220 ff.
4. Casanova, Giacomo: Die Lust des Lebens und der Liebe. Gedanken über die Lebenskunst. Frankfurt am Main 2002, Seite 88 f.
5. Rowling, Joanne K.: Harry Potter und der Stein der Weisen. Hamburg 1998, Seite 136
6. Schopenhauer, Arthur: Parerga und Paralipomena (1851). Werke in 5 Bänden, herausgegeben von L. Lütkehaus. Band IV. Zürich 1988, Seite 128
7. Swinburne, Richard: Die Existenz Gottes. Stuttgart 1987, Seite 263 ff.
8. Martens, Ekkehard: Die Entdeckung der (Un)Sterblichkeit – Ein Unterrichtsthema? In: Zeitschrift für Didaktik der Philosophie und Ethik, 1, 2002, Seite 2
9. Gaare, Jørgen/Sjaastad, Øystein: Pippi & Sokrates. Philosophische Wanderungen durch Astrid Lindgrens Welt. Hamburg 2003, Seite 232 und Seite 228 f.
10. Williams, Bernard: Probleme des Selbst. Stuttgart 1978, Seite 145 f.
11. Winnacker, Ernst-Ludwig: Das Genom. Möglichkeiten und Grenzen der Genforschung. Frankfurt am Main 1996, Seite 105 f.
12. Jonas, Hans: Warum wir heute eine Ethik der Selbstbeschränkung brauchen. In: Ströker, Elisabeth (Hrsg.): Ethik der Wissenschaften. München 1989, Seite 81
13. Feuerbach, Ludwig: Vorlesungen über das Wesen der Religion (1848)
14. Schmid, Wilhelm: Philosophie der Lebenskunst. Eine Grundlegung. Frankfurt am Main [4]1999, Seite 88
15. Jonas, Hans: Philosophische Untersuchungen und metaphysische Vermutungen. Frankfurt am Main 1994, Seite 97 f.
16. Nietzsche, Friedrich: Menschliches, Allzumenschliches (1878), Aphorismus 209
17. Anders, Günther: Die Antiquiertheit des Menschen. 1. Band: Über die Seele im Zeitalter der zweiten industriellen Revolution. München [7]1985, Seite 244
18. Adorno, Theodor W.: Minima Moralia. Frankfurt am Main [22]1994, Seite 127
19. Kierkegaard, Søren: Abschließende unwissenschaftliche Nachschrift zu den Philosophischen Brocken. Düsseldorf/Köln 1959, Seite 187 f.
20. La Mettrie, Julien Offray de: Die Kunst, Wollust zu empfinden (1751). LSR-Verlag, Band 4, Nürnberg 1987

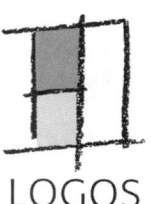

95

Thomas Alexander Szlezák

Gerechtigkeit in der Demokratie?

Der Lebensweg des Platon von Athen

der
blaue
reiter

Die Philosophiegeschichte kennt vermutlich nicht viele Biografien, die eine so enge Verbindung zwischen Leben und Werk eines Denkers zeigen wie jene Platons. Sein Hauptwerk *Politeia (Der Staat)* – das weniger vom „Staat" handelt als vielmehr von der optimalen Staats*form* oder „Verfassung" – lässt sich am besten lesen als eine Theorie der Gerechtigkeit. Es handelt sich um die bis heute wohl fruchtbarste Theorie dieser ewig umkämpften Zielvorstellung. Von der Frage aber, was „das Gerechte" (to dikaion) eigentlich sei, war die athenische Gesellschaft, in die Platon im Jahr 428/427 v. Chr. als Spross eines vornehmen Geschlechts hineingeboren wurde, fasziniert und verunsichert wie von keiner anderen.

Athen befand sich auf dem Höhepunkt seiner Macht. Zwar sah es in diesem fünften Jahr des Peloponnesischen Kriegs nicht in jeder Hinsicht rosig aus für die Stadt: Die Pest hatte große Teile der Bevölkerung dahingerafft, folglich waren die Arbeitskräfte auf dem Land, die Ruderer zur See und die Krieger im Heer dezimiert. Die Spartaner konnten mit ihren überlegenen Truppen jederzeit wieder in Attika einfallen; und das Schlimmste: Der Pest war auch der fähigste politische und strategische Kopf der Stadt, Perikles, zum Opfer gefallen. Doch die Flotte Athens kontrollierte noch die gesamte östliche Hälfte des Mittelmeers, die Bundesgenossen des Attischen Seebunds hielten noch zur Vormacht, die Staatsfinanzen waren noch nicht angeschlagen, und so hatte man nach wie vor gute Aussichten, die militärisch stärkere, aber finanziell schwächere Landmacht Sparta nach dem Plan des Perikles über kurz oder lang in die Knie zwingen zu können.

In diesem (noch) mächtigen Athen wirkten die verschiedensten Kräfte zusammen, die Frage nach der Gerechtigkeit allgegenwärtig zu halten. Nichts hassten die demokratischen Athener mehr als die Tyrannis, aber dass ihre eigene Stadt bei den Griechen als *polis tyrannos* verschrien war, war ein offenes Geheimnis – was die Bundesgenossen vom souveränen Demos („Volk" – freilich ohne die Frauen und die Sklaven) Athens verlangten, war Gerechtigkeit, die sie freilich selten genug bekamen. Ebenso war im Inneren – na-

türlich – Gerechtigkeit die Zielvorstellung der demokratischen Volksgerichte, doch war eine faire Urteilsfindung bedroht durch geschulte Redner, deren geistige Väter, die so genannten Sophisten, offen erklärten, durch die neue Kunst der Rhetorik die schwächere Position zur stärkeren machen zu können. Aber selbst dann, wenn vom athenischen Bürger keine innerstädtischen und keine außenpolitischen Entscheidungen verlangt waren, bestand eine hohe Wahrscheinlichkeit, mit der quälenden Hauptfrage der Zeit konfrontiert zu werden. Im Alltag machte ein unbequemer Frager namens Sokrates von sich reden, der die Mitbürger mit seiner ständigen Frage nach dem Wesen der Tugenden, deren größte für ihn die Gerechtigkeit war, behelligte. An den glänzenden Festen der Stadt

Abbildung:
Kopf des Platon
Entnommen aus:
Schefold, Karl:
Die Bildnisse
der antiken
Dichter, Redner
und Denker.
Verlag Schwabe
& Co. AG, Basel
1997

aber waren es die Dichter, sowohl die Tragödien- als auch die Komödiendichter, die je auf ihre Weise dasselbe problematisierten: Was „das Gerechte" im privaten und im staatlichen Bereich eigentlich sei.

In dieser geistig-politischen Atmosphäre erhielt der junge Platon seine intellektuelle und musische Prägung. Als seine Vaterstadt im Frühjahr 404 v. Chr. von den siegreichen Spartanern besetzt wurde und nur knapp der Zerstörung entging, stand er im 24. Lebensjahr. Dass er Kriegsdienst geleistet hatte, ist nicht bezeugt, aber doch wahrscheinlich. Auch sein Lehrer Sokrates hatte mehrfach für Athen gekämpft. Generell waren die politischen Rechte des Bürgers im demokratischen Staat an seine Verteidigungsbereitschaft und -fähigkeit gebunden, und für einen jungen Mann von aristokratischer Abkunft wie Platon war der Einsatz für die Stadt wohl auch eine Frage der Standesehre. Von seinen Brüdern Glaukon und Adeimantos jedenfalls erwähnt Platon in der *Politeia*, dass sie, nachdem sie sich in einer Schlacht ausgezeichnet hatten, von einem Dichter gepriesen wurden als „Söhne des Ariston, göttliches Geschlecht von einem berühmten Mann". Aristokratischen Familienstolz zeigt Platon auch, wenn er im späten Dialog *Timaios* den großen Gesetzgeber Solon, den er zu seinen Vorfahren zählte, verherrlicht oder im frühen Dialog *Charmides* die Familie des Charmides, seines Onkels mütterlicherseits.

Zugehörigkeit zur Aristokratie bedeutete im Athen des fünften und vierten Jahrhunderts keineswegs von vornherein Demokratiefeindlichkeit, hatte sich die direkte Demokratie doch unter der Führung von Männern aus dem alten Adel (Kleisthenes, Perikles) ausgebildet. Was Platon von der Schicht, der er entstammte, mitbekam, war nicht Hass auf den Demos, wohl aber ein tiefes Misstrauen gegen die von radikalen Volksführern – griechisch: Dem-agogoi – betriebene Machtpolitik. Der durch nichts zu rechtfertigende Angriff der demokratischen Vormacht auf das ebenfalls demokratische Syrakus im Frühsommer 415 v. Chr. war der Anfang vom Ende der Großmacht Athen. Den steilen machtpolitischen Niedergang, der im Inneren von Wirren, Orientierungslosigkeit, Verrat und Gewalt begleitet wurde, erlebte Platon in einem Alter, in dem die Empfänglichkeit für geistige, moralische und politische Prägungen am größten ist.

> **Platons Begriff der Gerechtigkeit beruht auf einem bestimmten Bild von der inneren seelischen Struktur des Menschen.**

Über seine Erziehung wissen wir im Einzelnen nur wenig. Eine gründliche Kenntnis der Dichter, insbesondere Homers, verraten die zahlreichen Zitate in den Dialogen. Die sportliche Erziehung war für junge Aristokraten damals nicht weniger wichtig als die geistig-musische; nach antiker Überlieferung soll Platon

sich als Ringer ausgezeichnet und sogar an den Isthmischen Spielen teilgenommen haben. Auch habe er gedichtet in seiner Jugend, sowohl Dithyramben (festliche Hymnen) und Lieder als auch Tragödien; bevor er jedoch als Tragödiendichter öffentlich auftrat, habe er seine Produkte verbrannt – so Diogenes Laertios, der Philosophiegeschichtsschreiber des dritten Jahrhunderts n. Chr.

Die wichtigste Nachricht aber über den jungen Platon stammt von Aristoteles und betrifft seinen philosophischen Ausgangspunkt: Sein erster Lehrer sei der Herakliteer Kratylos gewesen. Diesen Kratylos behandelt Platon in seinem gleichnamigen Dialog nicht gerade so, wie man einen verehrten Lehrer gerne behandelt sähe. Gleichwohl ist Aristoteles' Angabe glaubwürdig, denn dem Sokrates soll sich Platon erst mit 20 Jahren angeschlossen haben, was etwas spät wäre für einen ersten philosophischen Unterricht, und seine „herakliteische" Überzeugung von der nie endenden Bewegtheit und Veränderlichkeit der Sinnenwelt verdankte er jedenfalls einem anderen als Sokrates.

Im autobiografischen *Siebten Brief*, den Platon im Alter von etwa 75 Jahren geschrieben haben mag, bestätigt er uns selbst, was man ohnehin annehmen müsste, nämlich dass der Eintritt in die Politik für den jungen Aristokraten sozusagen eine „natürliche" Option gewesen wäre. Dazu wurde er auch direkt aufgefordert von zwei seiner Verwandten, Charmides und Kritias, die 404 v. Chr. im Rahmen eines oligarchischen

97

portrait

Die „Dreißig Tyrannen" wurden nach kurzer Zeit gestürzt. Der Neuanfang der Demokratie gestaltete sich maßvoll, war auf Versöhnung und Ausgleich bedacht, was Platon später durchaus anerkannte. Wieder bestand für ihn die Verlockung, in die Politik einzutreten. Den Vorfall, der ihn daran hinderte, hat er selbst mit seinem literarischen Genie zu dem stilisiert, als was er in der Geistesgeschichte des Abendlands bis heute geführt wird: zu einem epochalen Ereignis, zum musterhaften Konflikt zwischen der Stimme der Gerechtigkeit und der orientierungslosen, prinzipiell ungerechten direkten Demokratie Athens. Die Rede ist von der Verurteilung des Sokrates im Jahr 399 v. Chr.

Die politisch motivierte Anklage hatte gelautet, Sokrates wolle neue Götter einführen und verderbe mit seiner Lehre die athenische Jugend. Ein Volksgericht von 501 „Richtern" – allesamt Laien – verurteilte ihn zum Tod durch Trinken des giftigen Schierlingsbechers. Die Möglichkeit der Flucht schlug Sokrates aus, da er das Unrecht, das ihm die Stadt antat, nicht seinerseits durch Unrecht in Form der Missachtung des Gerichtsentscheids beantworten wollte.

> **„Gerecht" ist der Mensch, bei dem jeder Seelenteil „das Seine tut".**

Während die verurteilenden Schöffen die Todesstrafe zweifellos für angemessen hielten, die Mehrheit der Athener darin bald darauf einen letztlich wohl unbedeutenden Justizirrtum sah, beurteilte Platon den Tod seines Lehrers als Justizmord, der für eine Demokratie, die ohne klare ethische Orientierung dahintrieb, letztlich notwendig war, um sich gegen die Entlarvung der ihr innewohnenden Ungerechtigkeit durch den einzigen Gerechten der Zeit zu wehren.

Nach dem Tod des Sokrates soll Platon nach Megara geflohen sein – als Anhänger des Verurteilten fühlte er sich nicht mehr sicher in Athen. Lange wird das selbst gewählte Exil nicht gedauert haben. Was blieb, war die Überzeugung, dass jeder, der in einer direkten Demokratie für das Recht eintreten will, sich damit nur selbst gefährdet, und dass folglich ein wirklicher Philosoph gut daran tut, in einem solchen Staat auf öffentlich-politisches Auftreten zu verzichten (vergleiche *Politeia* 496 c–e).

Doch öffentliche literarische Wirksamkeit verbot er sich nicht. Jedenfalls nimmt man heute allgemein an, dass einige der frühen Dialoge Platons gleich im ersten Jahrzehnt nach Sokrates' Tod entstanden sind und dass ihre Verbreitung sich keineswegs auf einen kleinen Kreis von Gesinnungsgenossen beschränkte (auch wenn man mit „Veröffentlichung" im modernen Sinne, das heißt Bekanntmachung durch einen überregional organisierten Buchvertrieb, nicht zu rechnen hat).

Platon war nicht der einzige Sokrates-Schüler, der damals „Sokratische Gespräche" schrieb. „Sokratikoi

Regimes (unter spartanischer Oberherrschaft) die unter der radikalen Demokratie in die Niederlage getriebene Stadt ethisch-politisch zu reorganisieren gedachten (Oligarchie: Staatsform, in der eine kleine Gruppe die Herrschaft ausübt). Platon zögerte – er wollte zunächst beobachten, wie sich die Verhältnisse entwickeln würden. Und er sollte Recht behalten mit seinem Zögern: Die neue Oligarchie erwies sich schnell als blutige Gewaltherrschaft, sein Onkel Kritias als ein

> **„Gerechtigkeit" ist keine moralische Qualität einer Handlung, sondern der ideale harmonische Zustand der Seele.**

Mann, dem Menschenleben wenig bedeuteten. Als unbeirrbar erwies sich hingegen das Rechtsempfinden seines Lehrers Sokrates: Als die Oligarchen – die bald schon „die Dreißig Tyrannen" genannt wurden – ihn in ihre Verbrechen hineinziehen wollten, verweigerte er sich ihnen trotz Gefahr für sein Leben.

Platon von Athen
Zeichnung

logoi", das war die übliche Bezeichnung der neuen philosophischen Literaturform, in der Sokrates als Gesprächsführer auftrat und in gemeinverständlicher Form Fragen der Ethik erörterte. Die Dialoge des Aischines von Sphettos galten in der Antike als „sokratischer", das heißt authentischer, als die der anderen Schüler. Aber schwerlich hat ein Werk dieser umfangreichen, leider verlorenen Sokratiker-Literatur das philosophische Niveau und die literarische und emotionale Intensität von Platons Auseinandersetzung mit dem Tugendbegriff der Menge und dem seines Lehrers erreicht. In einem Gespräch zwischen Sokrates und dem Sophisten Thrasymachos (das später als Buch I in die *Politeia* einging) thematisierte er den zentralen Begriff der Gerechtigkeit, beließ die Begriffsbestimmung jedoch bewusst in der Aporie (Aporie: nicht auflösbare Widersprüchlichkeit).

Im Dialog *Gorgias* entfaltete er eine neue Ethik – Unrecht tun ist in *jedem* Fall schlechter als Unrecht leiden, und dies gerade auch für den Täter selbst –, in deren Rahmen er eine in der Sache scharfe, im Ton bittere Abrechnung mit dem politischen System Athens durchführte, das die Verwirklichung von staatlicher und individueller Gerechtigkeit behindere, statt zu fördern. An Radikalität überboten wird diese Abrechnung nur noch durch die Überzeugung, dass eine Besserung der heillosen politisch-moralischen Verhältnisse in den griechischen Staaten allein durch eine prinzipielle, alle bisherigen Denkgewohnheiten hinter sich lassende Neuorientierung möglich sei. Schon in jener frühen Schaffensphase habe er ausgesprochen, so lesen wir im *Siebten Brief* (326 a–b), dass die Bedingung für das Ende des politischen Unheils die Übernahme der Herrschaft durch wirkliche Philosophen oder die Hinwendung der Herrschenden zu wirklicher Philosophie wäre. Wir kennen dieses Bekenntnis zur Notwendigkeit einer „utopischen" Wendung zu einem Idealstaat unter dem Namen des „Philosophenkönigssatzes", den Platon später exakt in der Mitte seines Hauptwerkes plaziert hat (*Politeia* 473 cd).

Mit diesem Bekenntnis konnte er in allen Lagern nur auf scharfe Ablehnung stoßen. Auch der Spott blieb nicht aus, wir können ihn noch nachlesen in Aristophanes' Komödie *Ekklesiazusen* („Weibervolksversammlung") von 392 v. Chr., und wir spüren seine Gefährlichkeit noch in der Abwehr der Spötter in der *Politeia*.

Es ist daher fast wahrscheinlich, dass Platon, als er als Enddreißiger zu einer längeren Bildungsreise (389–387) aufbrach, sich damit auch – nach dem *Gorgias* und nach seinem Bekenntnis zur Utopie – für einige Zeit dem offenen Konflikt mit dem intellektuellen Mainstream seiner Vaterstadt entziehen wollte. Freilich waren die Reiseziele auch ohne diesen Hintergrund attraktiv genug: Ägypten mit seiner uralten Kultur, Kyrene mit einer damals blühenden mathematischen Schule und Tarent in Unteritalien, wo der letzte große Pythagoreer, der Wissenschaftler und Philosoph Archytas, zugleich der führende Staatsmann und Stratege seiner Stadt war. Vielleicht kam die Stellung und Leistung des Archytas Platons Traum von der Verbindung von philosophischer Einsicht und politischer Macht nahe.

Als krassen Gegensatz zu Tarent muss Platon dann Syrakus empfunden haben, wo er beim Tyrannen Dionysios I. wegen seiner kritischen Äußerungen Anstoß erregte. In Syrakus begegnete er aber auch dem jungen Dion, der bis zu seinem Tod im Jahr 354 v. Chr. ein glühender Anhänger Platons und seiner politischen Ideale bleiben sollte.

Auf der Rückreise von Syrakus geschah etwas Groteskes: Als Angehöriger des Feindstaats Athen wurde Platon in Aigina als Sklave verkauft. Ein Mann aus Kyrene namens Annikeris erwarb ihn – und ließ ihn frei. Die Geistesgeschichte des Abendlands hätte anders verlaufen können ohne diese Tat des Annikeris.

Wieder in Athen, betätigte sich Platon – neben seiner umfangreichen Schriftstellerei – bis zu seinem Tod als philosophischer Lehrer. Im Gegensatz zu den meisten „Intellektuellen" nahm er kein Geld für den Unterricht.

99

Sein privates Vermögen erlaubte es ihm offenbar, den geringen Finanzbedarf seiner „Schule" selbst zu tragen. Man philosophierte nordwestlich von Athen in der Sportanlage im Hain des Heros Akademos (von daher der Name „Akademie") und wohl auch auf einem nahe gelegenen Grundstück Platons. Gegen eine starke Konkurrenz – Anbieter von „höherer Bildung", die damals freilich noch in keiner Weise normiert war, gab es in Athen so viele wie nirgends sonst – entwickelte sich Platons Akademie in den vier Jahrzehnten bis zu seinem Tod zur angesehensten Bildungsstätte Griechenlands. Von neunzig Mitgliedern der Akademie sind uns die Namen noch überliefert. Unter ihnen die Namen Lastheneia und Axiothea: Frauen waren hier zum Studium zugelassen. Nicht wenige der Mitglieder entwickelten sich selbst zu unabhängigen Wissenschaftlern und Philosophen von Rang: so Speusippos, der Neffe und Nachfolger Platons, oder sein zweiter Nachfolger Xenokrates, vor allem aber Aristoteles, der 367/66 im Alter von 17 Jahren in die Akademie eintrat und ihr 20 Jahre bis zum Tod des Gründers angehörte.

Über die ersten 20 Jahre der Akademie haben wir keine Information aus antiker Überlieferung. Dass in dieser Zeit die philosophischen Meisterwerke wie *Menon*, *Euthydemos*, *Phaidon* und *Symposion* entstanden, vor allem aber die große Theorie der Gerechtigkeit in der *Politeia* und kurz darauf der *Phaidros*, ist eine plausible (wenn auch letztlich nicht beweisbare) Annahme. Die Polemik des einflussreichen Konkurrenten Isokrates (436–338 v. Chr.) zeigt mit hinreichender Klarheit, dass Platons Anspruch, auch in Fragen der Ethik *episteme*, das heißt gesichertes Wissen, zu erreichen, nicht nur als theoretischer, sondern durchaus auch als politischer Anspruch wahrgenommen wurde.

In der Tat war Platons Entwurf eines idealen Staats von hoher politischer Brisanz nicht nur für eine Demokratie wie Athen, sondern ebenso auch für alle anderen Staatsformen. Darüber hinaus war er aber – und ist es bis heute – eine Herausforderung für jedes ethisch wache Individuum. Denn das Charakteristische der *Politeia* besteht in der unlösbaren Verknüpfung von Individualethik und politischer Ethik, von Gerechtigkeitstheorie und Staatsentwurf. Der konstruktive Teil des Dialogs beginnt mit der Annahme, die Gerechtigkeit des Staats und die des Einzelnen sei wesens-

mäßig dieselbe. Da der Staat das größere Gebilde ist im Vergleich mit dem Einzelnen – oder, wie Platon sich ausdrückt, mit der „Seele" (psyche) –, bietet es sich an, zuerst den gerechten Staat als das besser Sichtbare und so leichter Erkennbare zu suchen. Das gute Funktionieren des Staats wird für Platon dadurch garantiert,

> **Die Bedingung für das Ende der Ungerechtigkeit ist die Übernahme der Herrschaft durch Philosophen.**

dass jeder in ihm das tut, was er auf Grund seiner natürlichen Anlagen am besten kann. Jeder übe daher nur eine Funktion aus, eben die, die ihm seine Natur nahelegt und die ihm daher „zukommt" – in anderes, ihm nicht Zukommendes mische er sich nicht ein. Kürzer gesagt: Jeder „tue das Seine". So erhält man einen harmonisch funktionierenden, „gerechten" Staat. Im Einzelnen würde das auf drei Schichten oder Stände führen: Die einen sind geeignet für Landbau, Handwerk oder Handel, also alles, was der Sicherung des Lebensunterhalts dient, andere für das Kriegerhandwerk und die Verteidigung, wieder andere für geistige Tätigkeiten – nur diesen ist die Lenkung des Staats zu überlassen, da sie, als ganz auf die Philosophie ausgerichtete Menschen, weder an Reichtum noch an der Macht interessiert sind und daher die ihnen anvertraute Herrschaft nicht zum eigenen Vorteil missbrauchen werden. Dieser dreifach gegliederte Staat wird nun als vergrößertes Abbild der Seele interpretiert: Hätte die Seele des Einzelnen nicht dieselbe Struktur, könnte auch der Staat sie nicht haben. Platons Begriff der Gerechtigkeit als Tugend des Individuums beruht also auf einem bestimmten Bild von der inneren seelischen Struktur des Menschen. Unsere „Seele" besteht aus einem rationalen Teil, den er logistikon (Denkvermögen) nennt, und einem irrationalen, der sich seinerseits in zwei Teile

Aphorismenschneise • Aphorismenschneise • Aphorismenschneise

Das Moderne ist eine Mehrheit, die man tolerieren muss.

Humanität ist, was nur noch im Namen des Lebens töten will.

Wir alle sind Überbau und sollten uns entsprechend aufführen.

Kampfloses Vernichten bildet den Herzenswunsch eines jeden Staatsbürgers.

Quälend ist der Anblick des Nützlichen, der verlernte, seine Nützlichkeit zu beweisen.

Wir verteidigen unser ehrlich Ererbtes, doch wir krähen nicht überzeugend genug.

Jürgen Große lebt und arbeitet in Berlin. Zuletzt erschien von ihm der Aphorismenband *Aus Langeweile* (Edition Erata, Leipzig 2004).

gliedert: in eine Instanz für Ehrgeiz, Mut und Ehrgefühl, die er thymoei-
des (das „Muthafte") nennt, und das Begehrungsvermögen (epithymeti-
kon), das die natürlichen wie auch die moralisch bedenklichen Begierden
beherbergt. „Gerechtigkeit" ist nun für Platon nicht eine bestimmte moralische Qualität der „gerechten" Handlung, sondern der ideale harmonische Zustand der dreigeteilten Seele – der Zustand, in dem jeder Teil nur
das tut, was ihm von Natur zukommt: der Vernunft das Herrschen, dem
„muthaften" Teil die emotionale Unterstützung der Herrschaft von An-
stand und Vernunft, dem begehrlichen Teil aber die Unterordnung. „Gerecht" ist der Mensch, bei dem jeder Seelenteil „das Seine tut", der folglich weder von inneren Konflikten zerrissen noch darauf aus ist, seinen
Nachbarn zu schädigen. Der Menschentyp, dem das gelingt, ist kein anderer als der Philosoph. Nur er hat die volle Herrschaft über sich, folglich
soll er auch die Verantwortung für die anderen haben. Individualethische
und politische Gerechtigkeit sind bei Platon also sich ergänzende Aspekte einer einheitlichen Theorie.

Der politische Anspruch dieser Theorie wurde auch außerhalb Athens
verstanden. Im Jahr 367 v. Chr. starb Dionysios I. von Syrakus. Kein grie-
chischer Staat verfügte damals über eine vergleichbare Militärmacht. Der
junge Erbe der Tyrannis, Dionysios II., war noch keineswegs auf das bru-
tale Machtdenken seines Vaters festgelegt, stand vielmehr unter dem Einfluss seines Onkels Dion, den Platon bei seinem ersten Aufenthalt in Syrakus für seine Philosophie und seinen Begriff eines gerechten Staatswesens
gewonnen hatte. Dion glaubte, für Platons Staatsideal sei die Stunde der
Wahrheit gekommen. Er drängte den verehrten älteren Freund in Athen,
jetzt nach Syrakus zu kommen: Der junge Dionysios habe ein lebhaftes
Interesse für seine Philosophie, jetzt könnten Macht und Weisheit zusam-
mengeführt werden.

Platon fuhr tatsächlich nach Syrakus – aber nicht, weil er den Optimismus und Enthusiasmus Dions geteilt hätte. Im *Siebten Brief* lässt er erkennen, dass er schwere Bedenken hatte und dass ihn schließlich nur ein Gefühl der persönlichen Verpflichtung gegenüber dem jüngeren Freund
dazu brachte, seinem Ruf zu folgen. Er wollte nicht als der mutlose Theoretiker dastehen, der vor der Herausforderung einer einzigartigen historischen Konstellation versagt hat.

Doch seine Befürchtungen bewahrheiteten sich. Dion war bei Dionysios verleumdet worden, er wolle nur mit Platons Hilfe die Macht an sich
reißen. Der junge Tyrann verbannte Dion, hielt den berühmten Philosophen hingegen in Syrakus zurück, aber nicht, um sich in der Philosophie
unterweisen zu lassen, sondern wie es scheint als eine Art Geisel. Erst im
Jahr darauf konnte Platon erwirken, dass er heimreisen durfte. Dort traf
er Dion an, der als wohlhabender Emigrant vor allem Athen als Aufent-
haltsort bevorzugte.

Die Hoffnung, die sizilische Großmacht von oben her politisch refor-
mieren zu können – von Anfang an mehr Dions denn Platons Hoffnung
–, war also gründlich gescheitert. Und dennoch ließ sich Platon 361 v. Chr.
zu einer weiteren Sizilienreise bewegen. Die Gründe waren diesmal noch
deutlicher rein persönlicher Art. Dass der mächtige Tyrann ein Kriegs-
schiff nach Athen sandte, um ihn abholen zu lassen, hätte den Philosophen für sich genommen wohl wenig beeindruckt. Doch hieß es, Dionysios habe erneut starkes Interesse an Philosophie. Entscheidend dürfte
aber gewesen sein, dass Dionysios die Aussöhnung mit Dion und die
Rückgabe seines bedeutenden Vermögens in Aussicht stellte, wenn Platon
käme, und dass Dion selbst, ferner auch die philosophischen Freunde in
der Akademie und darüber hinaus auch die Pythagoreer in Tarent die Rei-
se befürworteten. Platon war in einer schwierigen Situation: Angesichts
der auf ihn gerichteten Erwartungen war seine dritte Sizilienreise fast eine
Art Staatsakt, den die direkt Betroffenen von ihm forderten, während er
im demokratischen Athen wohl mit Misstrauen beobachtet wurde. Er
selbst aber glaubte nicht an den Erfolg seiner Mission, jedenfalls nicht an
die politische Reformierbarkeit des syrakusanischen Staats.

Diesmal kam es aber zu einem ausführlichen philosophischen Gespräch zwischen Platon und Dionysios – freilich nur zu einem einzigen. Aus dem, was er dabei hörte, machte Dionysios später ein Buch, das er als seines ausgab. (Platon tadelt im *Siebten Brief* nicht so sehr das Plagiat als vielmehr überhaupt das Schreiben über seine Theorie der Prinzipien: Er selbst behandelte sie nur mündlich und schrieb bewusst nicht darüber.) Zur versprochenen Aussöhnung mit Dion kam es nicht. Dionysios' Söldner, die ihre Zukunft durch philosophisch inspirierte Reformen gefährdet sahen, bedrohten Platons Leben. Nur durch politische Vermittlung des Archytas kam er im Jahr darauf frei.

> ## Unrecht tun ist in *jedem* Fall schlechter als Unrecht leiden.

Es kam indes noch schlimmer für Platon. Dion griff mit einem kleinen Privatheer das mächtige Reich des Dionysios an, konnte den Tyrannen sogar stürzen – und wurde in den dann folgenden Wirren von einem Angehörigen der Akademie 354 v. Chr. ermordet. Der geliebte jüngere Freund hatte also den Weg der Gewalt beschritten, was mit Platons politischen Überzeugungen unvereinbar war, und hatte den Tod gefunden durch einen, der einmal seine Philosophie gehört hatte. Es ist schwer auszudenken, wie bitter diese Ereignisse den nunmehr 74-jährigen Denker getroffen haben müssen.

Aus den letzten Jahren Platons ist nichts Verlässliches überliefert. Die biografische Tradition spricht von Spannungen in der Akademie mit dem angeblich respektlosen jungen Aristoteles. Das kann natürlich der Fall gewesen sein, kann aber auch aus dem bisweilen respektlosen Ton der philosophischen Kritik des Aristoteles herausgesponnen sein.

Historisch gesichert ist hingegen ein Vorfall, den Aristoteles zu erzählen pflegte und den sein Schüler Aristoxenos überliefert hat. Platon habe eine Vorlesung gehalten mit dem Titel „Über das Gute". Er habe dabei nicht von dem gesprochen, was seinen Hörern als „gut" galt, sondern von seiner Philosophie der (Ideen-)Zahlen und von seiner Gleichsetzung des Guten mit dem Einen. Die Hörer seien davon enttäuscht gewesen und hätten ihre Geringschätzung für solch abstrakte Theorien bekundet.

Die Geschichte ist merkwürdig, denn die Erörterung der Zahlenphilosophie und der Theorie des Guten oder Einen vor offensichtlich unvorbereiteten Hörern passt weder zu Platons an den Dialogen beobachtbarem Prinzip, die Erörterung dem philosophischen Stand der Gesprächspartner anzupassen, noch zur Zurückhaltung des „Sokrates" in der *Politeia* hinsichtlich des Wesens des Guten (506 e, 509 c, 533 a), noch auch zum *Siebten Brief*, der, wie erwähnt, Dionysios vor allem deswegen verurteilt, weil er über den Bereich der höchsten Prinzipien etwas schrieb und die platonischen Einsichten damit „hinauswarf" vor die Ungeeigneten.

Eine plausible Rekonstruktion des geschichtlichen Kontexts durch Konrad Gaiser macht Platons Verhalten verstehbar. Sein Verstoß gegen das bisher beachtete Prinzip, vor Unvorbereiteten und Ungeschulten über die abstraktesten Themen seiner theoretischen Philosophie nicht zu sprechen, hatte nach Gaiser einen zwingenden politischen Grund. Im fünften Jahrzehnt des vierten Jahrhunderts herrschte nach dem Verlust der (zweiten) Seeherrschaft in Athen eine gereizte und wenig liberale Stimmung. Dass Platon über sein höchstes Prinzip, das Gute oder Eine, nicht öffentlich zu reden gewillt war, wusste man seit langem, aber die politische Verdächtigung, er wolle unerkannt bleiben, weil seine politische Philosophie mit der attischen Demokratie unvereinbar sei, da sie ja auf ein Eines, also auf Alleinherrschaft, ziele, kam erst jetzt in der neuen Pogromstimmung der Menge auf.

Das Schicksal des Sokrates vor Augen, hat Platon die Gefahr, die in dieser Verdächtigung lag, als eine potenziell tödliche eingeschätzt und zu ihrer Abwehr in voller Absicht seine bisherige Zurückhaltung in der Frage des Wesens des Guten aufgegeben. Der Misserfolg der Vorlesung beim unphilosophischen Publikum war also gewollt. Der greise Platon hat – wenn wir Gaisers plausibler Hypothese folgen – kein Verlangen gehabt, wie sein Lehrer Sokrates zum Märtyrer der Philosophie zu werden.

Er starb 347 eines natürlichen Tods im Alter von 81 Jahren, noch an den *Gesetzen*, seinem zweiten Entwurf eines idealen Staats, schreibend und somit seinen zweiten großen Traum von staatlicher Gerechtigkeit träumend.

Thomas Alexander Szlezák ist Professor für Griechische Philologie an der Eberhard-Karls-Universität Tübingen.

Literatur:

– Gaiser, Konrad: Plato's enigmatic lecture „On the Good" (1980). In: Gaiser, Konrad: Gesammelte Schriften. Herausgegeben von Thomas Alexander Szlezák unter Mitwirkung von K.-H. Stanzel (=International Plato Studies, vol. 19). 2004, Seite 265–294
– Szlezák, Thomas Alexander: Platon lesen. Stuttgart 1993
– Wilamowitz-Moellendorff, Ulrich von: Platon. 2 Bände, 1919 (Reprint 1969)

„Ein großformatiger, schön aufgemachter
Band."
Neue Zürcher Zeitung

„Ein kurzweiliges Werk, das Philosophie
einmal anders aufbereitet."
Deutsche Presse-Agentur

Philosophie & Kunst

Nietzsches Bestiarium
Der Mensch – das wahnwitzige Tier

Von Richard Reschika mit 48 Zeichnungen
von Keuchenius.
146 Seiten, 52 Abbildungen, gebunden,
Fadenheftung, Format DIN A4
ISBN 3-933722-06-3
€ 42,50 / 69,50 sfr.

Ein spannender und verständlich geschrie-
bener Einblick in Nietzsches Denken, das
von einer Unzahl von Tieren bevölkert wird.

Der Streifzug durch Nietzsches originäres
„Bestiarium" führt mitten ins Herz seiner
bahnbrechenden Philosophie, seiner schar-
fen Kultur- und Zivilisationskritik, die bis
heute nichts an Brisanz eingebüßt hat.

omega
verlag

Weitere Informationen sowie Leseproben finden Sie unter: http://www.omegaverlag.de

Bücher · Bücher
Bücher · Bücher

Steffen Dietzsch

Immanuel Kant. Eine Biographie

Reclam Verlag, Leipzig 2003.
368 Seiten, € 24,90

Manfred Geier

Kants Welt. Eine Biographie

Rowohlt Verlag, Reinbek 2003.
352 Seiten, € 24,90

Manfred Kühn

Kant. Eine Biographie
Aus dem Englischen v. Martin Pfeiffer
Verlag C. H. Beck, München 2003.
640 Seiten, € 29,90

Die Autoren der hier zu besprechenden Biografien stehen alle vor demselben Problem: Kann man 200 Jahre nach Kants Tod noch etwas Neues über sein Leben und Werk sagen?

Steffen Dietzsch geht dieses Problem auf sehr direktem Wege an: Er begibt sich vor Ort nach Königsberg und sucht in den Archiven nach Neuigkeiten. Zeugnisse hiervon finden sich unter anderem im Anhang „Apokryphe Kant-Texte 1776–1791", in dem diejenigen Einleitungen zu den Vorlesungsverzeichnissen der Königsberger Universität abgedruckt sind, bei denen Kant als Autor in Frage kommt. Diese und andere Funde zeigen, dass die Biografie von Dietzsch nicht nur am Schreibtisch entstanden ist. Folglich finden sich in ihr auch einige weniger bekannte Details aus Kants Leben. Dietzsch legt dabei sehr viel Aufmerksamkeit auf kultur- und universitätsgeschichtliche Details. Zu erwähnen sind hier insbesondere die kulturgeschichtliche Einleitung „Königsberg 1724–1740", das Kapitel über „Kant und die Königsberger Juden" sowie der Epilog „Die Fakultät sucht Kants Nachfolger". Entsprechend rückt die Besprechung der Werke Kants in den Hintergrund. Da die Sphäre des Kulturgeschichtlichen und Kulturpolitischen gleichbe-

rechtigt neben die Biografie Kants tritt, entsteht der Eindruck, dass diese Biografie nicht primär von Kant her, sondern vielmehr auf ihn hin geschrieben wurde. Dieser Eindruck wird durch die Art der Darstellung verstärkt: Denn ungeachtet der Einteilung des Stoffes nach den verschiedenen Lebensstationen wird der Text durchweg in vielen kurzen Abschnitten präsentiert, die ihr Thema mehr umkreisen als geradlinig entwickeln. Um den Überblick zu behalten, ist es also nicht von Nachteil, wenn man über die wichtigen Eckdaten von Kants Leben bereits informiert ist.

Einen ganz anderen Zugang zu seinem Thema wählt Manfred Geier. Er ist nicht an Einzelheiten interessiert, die an entfernten Orten in Archiven schlummern mögen, sondern am Gesamtbild, das aus den bereits bekannten Einzelheiten von und zu Kant rekonstruiert werden kann. Sein Hauptanliegen ist folglich darauf ausgerichtet, in der Betrachtung von Leben und Werk eine in sich stimmige Deutung des Phänomens Kant zu geben und dieses als Bild von „Kants Welt" dem Leser zu vermitteln. Kants Welt ist dabei durchaus nicht nur eine: „Kants Welt sind viele Welten" – der Ort Königsberg, die Freunde, die Geselligkeit, die Welt seiner Empfindungen, sein geistiges Werk

und so weiter. Bei all dem geht Geier aber nicht von einem historischen, sondern von einem aktuellen Erkenntnisinteresse aus: Kants Welt sei nicht nur „für uns aktuell", sondern: „Kants Welt ist unsere Welt, wie sie sein sollte."

„Kants Welt", das ist aber vor allem auch Geiers Bild von Kants Welt – im Guten wie im Schlechten. Manche Gewichtungen, die Geier vornimmt, eröffnen Einblicke in Zusammenhänge, die in den gängigen Darstellungen mitunter zu kurz kommen. So verwendet er großen Raum auf die Besprechung der naturwissenschaftlichen Werke Kants („Kants Welt ist Newtons Welt"), insbesondere der *Allgemeinen Naturgeschichte und Theorie des Himmels* von 1755, und er drückt sich auch nicht davor, die *Träume eines Geistersehers* von 1766 mit in den Reigen derjenigen Werke aufzunehmen, die eingehend besprochen werden. Allerdings spielen dann die *Metaphysischen Anfangsgründe der Naturwissenschaft* ungeachtet der naturwissenschaftlichen Ausrichtung in den ersten Kapiteln keine Rolle, und die *Kritik der Urteilskraft* geht schlicht in der Konzentration auf den „ersten preußischen Kulturkampf" unter.

Wer sich indessen bewusst macht, dass die hier präsentierte Welt immer auch diejenige von Geier ist, erhält zumindest ab dem zweiten Kapitel einen

über weite Strecken spannend zu lesenden Einblick in Kants Leben und Werk, weshalb Geiers Buch die größten Chancen hat, in einem Zug von Deckel zu Deckel gelesen zu werden.

Dieses wird mit Manfred Kühns Kant-Biografie zweifellos nicht gelingen; zu umfangreich ist hier das gesichtete und vor dem Leser ausgebreitete Material. Zu neuen Einsichten gelangt Kühn durch die kritische Sichtung praktisch sämtlicher verfügbarer Quellen. Wer eine Stunde Zeit aufbringen kann, sollte sich das Vergnügen machen, zumindest den Prolog dieser Biografie zu lesen. Schon diese wenigen Seiten machen neugierig darauf, wie es Kühn anstellen wird, das von ihm erhoffte Ziel zu erreichen, „daß ein vielseitiger Kant zum Vorschein kommen wird, ein Kant, der mehr wie ein wirklicher Mensch aussieht".

Wie ein wirklicher Mensch wirkt Kant bei Kühn allein schon deshalb, weil er nicht als Einzelgänger, sondern als „Teil des intellektuellen Milieus Königsbergs" vorgestellt wird, der von einem Kreis von Freunden umgeben war, wobei der englische Kaufmann Joseph Green eine besondere Stellung einnimmt. Kühn zufolge lässt sich die Beziehung der beiden „gar nicht hoch genug veranschlagen". Zunächst deshalb, weil dessen streng geregelte Lebensweise auch auf Kant abfärbte: „Aus dem eleganten Magister mit einem etwas unregelmäßigen und unvorhersehbaren Lebensstil wurde ein Mann des Prinzips mit einer außerordentlich vorhersagbaren Lebensweise. Er wurde Green immer ähnlicher." Da Kant aber jeden Satz seiner *Kritik der reinen Vernunft* Green zur Beurteilung vorgetragen hat, ist Kühn sogar der Ansicht, dass „Kants *Kritik* nicht so sehr das Werk eines einsamen und isolierten Denkers (ist) als vielmehr das Produkt einer gemeinschaftlichen Bemühung". Und Greens Einfluss erstreckte sich schließlich sogar über seinen Tod hinaus, führte dieser doch erneut „zu einer grundlegenden Änderung" in Kants Leben: „Er nahm seine Mahlzeiten nicht mehr außer Haus ein, sondern stellte eine Köchin an und gab jetzt Tischgesellschaften in seinem Haus. Es kann kaum ein Zweifel daran bestehen, daß er dies tat, um die von Green begonnene Tradition fortzusetzen." Über all diesen biografischen Details aber – und vielleicht zeigt sich gerade darin die Meisterschaft dieser Biografie – verliert Kühn auch die Entwicklung von Kants Denken nicht aus den Augen, wenn er etwa ausführt, warum die kritische Philosophie Kants als „Resultat eines plötzlichen, entschiedenen und radikalen Wandels in seiner philosophischen Betrachtungsweise" und nicht als „die Frucht einer langen, gezielten Suche" zu begreifen ist.

Welches Buch ist für wen geeignet? Die umfassendste, dessen ungeachtet aber gut lesbare Darstellung von Leben und Werk findet sich ohne Zweifel bei Kühn. Ich möchte sie deshalb dem enzyklopädischen Lesertyp empfehlen. Für alle Romanleser gibt es dank Geier auch eine „reißerische" Variante von Kants Welt, bei der daran zu erinnern ist, dass Popularität auch ihren Preis hat: die Vereinfachung. Wer aber weder einen enzyklopädischen Überblick noch einen Roman sucht, dem sei Dietzschs facettenreicher Blick auf Kants Leben und Umfeld empfohlen, dessen in kurze Abschnitte unterteilter Text sich auch zum Zwischendurchschmökern anbietet.

Thomas Bach

M. A. Numminen

M. A. Numminen sings Wittgenstein

Gerd Haffmans bei Zweitausendeins, Frankfurt am Main 2003. CD mit Beiheft, € 9,99

„Worüber man nicht sprechen kann, darüber muss man singen", stellt M. A. Numminen, finnischer Schriftsteller und Musiker, seiner 2003 wieder erschienenen CD voran. Bereits 1966 begann Numminen, der sich intensiv mit Wittgenstein in seinem Philosophiestudium auseinander gesetzt hatte, Texte aus dessen *Tractatus logico-philosophicus* musikalisch zu bearbeiten. Nach und nach entstand die *Tractatussuite*, die 1988 mit der Aufführung durch The M. A. Numminen Underground Rock Orchestra bei einem Philosophiekongress in Stockholm populär wurde.

Die CD enthält neben den sechs Stücken der *Tractatussuite* zu den Sätzen 1–7 mit einigen untergeordneten Sätzen die lateinische Suite *Helenas est libertas*, bestehend aus sieben Sätzen, die Numminen für seine Frau, die Malerin Helena Vapaa, komponiert hat.

Die *Tractatussuite* wird von musikalischem Chaos eingerahmt, aus dem sich die strengen Sätze Wittgensteins herausheben. Kennzeichen sind bei allen Stücken rasche und überraschende Rhythmuswechsel, immer wieder auftauchende Walzer-Rhythmen – vielleicht als Reminiszenz an Wittgensteins österreichische Herkunft gedacht. Variiert und gespielt wird auch mit Musik-

stilen wie Rock, Jazz, Sprechgesang, Volksmusik und klassisch anmutenden Streichersequenzen. So setzt Numminen im *Song VI* „Wovon man nicht sprechen kann, darüber muss man schweigen", sogar einen Männer- und einen Kinderchor ein. Einzig nicht verändert wird Numminens eigenwilliger Gesang, der häufig mit einem Kippen in die Kopfstimme (Kieksfalsett) beginnt. Dies klingt zunächst exotisch-interessant, wirkt aber auf die Dauer etwas enervierend, vor allem im letzten *Song VI* erinnert die Stimme an eine Comicfigur.

Natürlich ist es unmöglich und auch nicht sinnvoll, den gesamten Text des *Tractatus* zu vertonen. Numminen beschränkt sich hauptsächlich auf die Hauptsätze und häufig zitierten Kernsätze. Einzigartig in der Musikliteratur ist sicherlich die in *Song V* gesungene mathematische Funktion. Durch seine seltsame Stimmgebung bricht Numminen die bestechende Logik und Nüchternheit der Wittgenstein'schen Sprache auf und fügt gleichzeitig eine groteske, teilweise bis ins Larmoyante gehende Note hinzu. Es ist eine spezielle Numminen'sche Interpretation des *Tractatus*, die sich hier dem Zuhörer präsentiert.

Es bleibt die Frage, welchen Mehrwert die CD für den an Philosophie Interessierten hat. Laut Begleittext der CD habe Numminen „mit seiner musikalischen Annäherung an Wittgenstein, die zugleich ernst- wie schalkhaft gemeint ist, bei vielen Menschen die Neugierde auf Wittgensteins Werk wecken können". Die CD ist ein Hörvergnügen, aber die Lektüre des *Tractatus* ersetzt sie nicht.

Susanne Ramsthaler

bücher

Slavoj Žižek

Faktor X
Das Ding und die Leere

supposé

Abbildung oben:
Fotografie von
Dorcas Müller

Slavoj Zizek

Faktor X. Das Ding und die Leere

Audio-CD, supposé 2003.
78 Minuten, € 18,00

Im Stakkato prasseln Zizeks Worte aus den Lautsprechern. Der unsichtbar Vortragende entzaubert unsere Warenwelt, verwandelt Menschen in Kinder-Überraschungseier, entlarvt Feigheit und Selbstbetrug – willkommen in der Realität!

Wohin Zizek blickt, lauter Menschen, die sich nichts vormachen lassen und die sich vor allem auf nichts einlassen – man macht sich höchstens lustig über die herrschenden Verhältnisse. Auch die Welt als solche gibt diesen abgeklärten Individuen keine größeren Rätsel auf: Die meisten Phänomene sind naturwissenschaftlich erklärbar und die Menschen sowieso überall gleich.

So einfach das Welt-, so gebrochen das Selbstbild: Man traut sich nicht über den Weg, weiß sich genetisch vorherbestimmt, betrachtet sein Tun mit Ironie – man muss eben Kompromisse machen. Es gibt keinen Ausweg aus dieser Gesellschaft der radikal Kompromissbereiten: Wer Widerstand leistet, begibt sich nur umso tiefer in sie hinein; denn Zizek zufolge ist Widerstand längst keine Sache mehr von Randgruppen – Widerstand leistet heute beinahe jeder und unterstützt damit geflissentlich den Status quo. Respekt vor dem anderen zu haben gilt als edel. Bei Zizek erscheint er als die Feigheit, sich einzumischen. Toleranz? Man ist so gnadenlos tolerant, dass sich die Tolerierten schon über ein klein wenig Verachtung freuen würden.

Was also tun, Herr Zizek? Sofern der Leser – Entschuldigung: Hörer! – ein wenig mit modernen Theorien der Subjektivität vertraut und bereit ist, sein Vorwissen über die Psychoanalyse

aufzufrischen, wird er bald merken, dass es Zizek ums Ganze geht. Und das Ganze ist ein Subjekt, das mehr ist als ein Subjekt. Zizek will ein Subjekt, das den Mut hat, sich zu verwirklichen, ein Subjekt, das sich nicht festlegen lässt, das versucht, seine unendlichen Möglichkeiten auszuschöpfen, das es verträgt, so zu leben, als wäre es unsterblich. Konkrete Handlungsanweisungen sucht man vergebens – wer sich der Einmaligkeit seiner Subjektivität bewusst geworden ist, wird sich auch in seinen Handlungen zu ihr bekennen.

Das hört sich nicht gerade nach Schulphilosophie an, und systematische Geister werden sich mit Zizeks Argumentationsstil schwer tun. Aber Zizek will eben keine Kaffeekränzchen im Elfenbeinturm abhalten. Wer die Katastrophe im privaten wie im gesellschaftlichen Rahmen verhindern will, muss eine Alternative zur dominierenden Lebensform – dem Leben im Kompromiss – finden. Um Theorie geht es hier also nur, insofern diese lebensnotwendig für die Praxis ist.

Wenn die CD wieder in ihrer Hülle liegt, die Warendinge in der Umgebung ihr gewohntes Erscheinungsbild angenommen haben und die Subjekte wieder langweilige Menschen sind, fragt man sich unwillkürlich, ob es wirklich möglich ist, kompromisslos zu leben. Die Antwort gibt Zizek mit jedem neuen Kompromiss, den er als solchen entlarvt: Man muss zumindest daran glauben, dass es möglich ist.

Michael Hamus

Peter Prechtl (Hrsg.)

Grundbegriffe der analytischen Philosophie

Metzler Verlag,
Stuttgart/Weimar 2004.
227 Seiten, € 14,95

Der Band ist sowohl eine wertvolle und notwendige Einstiegshilfe in die analytische Philosophie für den Uneingeweihten als auch ein hilfreiches Werkzeug für den Fachmann. Zugleich zeigt der Band das Dilemma der analytischen Philosophie und damit eines nicht selten autistischen (selbstbezüglichen) Philosophierens auf.

Was analytische Philosophie heute ist, das ist eine schwierige Frage, an der sich Ansgar Beckermann in seiner lehrreichen Einleitung abmüht. Lehrreich ist die Einleitung nicht zuletzt deshalb, weil sie – wiewohl um Differenzierung bemüht – auch einige typische Vorurteile der analytischen Philosophie sichtbar macht und den Verdacht nährt, dass es unter Analytikern einen gewissen Autismus gibt. Beckermann stellt fest, dass nach einer von den Grundsätzen des Wiener Kreises inspirierten antimetaphyischen Gründungsphase nach und nach wieder alle traditionellen, das heißt auch metaphysischen Themen in die analytische Philosophie zurückgekehrt sind (Metaphysik: Wissenschaft von denjenigen Dingen, die nicht empirisch, das heißt nicht aus der Erfahrung begründet werden können („außerhalb" der Physik)). Insbesondere die Unhaltbarkeit des empiristischen Sinnkriteriums als Abgrenzungskriterium hat das Ende der traditionellen, physikalistisch dominierten analytischen Philosophie eingeleitet (empiristisches Sinnkriterium: Alle Sätze, die nicht auf Grund von Beobachtungen bestätigt oder widerlegt werden können, sollen aus der Philosophie ausgesondert werden; ausgenommen sind nur die Sätze der Mathematik und der Logik).

Interessanterweise nennt Beckermann in der Charakterisierung der analytischen Philosophie nahezu die identischen Argumente, mit denen Husserl seine Phänomenologie von der Weltanschauungsphilosophie einerseits und der naturalistischen Philosophie andererseits abgegrenzt hat. Was die analytische Philosophie auszeichnet, ist Beckermann zufolge nicht nur „ein Stil, der durch begriffliche Klarheit, Genauigkeit und argumentative Strenge ausgezeichnet ist". Es ist vor allem die systematische Orientierung an, auch arbeitsteilig lösbaren, Sachfragen und die Überzeugung, dass alle Phänomene rational erklärbar sind. Aber das trifft uneingeschränkt auch für die Husserl'sche Phänomenologie zu.

Was am Ende an Besonderheiten der analytischen Philosophie bleibt, ist nicht allzu viel und lässt sich am ehesten in Tendenzen formulieren: Es ist erstens die Tendenz der Orientierung an den Ergebnissen der positiven Wissenschaften (Naturwissenschaften), zweitens die Tendenz zu ahistorischer Argumentation, drittens die Tendenz zum Pragmatischen und viertens die Tendenz zum Formalismus.

Die Unklarheiten, die bei der Charakterisierung der analytischen Philosophie bestehen, artikulieren sich nicht zuletzt auch in den Beiträgen. So ist nicht klar, nach welchen Kriterien die Auswahl wichtiger Ahnen und Hauptvertreter der analytischen Philosophie erfolgte. Kommt nicht auch Charles

der
blaue
reiter

Illustration
rechts:
CANJA

Sanders Peirce, Ernst Mach oder Nelson Goodman eine privilegierte Stellung im Kontext der analytischen Philosophie zu, die alle nicht in eigenen Artikeln gewürdigt werden?

In Machart und Qualität sind die Artikel unterschiedlich geraten. Gelegentlich wird historisch weit ausgeholt, gelegentlich wird in einem sehr begrenzten Bezugsrahmen und extrem formalistisch argumentiert. Gelungenen, historisch und aktuell hinreichend ausdifferenzierten Artikeln stehen auch unterbelichtete gegenüber. Der Beitrag über das Leib-Seele-Problem beispielsweise wird der analytischen Diskussion nicht gerecht. Wichtige Positionen wie die von Frankfurt, Taylor, Chrisholm, Korsgaard, Parfit und anderen werden nicht genannt. Die Rolle des Körpers für die Entfaltung des Personbegriffs findet keine Erwähnung. Nicht zuletzt wird versäumt, auf das fundamentale Begriffsproblem hinzuweisen, dass es im Englischen keine Entsprechung zum Begriff des Leibes gibt und somit Missverständnisse sowohl in der Sachdiskussion als auch in der Vermittlung gegenüber der nichtanalytischen Philosophie vorprogrammiert sind.

Weil historische Kenntnisse oder Kenntnisse anderer philosophischer Positionen offensichtlich nur in geringem Maße vorhanden sind, gibt es in der analytischen Philosophie eine Tendenz, Diskussionen, die in anderen philosophischen Richtungen bereits vor Jahrzehnten geführt wurden, in analytischer Diktion zu wiederholen. Hilfreich wäre an einigen Stellen auch die Nennung kritischer Gegenpositionen, wie etwa Cassirers Positivismuskritik, gewesen.

Klaus Wiegerling

Alain Badiou

Ethik. Versuch über das Bewusstsein des Bösen

Aus dem Französischen
von Jürgen Brankel

Turia + Kant, Wien 2003.
156 Seiten, € 15,00

Badiou legt eine Neudefinition des Ethischen vor, mit der er vor allem gegen die „Ethik des Anderen" von Lévinas anschreibt.

Statt die gesetzgebende Kraft des Anderen zu betonen, solle man nach Badiou beginnen, die Akzeptanz des Anderen als Teil des Eigenen zu erproben, was ein echter Prüfstein der überdehnten Forderungen nach Toleranz wäre. Eine Grundlegungsschrift ganz im Sinne Kants also, wobei es vor allem um einen Gedanken geht: ein ethisches Prinzip, das es zu denken gilt. Wie auch bei Kant ist es auf einen Imperativ (Sollenssatz) reduzierbar: „Weitermachen!" – Ähnlich formal und ähnlich beliebig wie die Königsberger Regel („handle nur nach der Maxime, durch die du zugleich wollen kannst, dass sie ein allgemeines Gesetz werde"), deren Inhalt schlichtweg nur durch den dem bürgerlichen Subjekt anerzogenen Unterschied zwischen „gut" und „böse" bestimmt ist, speist sich der Inhalt des Badiou'schen Imperativs vor allem aus der Erfahrung seiner Generation mit Macht und Herrschaft. Was man nach Badiou fortführen beziehungsweise nicht aufgeben soll, ist das Projekt der (aufrichtigen) 68er. Nicht *gegebene*, fahle und verlogene Wahrheiten der (Staats-)Macht, sondern die selbst errungene, eine *gemachte* Wahrheit, die jedoch alles andere als beliebig sei: Badiou sieht sie vielmehr und unabdingbar in einem engen Verhältnis zur (authentischen) Idee des Guten. Dieses „Gute" sei keinesfalls dem der christlichen Tradition verwandt, welches sich nur in Absetzung von falschen beziehungsweise „bösen" Handlungen bestimmen kann. Stattdessen müsse vielmehr umgekehrt das Böse/Falsche sich (mit Aristoteles) vom Guten her bestimmen. Damit widerspricht Badiou der Existenz eines radikal oder schlechthin „Bösen". Wie aber lässt sich die *gute* (Französische, studentische …) Revolution von der *bösen* (nationalsozialistischen, kommunistischen …) Revolution unterscheiden? Eben durch die Wahl des Richtigen, das durch Authentizität charakterisiert ist und nicht bloß Authentizität durch die Wiederholung des Gestus reklamiert. Leider ist dies schon das zentrale Kriterium in Badious Ethikkonzeption, in der sich der Rückblick auf den langen Marsch durch die Institutionen mit professoraler Selbstgefälligkeit bis zur Ununterscheidbarkeit vermengt. Mit diesem subjektiven Grund der moralischen Entscheidung (für das Gute) versucht Badiou dem Formalismus der Kant'schen Vernunftpraxis einen Inhalt zu geben beziehungsweise einen Erfahrungsgrundsatz. Er geht damit im Resultat keinen wesentlichen Schritt über das hinaus, was die Frankfurter Schule in den 1980er-Jahren (als zweiten Ansatz neben Lévinas, von dem sich Badiou distanziert) nicht auch schon wollte, nur in sprö-

derem Stil vortrug: „Die Ethik", so Badiou, „verbindet also unter dem Imperativ ,Weitermachen!' eine Quelle des Unterscheidens (sich nicht von Trugbildern einnehmen zu lassen), des Mutes (nicht nachzugeben) und der Zurückhaltung (sich nicht Extremen der Totalität hinzugeben)." „Wahrheit", „Wahrhaftigkeit" und „Richtigkeit" bildeten jedoch auch exakt das Dreigestirn der (aus der Frankfurter Schule hervorgegangenen) Habermas'schen Ethik, die aus den formalen Grundstrukturen der selbstverpflichtenden Rede abgeleitet werden können; nur lehnt Badiou die Orientierung an Kommunikationsbedingungen strikt ab, so dass er auf verschlungeneren Wegen zu den drei Stützpfeilern einer Ethik der Wahrheit gelangen muss, die bisweilen im Gewand des Kitschigen daherkommen. Wie Habermas, der absolut gültige Normen in herrschaftsfreien Diskussionszusammenhängen erarbeiten will, betont auch Badiou das Prozesshafte der Wahrheitsfindung; anstelle runder Tische müssen jedoch Ausnahmesituationen vor dem inneren Auge aufgerufen werden. Dazu bemüht Badiou neben herausstechenden Alltagsereignissen (Verliebtsein), vor allem politische Extremsituationen: Judenverfolgung, amerikanischen Neoimperialismus… Diese Ethik ist damit sowohl eine Ethik des Ernstfalls beziehungsweise der Vorbeugung des Ernstfalls als auch eine Ethik derjenigen, die ihr Leben wie Kunstwerke gestalten (können) oder es wie einen lieb gewonnenen Garten hegen. Tatsächlich kann es Badious Generation gutgeschrieben werden, eine solche Haltung zu bewahren; den Kampf aber selbstgerecht als Vorlage mit Authentizitätscharakter heranzuziehen, ist – ganz im Sinne einer Ethik der Zurückhaltung – maßlos, gar totalitär und folglich also: „unwahr".

Stephan Günzel

Illustration:
Sabine Humperdinck,
2004

107

Norbert Hoerster

Ethik und Interesse

Reclam Verlag, Stuttgart 2003.
231 Seiten, € 6,00

In seiner neuen Schrift *Ethik und Interesse* behandelt der Rechtsethiker Norbert Hoerster die Frage nach der Begründbarkeit von Moral. Nach seiner Auffassung bleiben die in der Literatur vorherrschenden ethischen Theorien die Antwort auf diese Frage schuldig. Nur eine am Individualinteresse orientierte Ethik, wie der Autor sie vertritt, eigne sich zu einer „weitestgehenden" Moralbegründung.

Das Buch gliedert sich in drei Abschnitte. Die Kapitel eins bis drei sind begrifflichen Vorklärungen gewidmet. Moralische Normen sind Hoerster zufolge Verhaltensaufforderungen, die sich auf das rationale (vernunftgeleitete) „aufgeklärte" Interesse von Individuen stützen. Eine „vorpositive" Normenbegründung geht von absoluten (allgemein gültigen) Normen aus. Das vom Autor vertretene Normverständnis ist dagegen empirisch (erfahrungshaft): Normen sind faktisch („positiv") vorhanden oder nicht vorhanden.

Im zweiten Abschnitt werden die Moralbegründungsstrategien inhaltlich und formal orientierter ethischer Theorien, die sich auf vorpositive Normen stützen, kritisch geprüft. Das finalistische (zielorientierte) Naturrechtsdenken setzt nach Hoerster voraus, dass die Natur bewusst Zwecke verfolgt. Der Ethik des Intuitionismus (Theorie, derzufolge es eigenständige moralische Tatsachen gibt und diese durch unmittelbare Einsicht – Intuition – erkannt werden können) steht entgegen, dass es keine jedermann zugängliche Erkenntnis moralischer Normen gibt. Aber auch formale Vernunftprinzipien der Moral können nach Ansicht des Autors keine umfassende ethische Normenbegründung leisten. Kants kategorischer Imperativ („Handle nur nach derjenigen Maxime, durch die du zugleich wollen kannst, dass sie ein allgemeines Gesetz werde") habe relativistische Konsequenzen, Habermas' diskursethisches Prinzip stütze sich auf Normen, die bereits von außen in den Diskurs eingebracht würden, Hare könne nicht begründen, warum es für Individuen rational sei, ein Sollensgebot als allgemein gültig („universalisierbar") anzuerkennen.

Am ehesten, so der Autor im dritten Abschnitt seines Buchs, sei die von ihm vertretene, am Individualinteresse orientierte intersubjektive Normenbegründung tragfähig. Denn sie könne am besten begründen, warum es für das Individuum rational sei, eine allgemeine

Normenbefolgung zu vertreten, ohne dass auf umstrittene vorpositive Normen zurückgegriffen werden müsse.

Auf den ersten Blick wirkt Hoersters klare Argumentation, die er mit vielen Beispielen veranschaulicht, bestechend. Genauer zeigt sich jedoch, dass der Autor gelegentlich aus der eigenen Sichtweise einer interesseorientierten ethischen Position heraus, somit zirkulär argumentiert und dadurch die Tiefendimension der von ihm kritisierten Theorien zum Teil verfehlt. Besonders deutlich wird dies an Hoersters Kant-Kritik. Möge Kants Moralprinzip nicht auf jede denkbare Situation anwendbar sein, wie der Autor nachzuweisen versucht, so tut das dem Kant'schen Vernunftprinzip des kategorischen Imperativs als umfassender Moralbegründung keinen Abbruch. Das Wollen aus „reiner" Vernunft ist nach Kant von vornherein moralisch bestimmt und nicht an empirischen Interessen orientiert. Kants Bemerkung, dass eine reine Vernunftmotivation unerklärbar sei, ist kein Hinweis darauf, das sein Begründungsverfahren „in der Luft hängt" (Hoerster), sondern im Gegenteil ein logisches Erfordernis seines Letztbegründungsanspruchs.

Ähnlich problematisch erscheint Hoersters Einlassung zur Diskursethik Habermas'scher Prägung. Nach Habermas' Auffassung findet alle Moral im Raum sprachlicher Kommunikation, sprich: im rationalen Diskurs statt. Voraussetzung zur Teilnahme am rationalen Diskurs ist nach Habermas aber die Akzeptanz bestimmter diskursethischer Regeln. Dieses Argument stützt sich auf eine tiefere Ebene als die vom Autor erörterten pragmatischen Fragen rationaler Diskurse. Es ist transzendentalpragmatisch zu verstehen, das heißt, in Frage stehen nicht die Diskurse selbst, sondern die Bedingungen ihrer Möglichkeit. Auf dieser Ebene muss der diskursethische Ansatz kritisiert werden.

Ob Hoersters eigene These zur Moralbegründung ausreicht, ist zweifelhaft. Genügt es wirklich, Einstellungen des Mitleids, des Altruismus (Selbstlosigkeit) oder der Fairness schlicht als faktisch vorhandene menschliche Interessen zu konstatieren? Stellt sich nicht eigentlich hier erst die Frage nach dem Phänomen der Moral und seiner Begründung? Trotz der genannten Einwände ist Hoersters Schrift sehr lesenswert. Sie ist in einem klaren, unprätentiösen, gut verständlichen Stil verfasst und fordert zum Überdenken der eigenen Position heraus.

Jürgen Lambrecht

Friedrich Heer, Sabine Freitag, Klaus Günther (Hrsg.)

Für eine gerechte Welt – Große Dokumente der Menschheit

Primus Verlag, Darmstadt 2004.
192 Seiten, € 29,90

Die Herausgeber stellen Auszüge juristischer, politischer, philosophischer und religiöser Texte aus vier Jahrtausenden vor, die sie in ihrem Anspruch und ihrer Wirkung als maßgeblich für die zunehmende Verrechtlichung der Zivilisation bewerten.

Neben Klassikern ethischer Literatur – etwa dem Dekalog, der Bergpredigt oder den Gesprächen des Konfuzius – findet man Dokumente der Kodifizierung positiven Rechts wie den *Corpus Iuris Civilis*, den Kaiser Justinian im 6. Jahrhundert zusammenstellen ließ und dessen Bedeutung für die europäische Rechtsgeschichte „kaum zu überschätzen" ist. Oder den eindrucksvollen, etwa 3700 Jahre alten Codex des altbabylonischen Königs Hammurapi, der auf Akkadisch verfasst und in Keilschrift in eine Stele gemeißelt wurde. Einige der 285 Paragrafen, die unter anderem Eigentums-, Zivil- und Familienrecht behandeln, sprechen trotz der eindeutig erkennbaren patriarchalischen Ordnung auch Frauen einklagbare Rechte zu. Nicht alle Texte sind Manifestationen der Bemühung, die Welt humaner und gerechter zu machen. Vielmehr stößt man auch auf Zeugnisse für die praktische Notwendigkeit sesshaft gewordener Menschen, sich mit einem verbindlichen Regelsystem im Handeln aufeinander abzustimmen und voreinander zu schützen.

In dem gebundenen, mit vielen, meistens farbigen, Abbildungen an-

der blaue reiter

schaulich gestalteten Band finden sich neben Texten aus allen Weltreligionen (mit Ausnahme des Hinduismus) die meisten der wichtigen Verträge und Rechtsdeklarationen wie die Magna Charta von 1215 oder die Allgemeine Erklärung der Menschenrechte von 1948. Mit Platon, Cusanus, Pico della Mirandola, Kant und Marx sind auch einige Philosophen mit Werkzitaten vertreten. Allerdings eignet sich das Buch weniger für Studierende der Philosophie, zumal viele zentrale Texte der politischen Philosophie (gerade der jüngeren) ausgelassen werden.

Der Band ist eine komplett überarbeitete und erweiterte Ausgabe der Textsammlung *Die großen Dokumente der Menschheit* des bereits verstorbenen Historikers Friedrich Heer, dessen katholisch-humanistische Haltung in dem der Auswahl vorangestellten Abc der Menschheit deutlich wird. Dort vermitteln unterschiedlichste Informationen mehr den Eindruck eines kulturhistorischen Sammelsuriums denn eines geordneten Überblicks zusammenhängender Geistesgeschichte. Genau das ist auch die Schwäche des Buchs, das aus mehreren Regionen und Epochen Dokumente nebeneinander stellt, die an Absicht und historischer Relevanz selten in einem Zusammenhang stehen und deren „Größe" eine kaum bestimmbare Qualität ist. Das ist den beiden jüngeren Herausgebern, die die Schwierigkeiten der Zusammenstellung in ihrer Einleitung thematisieren, jedoch bewusst. Sie haben durch ihre Überarbeitung einiger Kommentare, Auslassungen von mittlerweile weniger relevanten Texten und Integration anderer, wichtigerer Schriften das Buch gegenüber seiner Vorgängerausgabe aktualisiert und historisch stärker fundiert. Erwartet man keine konsistente Ideengeschichte, können die einzelnen Kapitel, in denen Abschnitte berühmter Texte durch Kommentare ergänzt werden, lehrreich und spannend sein.

Bedauerlich ist, dass keine neueren und kritischen Übersetzungen verwendet wurden und weder die Zitate in Heers Kommentaren nachgewiesen werden noch Seitenzahlen in den Quellenangaben angeführt sind. Dafür enthält das Buch eine hilfreiche und aktuelle Bibliografie mit weiterführender Literatur zu den einzelnen Themen.

Empfehlenswert ist die Sammlung für den Schulunterricht in Religion, Ethik oder Politischer Weltkunde sowie für alle, die an anschaulich dargestellten Zeugnissen der Rechts- und Kulturgeschichte interessiert sind.

Asmus Trautsch

Hermann Schmitz

Was ist Neue Phänomenologie?

Ingo Koch Verlag, Rostock 2003. 435 Seiten, € 32,80

Hermann Schmitz hat die Philosophenszene mit dem Entwurf einer Neuen Phänomenologie provoziert. Im vorliegenden Buch fasst er die Erträge seiner philosophischen Arbeit zusammen.

Die zentrale These Husserls lautet: „Jedes Bewusstsein ist Bewusstsein von etwas." Daher kommt er nicht, wie noch Descartes, zu einem isolierten cogito (ich denke), sondern zu einem welthaltigen ego cogito cogitationes – ich denke etwas. Bewusstsein und Welt erscheinen so als zwei Pole, die nur zusammen, dank der vermittelnden Relation, existieren. Hermann Schmitz hat das cogito Husserls tiefer gelegt – und zwar in die Sphäre des Leibes. Das erinnert an Merleau-Ponty, doch bei genauerem Hinsehen gibt es nur wenige Parallelen zwischen Merleau-Ponty und Schmitz. Der Leib bei Merleau-Ponty ist ein olympischer Leib – der Leib in der Schönheit seiner Bewegung. Der Leib bei Schmitz hat demgegenüber dämonische Züge. Es ist der Leib von Hunger, Durst, Schmerz und Angst. Schmitz' methodisches Instrument ist das eigenleibliche Spüren, das heißt das Spüren, wie uns leiblich zumute ist. Ein diffuses leibliches Befinden begleitet uns immer – manchmal ist es auch prägnanter, wie zum Beispiel im Schmerz. Es kann sogar so übermächtig werden, dass es den ganzen Horizont ausfüllt und unser Dasein beherrscht. In solchen Fällen spricht Schmitz von primitiver Gegenwart, die er von der entfalteten unterscheidet. Zu den Leistungen seiner Philosophie gehört, dass er den Menschen in der Perspektive dieser primitiven Gegenwart zeigt, also den Menschen in Angst, Schreck, Durst oder Hunger. Von diesem Punkt der primitiven Gegenwart aus entwickelt er auch seine Subjektivitätstheorie. Daher kann er gegenüber der klassischen Phänomenologie zu Recht behaupten, einen umfassenderen Standpunkt entwickelt zu haben.

Eine weitere Errungenschaft ist seine ausgearbeitete Gefühlsphilosophie. Sie schließt ebenfalls an Vorarbeiten innerhalb der phänomenologischen Tradition an, grenzt sich jedoch etwa von Max Scheler ab, indem sie Gefühle als räumliche Atmosphären begreift. Insbesondere diese exzentrische Gefühlstheorie wird im vorliegenden Buch umfangreich diskutiert. Die minutiösen und historisch aufgearbeiteten Analysen laden dazu ein, den eigenen Alltag und auch das eigene Gefühlsle-

ben neu wahrzunehmen. Tatsächlich traut Schmitz den Gefühlen auch eine normative (wertsetzende) Kraft zu und begründet entsprechend die Geltung von Rechtsnormen und moralischen Verpflichtungen mit der Autorität von Gefühlen.

Mit seiner Philosophie der Gefühle gründet Schmitz die praktische Philosophie auf einen emotionalen Vorgang: auf das Betroffensein von Gefühlen. Auch in dem Bereich, welchen man heute als Lebenskunst bezeichnen würde, spielen Gefühle laut Schmitz die Hauptrolle. Dies zeigt er überzeugend in seiner schönen, historisch tief greifenden Phänomenologie der Liebe, aber auch in seinen Überlegungen zum Wohnen.

Problematisch scheint jedoch, dass diese Phänomenologie durch ihre Methode verleitet wird, das Spürbare zum alleinigen Grundprinzip zu erheben. Gegenüber dem spürbaren Leib verkümmert bei Schmitz der sichtbare Körper, die Verbindung zwischen beiden bleibt rätselhaft. Weil er sich auf das Spürbare, Erlebbare konzentriert, wird bei Schmitz die sichtbare Welt zu einem Schattenreich.

Für den Nicht-Fachphilosophen ist das Buch keine leichte Lektüre. Der mittlere Teil, der Vorträge zu den Themen Affektives Betroffensein, Ästhetische Arbeit und Praktische Philosophie zusammenfasst, sollte jedoch auch für den Nichtfachmann verständlich sein. An manchen Stellen macht sich störend bemerkbar, dass das Buch nicht lektoriert wurde. Wer sich von dem gelegentlich recht großartigen Gestus des Schmitz'schen Auftritts nicht irritieren lässt, findet in dem Buch klare Definitionen, lebendige, oftmals überzeugende Argumente und spannende Thesen. Die Auseinandersetzungen mit Heidegger, Husserl, Merleau-Ponty und Waldenfels, welche in den abschließenden historischen Kapiteln präsentiert werden, stellen seine Ideen in den Kontext der Phänomenologie und zeigen Kontinuitäten und Bruchstellen. Die historische Auseinandersetzung zeigt, inwieweit sein Werk einerseits eine Fortsetzung, andererseits eine Erneuerung der Phänomenologie ist.

Jens Soentgen

109

Illustration: **Sabine Humperdinck,** 2004

Werner Theobald

Mythos Natur. Die geistigen Grundlagen der Umweltbewegung

Wissenschaftliche Buchgesellschaft,
Darmstadt 2003.
167 Seiten, € 27,90

Der Titel *Mythos Natur* lässt eine der vielen modischen und sehr voraussetzungsvollen Demontagen des Naturbegriffs erwarten, wie sie die Schüler der 68er-Generation derzeit allerorten produzieren. Doch was Werner Theobald bietet, ist nicht nur für den am Thema Natur interessierten Leser ohne Lexikon verständlich, sondern geradezu eine Rehabilitierung mythischen Denkens.

Theobalds überzeugend begründete These lautet: Das, was Menschen, die sich für Naturschutz einsetzen, eigentlich bewegt, ist weder in der Sprache der Wissenschaft noch in jener der Ethik oder der Ästhetik zu formulieren, da in diesen Disziplinen wesentliche Teile menschlicher Weltverhältnisse und auch menschlicher Rationalität ausgeblendet werden (Reduktionismus).

Erfrischend, wie hier herausgearbeitet wird, dass der in an Naturphilosophie interessierten Kreisen oft zitierte Gernot Böhme – bei aller sich mutig dünkenden Kritik am Reduktionismus –, zu der Dimension, in der Natur als wesenhaft begriffen werden kann, gar nicht vordringt, sondern in der ästhetischen Blickweise des Reduktionismus stecken bleibt.

Eine glückliche Hand hat Theobald in der sparsamen Auswahl treffender Zitate. So etwa wenn Hermann Hesse die grundlegende Zwiespältigkeit aller Naturphänomene am Beispiel der Beobachtung beschreibt, wie ein schwaches Lüftchen die Blätter von den Buchen fallen lässt, die so lange ausgehalten hatten, während die ersten jungen Knospen schon aufbrechen: „War es traurig, war es erheiternd? War es eine Mahnung an mich den Alten, mich auch flattern und fallen zu lassen, eine Mahnung, daß ich vielleicht Jungen und Stärkeren den Raum wegnahm? Oder war es eine Aufforderung, es zu halten wie das Buchenlaub, mich so lang und zäh auf den Beinen zu halten, wie nur möglich, mich zu stemmen und zu wehren, weil dann, im rechten Augenblick, der Abschied leicht und heiter sein werde." Eben weil das, was uns aus der Natur anspricht, nie eindeutig im Sinne einer Aufforderung ist, sind auch die mythischen Wesensbildungen – das, was die Erfahrungsreligion Gott nennt – nicht als gut oder schlecht zu bewerten. Und heutige Naturethiker wissen oft gar nicht, wie sehr

sie in ihrem Verlangen nach klaren Aussagen in der Tradition der Dogmatiker der Erlösungsreligionen stehen, die sie mit ihrem Streben nach voraussetzungslosen Begründungen hinter sich zu lassen wähnen.

Theobald betrachtet Mythos als Denkform eigener Rationalität. Hierin bleibt er vom schiefen Mythosbegriff Hübners und seiner falschen Unterscheidung von Mythos und Religion abhängig, die bei Hübner ganz offen einer Rehabilitierung des Christentums dient. Deshalb ist Theobalds Buch zwar eine wunderbare Hinführung zur Stellung des Mythos innerhalb des menschlichen Denkens, aber nicht zum Verständnis des Mythischen selbst.

Deutlich ist Theobald, wo er gegen den herrschenden Unsinn der angeblich feststehenden Größen „Rationalität" und „Überzeugungskraft von Argumenten" angeht, womit der ganze Popanz der Diskursethik zusammenfällt. Damit erübrigen sich Begriffe wie „Eigenwert", „Selbstzweckhaftigkeit" oder „Autonomie der Natur" und der ganze Streit um „Anthropozentrik" versus „Biozentrik" als untaugliche Versuche, in einer für den Reduktionisten annehmbaren Sprache das zu formulieren, was dem unverbildeten, „naturvertrauten" Menschen selbstverständlich ist. Theobald weist darüber hinaus nach, dass gerade die so genannte Selbstzweckhaftigkeit von Natur nicht kulturübergreifend konsensfähig und zum Beispiel dem ostasiatischen Denken ganz fremd ist, während es die ursprüngliche Intuition, die zu mythischer Beschreibung führt, durchaus wäre.

Reinhard Falter

Michael Walzer

Erklärte Kriege – Kriegserklärungen. Essays

Europäische Verlagsanstalt,
Hamburg 2003.
195 Seiten, € 14,80

Der 11. September 2001 konfrontierte die Welt nicht nur mit einer neuen Dimension des internationalen Terrorismus, sondern verlieh in seinen Konsequenzen, zu denen auch der Angriff auf Afghanistan gehörte, einer alten Frage neue Aktualität: Gibt es Gründe für einen gerechten Krieg?

Der vorliegende Band enthält Essays von Walzer aus den Jahren 1992 bis 2002. Im ersten Essay geht der Autor der Frage nach, wie die Welt als Ganzes

theoretisch am besten zu regieren sei. Walzer macht Vor- und Nachteile der Dominanz weltumspannender oder einzelstaatlich-autonomer Strukturen deutlich, besonders in Bezug auf die Lösung lokaler und umfassender Konflikte. Er analysiert kritisch die Gefahren, die sich ergeben, wenn die Lehre vom „gerechten Krieg" zum rhetorischen Blendwerk eines jeden Kombattanten verkommt; gleichwohl müsse an ihr festgehalten werden.

Die „Ethik der Kriegführung" und die „Politik der Rettung" handeln von drei Aspekten moderner internationaler Konfliktsituationen. Erstens stellt sich die Frage nach der Verantwortung. Innerhalb der militärischen Hierarchie ist diese leicht zu lösen, doch wenn bei einem „gerechten" Krieg die Zivilbevölkerung geschont werden soll – wie steht es dann mit der Verantwortung der einzelnen Militärränge gegenüber der feindlichen Zivilbevölkerung? Besonders der so genannte „Notfall" ist bei der Frage nach dem gerechten Krieg ein schwieriges Problem. Ist es, wie zum Beispiel bei der Bombardierung deutscher Städte während des Zweiten Weltkriegs, zu rechtfertigen, dass Zivilisten bombardiert werden um die Entschlossenheit des Feindes zu brechen? Michael Walzer Antwortet mit einem Paradox: Es ist niemals „gerecht", sondern ein Übel – aber man kann gezwungen sein dieses Übel zu begehen, sollte sich jedoch niemals damit (und mit sich selbst) aussöhnen.

Im Falle so genannter humanitärer (militärischer) Interventionen in Krisengebieten bewegt sich die Argumentation des Autors zwischen den Polen der Intervention in imperialistischer Absicht und dem Isolationismus. Walzer befürwortet Interventionen unter bestimmten Bedingungen und umreißt die Rolle internationaler Organisationen sowie die der USA.

Die letzten Essays sind Stellungnahmen des Autors zu den Terroranschlägen vom 11. September 2001 und zum Phänomen des Terrors an sich. Die Hauptfrage, die Walzer hier beschäftigt, ist das *Warum* des Terrors. Er bezieht ausdrücklich Position gegen relativierende Stimmen, welche die Frage, ob „Kämpfer" als Terroristen oder als Freiheitskämpfer bezeichnet werden, zu einer reinen Sache des Blickwinkels machen: „Terroristen sind Parasiten der Unterdrückung, Freunde der Unterdrückten sind sie nicht." Amerikanische Politik und amerikanisches Auftreten auf der Weltbühne könne kritikwürdig sein, Terrorismus rechtfertige es nicht. Dass Amerika aber nicht davor zurückschreckt, Terroristen wie zum Beispiel die nicaraguanischen Contras mit Geld, Waffen und Know-how zu unterstützen, sofern dies ins wirtschaftliche oder ideologische Konzept passt, verschweigt der

Autor geflissentlich – würde dies der Logik des Autors zufolge doch einen Krieg Nicaraguas gegen die USA rechtfertigen. Auch der Begriff des Staatsterrorismus scheint Walzer unbekannt.

Otto Kallscheuer zeichnet in einem Nachwort Walzers Versuch nach, angesichts der terroristischen Bedrohung eine glaubwürdige Antwort der „Linken" in Amerika zu formulieren – zwischen der „Old Left" und der neomarxistischen „New Left", zwischen der problematischen Befürwortung militärischer Interventionen und radikalem Pazifismus, zwischen kultureller Abgrenzung und Internationalismus, zwischen schmutzigen Händen und der moralisch weißen Weste des bloßen Zuschauers.

Die unabhängig voneinander erschienenen Essays sind für diesen Band sehr gut ausgewählt und zusammengestellt, sowohl thematisch als auch in ihrer Abfolge. Die Übersetzung liest sich angenehm flüssig. Obwohl alle Essays vor dem zweiten Golfkrieg erschienen sind, bieten sie auch heute eine spannende und zum Widerspruch auffordernde Lektüre für alle, die sich mit dem Problem des „gerechten Kriegs" an sich und mit den neuen Herausforderungen der jüngsten Entwicklungen beschäftigen.

Stefan Gammel

Der Brockhaus Philosophie. Ideen, Denker und Begriffe

F. A. Brockhaus, Mannheim 2004.
384 Seiten, 1300 Stichwörter,
400 Abbildungen, 24,90 €

Dieser Themen-Brockhaus ist ein sehr schön gemachtes Buch – gut gedruckt, stabil gebunden, in ansprechendem Layout gesetzt und reich bebildert. Im Grunde liegt ein textlich variierter Auszug aus dem großen Brockhaus vor, wobei die thematisch wichtigen Stichworte ausführlicher dargestellt sind.

Aus dem Brockhaus übernommen sind die Artikel zu vier Arten von Stichwörtern. Das sind in großer Zahl die Philosophen von Abelard bis Zenon; Begriffe wie Deduktion, Dasein, Sinn, Absolutes und Absurdes; philosophische Strömungen und Schulen wie Empirismus, Averroismus oder Analytische Philosophie sowie Theorien und philosophische Fachgebiete wie Erkenntnistheorie, Abbildtheorie und Formale Logik. Manche Stichwörter sind nicht übernommen worden, so sucht man beispielsweise „Melancholie" oder den französischen Arzt und Philosophen La Mettrie vergeblich.

Bei den Philosophen sind vor allem die Berühmten ausführlicher als im großen Brockhaus dargestellt. Sehr bedauerlich ist es jedoch, dass auf ein Werkverzeichnis der besprochenen Personen und wichtige Literatur zum jeweiligen Thema verzichtet worden ist. Nur einzelne Hauptwerke werden sporadisch erwähnt, und 60 Hauptwerke der Philosophie werden in Infokästen kurz vorgestellt. Wer neugierig geworden ist, wird selbst noch einmal recherchieren müssen. Aktuelle Ereignisse sind berücksichtigt, so findet Sloterdijks berühmt-berüchtigter Vortrag zum Menschenpark auf Schloss Elmau im Jahr 1999 ausführlich Erwähnung, und die Redaktion lässt im Artikel „Gefühl" Coburger Schülerinnen anlässlich eines Selbstmord-Attentats im Juli 2003 weinen.

Für ein Lexikon, das die gesamte Philosophie umfassen soll, ist der Umfang zu gering. Der Verzicht auf Abkürzungen tut ein Übriges, macht die Artikel aber flüssiger lesbar. Die Artikel sind entsprechend dicht geschrieben. So erstaunlich es ist, wie viel man in solcher Knappheit an präzisen Informationen vermitteln kann, so bleibt es doch ein Konversationslexikon: Das vermittelte Wissen reicht, um etwas erklärt zu bekommen und somit dann über das Thema sprechen zu können. Zum eigentlichen Verständnis der Zusammenhänge reicht es nicht aus. Nicht umsonst also sind andere philosophische Lexika deutlich umfangreicher – oder thematisch eingeschränkt auf Personen, Begriffe, bestimmte Strömungen …

Dem Buch sehr zugute kommt das große Bildarchiv des Brockhaus. Die sehr schwierige Visualisierung von Begriffen ist überraschend häufig gelungen. Magrittes „Der bedrohte Mörder" visualisiert Kants umstrittene These vom Verbot aus Menschenliebe zu lügen; wir sehen einen Gehirnschnitt zum Topos „Gehirne im Tank", Bertrand Russell auf einer Friedensdemonstration, ein römisches Rhetoren-Mosaik aus Trier zum Thema „Rhetorik" sowie ein Foto der Public Library in Denver zum Thema „Postmoderne" (nein, nicht die Staatsgalerie in Stuttgart). Ob das Foto einer roten Rose zur These des Realismus von der eigenständigen Existenz der Röte etwas beiträgt, ist dann schon fraglicher. Unter „Marxismus" wird es schließlich ernst auf einem DDR-Plakat mit dem Slogan „Unsere Verpflichtung: Hohe Leistungen beim Lernen und Arbeiten". Nun gilt es, diese beim Studium der Philosophie auch einzulösen – mit der Lektüre dieses Lexikons wäre ein erster, einfacher und nicht nur visuell anregender Schritt getan.

Klaus Erlach

Günter Ropohl

Sinnbausteine für ein gelingendes Leben

Reclam Verlag Leipzig, Leipzig 2003.
154 Seiten, € 8,90

Die Idee, Sinngewissheit für das Leben als Baukastensystem aufzubauen, ist gut und entspricht dem Anspruch eines sorgfältigen deutschen Ingenieurs; der Erfolg jedoch ist ähnlich zweifelhaft wie bei der Autobahnmaut. Der Autor gibt eine Gebrauchsanweisung, wie das Sinngebäude zu erstellen ist, und verzichtet auch nicht auf eine ausführliche Erörterung der Gewährleistung. Was zeigt die Gebrauchserfahrung?

Die Grundstruktur des Sinnsystems bilden zwanzig Grundbausteine (wie Gott, Freiheit, Liebe, Arbeit …), die der Autor für ein Sinnganzes als (denk-) notwendig und überpersönlich geltend erachtet. Diese Rahmenstruktur kann mit Ergänzungsbausteinen ausgestattet werden, die das Sinnsystem nach individuellen Bedürfnissen erweitern. Die Ergänzungsbausteine sind zwar einzeln bewährt, können sich aber lebenspraktisch ausschließen und daher nicht beliebig kombiniert werden. Ihr Sinnbeitrag kann, so der Autor, nicht für alle Menschen gleichermaßen gewährleistet werden. Ferner ist zu beachten, dass die Vollständigkeit des Baukastens nicht verbürgt werden kann, der geneigte Leser also durchaus die Möglichkeit hat, weitere Sinnmodule in das Baukastensystem einzubringen. Des Weiteren werden

111

noch einige Spielbausteine vorgestellt, für die der Autor keine Gewährleistung übernehmen möchte, da sich ihre Gültigkeit jeder kritischen Prüfung entzieht.

Ein Beispiel: Im Grundbaustein „Politik" wird die zentrale Bedeutung des politischen Handelns für den eigenen Lebenssinn und die eigenen Lebensbedingungen aufgezeigt. Bezug nehmend auf die Missstände der deutschen Parteiendemokratie – stellvertretend für das zeitübergreifende Interesse der Menschheit an der politischen Lebensform – wird aufgezeigt, dass der Einzelne in unserem System nahezu nichts wirksam beeinflussen kann. Die Umgangsweise mit dem Missverhältnis von Wichtigkeit und Wirksamkeit politischen Handelns sollen verschiedene Ergänzungsbausteine regeln. Unter den Stichworten „Liberaler Staat", „Sozialer Staat" und „Konservativer Staat" werden unterschiedliche Staatsformen wiedergegeben; alles sehr lehrreich. Empfohlen vom Autor wird abschließend der Ergänzungsbaustein „Rege Teilnahme" in seinen Ausprägungen vom Berufspolitiker bis zur eher privaten Teilnahme an der öffentlichen Meinungsbildung – Letztere basierend auf Informationen, die in qualifizierter Form nur mit entsprechender Medienkompetenz (bitte nicht fernsehen, sondern Zeitung lesen) zu erwerben sind.

Inwiefern also kann der Autor seine selbstgestellte Aufgabe erfüllen? Die Grundbausteine formulieren im Wesentlichen die jeweilige Frage, wie sie aus der Philosophiegeschichte überliefert ist – mit aktuellen Bezügen und in leicht verständlicher Form. Sie bilden jedoch kein Fundament, sondern zeigen lediglich den jedem Philosophen wohlbekannten Sumpf der Ungewissheiten auf. Erst die Ergänzungsbausteine geben unterschiedlich plausible Antworten; weil diese sich teilweise ausschließen, gilt es vom Sinnbauingenieur eine Wahl zu treffen. So werden die ersten Pfähle partieller Gewissheiten in den Sumpf gerammt. Unter den Spielbausteinen finden sich religiöse Überzeugungen, ekstatische Erfahrungen und privatistische Einstellungen, von denen der Autor in der Regel mehr oder weniger stark abrät, weil er sie nicht für solide Pfahlbauten, sondern für Luftschlösser hält. Der zum Politischen gehörige Spielbaustein „Gleichgültigkeit" mag ein bequemer Luxus sein, ist aber nicht verallgemeinerbar und passt daher nicht in jedes Sinngebäude.

Das Büchlein lässt sich sehr gut als Einführung in philosophische Fragestellungen lesen. Es umfasst ein weites Themenspektrum, ist leicht verständlich geschrieben, kann dabei natürlich nicht sehr tief gehend sein und ist – sehr ungewöhnlich – nahezu durchgehend in der Ich-Perspektive „erzählt". Verweise auf die wichtigsten Vertreter eines jeden Bausteins wären für eine Einführung jedoch hilfreich gewesen.

Klaus Erlach

Joachim Garff

Sören Kierkegaard. Biographie.

Aus dem Dänischen von Herbert Zeichner und Hermann Schmid.

Carl Hanser Verlag,
München/Wien 2004.
957 Seiten, € 45,00

Sören Kierkegaard – der Dandy, der Schriftsteller, der Philosoph –, der sich zeitlebens hinter Pseudonymen versteckt und verborgen hat, der Dichter der indirekten Mitteilung und der Ironie, erscheint zuweilen als Erfinder seiner eigenen Existenz. Das Leben dient als willkommener Anlass des Werks.

Joachim Garff ist Forscher am Kierkegaard-Zentrum in Kopenhagen und in dieser Eigenschaft auch Mitherausgeber der kritisch-historischen Kierkegaard-Ausgabe. Von daher versteht sich der Anspruch des Buchs: Es soll wissenschaftliche Ansprüche erfüllen, aber zugleich als Biografie dem Genre der erzählerischen Prosa genügen.

Die 957-seitige Biografie würdigt die 42 Lebensjahre des Philosophen ausführlicher als jede bisher erschienene. Als sie vor vier Jahren in Dänemark erschien, wurde sie hymnisch gefeiert; sie war das Gesprächsthema in Kopenhagen, der Stadt Kierkegaards. Das mag nicht verwundern, denn das Buch ist überaus penibel recherchiert, gespickt mit biografischen Einzelheiten; Menschen und Plätze der Kopenhagener Szenerie werden lebendig.

Teil eins der Biografie schildert sehr facettenreich das durch den Vater vorbelastete, pietistische Leben, das dem Sohn die Hypothek auferlegte, ein kurzes Leben lang die Erbsünde abtragen zu müssen. Mit dem Tod des Vaters, dem „großen Erdbeben", wurde die Erbsünde zum Lebensthema. Hier wird Kierkegaards Werk aus seiner Biografie heraus verständlich.

Das zweite Kapitel schildert die Liebesgeschichte mit Regine, die in der Reihe der unglücklichen eine der ergreifensten Liebesgeschichten der Weltliteratur ist. Kierkegaard benutzt Regine nur, um literarisch tätig zu sein, sozusagen als Stimulans, dessen er nach getaner Arbeit überdrüssig wurde. Und doch, so Garff, hat er dieser Frau, mit der er die Verlobung höchst unsanft gelöst hatte, alles Hab und Gut, das er besaß, hinterlassen – eine Hinterlassenschaft, die sie allerdings ablehnte. In seinem letzten Willen versichert er ihr, dass sie für ihn immer die einzige legitime Frau gewesen sei. War dies Lebensuntüchtigkeit oder Naivität oder einfach auch nur Teil einer Inszenierung, die er in Schriftstellerei umsetzte? Wurde Regine bis zum Äußersten wiederbenutzt, wie Garff vermutet, wurde sie allein durch ihre Abwesenheit zeitlebens für ihn zu einer Obsession?

Der dritte und der vierte Teil des Buchs sind Kierkegaards Auseinandersetzung mit dem *Corsaren* gewidmet – jenem satirischen und politischen Wochenblatt, das sich für das Organ der Volksmeinung hielt. Kierkegaard selbst nennt in seinen Erinnerungen die Ereignisse mit dem *Corsaren* „ein Drama und eine Katastrophe mit drei Personen, von denen ich der Überlebende bin". Garff schildert Kierkegaards Kampf gegen das in Kopenhagen vertretene Christentum und die pietistischen Wurzeln von Kierkegaards Elternhaus, der all seine Kräfte aufzehrte, zutreffend als eine „theologische Einmannrevolution".

Sicher wird diese Biografie einige Leser ermüden; es ist anzunehmen, dass das deutsche Publikum nicht in gleicher Weise an Kopenhagen und dessen Ambiente interessiert sein wird wie das dänische. Es ist jedoch eine Biografie, die aufzeigt, dass Genialität und Scheitern ganz nahe zusammenliegen, dass Kierkegaard eine Ausnahmeexistenz war, einer der über sich selbst schreibt: „Was mir fehlt, ist, dass ich mit mir selbst nicht zurechtkomme." Ein Leben, das von Anbeginn auf ein Scheitern angelegt war, das sich selbst stilisiert und ästhetisiert hat. „Kierkegaard wird zu Kierkegaard", so Garff, „weil er sein Schicksal bei allen Widrigkeiten sich abzeichnen sieht." Es ist Garff gelungen, diesen Weg nachzuzeichnen, in einer Weise, in der Wissenschaftliches in dichte erzählerische Prosa verpackt wird. So hat am Ende Kierkegaard Recht behalten, wenn er 1847 schreibt: „Und deswegen werden einst nicht einmal nur meine Schriften, sondern gerade mein Leben, die listenreiche Heimlichkeit der ganzen Maschinerie studiert und wieder studiert werden."

Renate Breuninger

Presseschau

„...unabhängig davon hat ein freihändiges Philosophieren Hochkonjunktur. Es ... hat sich ... in der Freizeit- und Mediengesellschaft auch als respektable literarische Gattung etabliert. Repräsentanten hat diese Gattung unter anderem in den zahlreichen Zeitschriften, die sich nicht an die universitäre Profession wenden. Als exzellente Beispiele seien *der blaue reiter* und die *Zeitschrift für Didaktik der Philosophie und Ethik* genannt. Manchem Fachkollegen werden sie womöglich noch nicht bekannt geworden sein ...“

Dieter Henrich
In: Deutsche Zeitschrift für Philosophie 1/2004

Zu *der blaue reiter* Nr. 17 („Das Böse“):

„Philosophische Zeitschriften sind üblicherweise – von einigen wenigen Schaubildern abgesehen – eine Bleiwüste; das Interesse gilt schließlich dem Inhalt der Beiträge. Wer so gestimmt das erste Mal ein Exemplar des *blauen reiters* in die Hände bekommt, wird ziemlich überrascht sein: über das ungewöhnlich große Format, die unterschiedlichen Rubriken (außer dem thematischen Schwerpunkt u. a. ein Begriffslexikon, ein Interview, ein philosophisches Portrait, die Reihe Ethik aktuell, Rezensionen) und die vielen, vielen Abbildungen. Den Lesern des Heftes über „Das Böse“ begleiten vor allem Bilder von Wolfgang Mattheuer. Dass in den Beiträgen außerdem Fachbegriffe in Parenthese oder in farblich abgesetzten Feldern erklärt werden, hängt mit der Gründungsgeschichte dieses seit 1995 erscheinenden *Journals für Philosophie* zusammen: Es ist der Versuch, eine philosophisch anspruchsvolle, dennoch verständliche und optisch einladende Zeitschrift herzustellen, welche die Freude am Denken und seine Ernsthaftigkeit vermitteln möchte.

In zehn Beiträgen wird „das Böse“ vornehmlich in philosophischer, aber auch in literaturwissenschaftlicher, psychologischer und evolutionsbiologischer Perspektive umkreist. Einig sind sich die Autoren darin, dass weder ein Böser noch ein Böses – ein Teufel oder ein negatives Weltprinzip – für das Böse in der Welt verantwortlich gemacht werden können; das Böse, so der Grundtenor, darf nicht dämonisiert werden. Woher das Böse aber stammt, darin gehen die Ansichten erwartungsgemäß weit auseinander ... Loben wir zum Schluss den *blauen reiter*, eine anspruchsvoll gestaltete Halbjahreszeitschrift, die den philosophisch interessierten Zeitgenossen zum genaueren Hinsehen und Selberdenken – und das nicht nur über das Böse – verleiten möchte.“

INFO 2/2004

Zu *der blaue reiter* Nr. 18 („Erinnern“):

„... Die aufwändige Gestaltung – jede Ausgabe entsteht in Zusammenarbeit mit einem Künstler – sorgt neben geistigem auch für ästhetischen Genuss.“

Psychologie Heute 8/2004

„Ein *Journal für Philosophie*? Wer braucht das in hektischer Zeit, wer hat Muße, Texte mit Gewicht zu lesen? Die in Stuttgart erscheinende Zeitschrift *der blaue reiter* macht dies leicht, ohne wirklich leicht zu sein ... Alle Beiträge beleuchten das Thema ‚Erinnern‘, versehen mit der Erklärung von Fachbegriffen und der Übersetzung von fremdsprachlichen Zitaten ... *der blaue reiter* zeigt, dass Philosophie durchaus ‚publikumsfreundlich‘ aufgearbeitet werden kann – fernab der gewichtigen Werke ...“
Bietigheimer Zeitung, 16. 7. 2004

„... ‚Wie viel Erinnerung brauchen wir für unser Glück?‘, fragt ... zur rechten Zeit das Stuttgarter Philosophie-Journal *der blaue reiter*. Und findet spannende und geistreiche Antworten ...“
Schwarzwälder Bote, 31. 7. 2004

„... Wie viel Erinnerung brauchen wir für unser Glück, und hat Geschichte einen Sinn? Wer sich solche Fragen stellt und eine philosophische Ader hat, dem sei das neue Heft des Journals für Philosophie *der blaue reiter* empfohlen ... Alles sehr lesens- und bedenkenswert, was übrigens auch für die kaum weniger aktuellen Vorgängerhefte gilt: Das 17. widmete sich dem ‚Bösen‘, die vorhergehenden dem Ich und dem Sex.“
Mannheimer Morgen, 2. 9. 2004

Zu *Nietzsches Bestiarium. Der Mensch – das wahnwitzige Tier* (omega verlag 2003):

„Richard Reschika vermag zu zeigen, so der ... Rezensent, dass Tiere und weitere seltsame Kreaturen Nietzsches Werk strukturieren und einen Zugang zu seiner Philosophie bieten. Dabei gehe der Autor dankenswerterweise nicht akademisch verbissen vor, sondern vielmehr „essayistisch, tastend, auch aphoristisch“. Der Rezensent zeigt sich nicht nur angetan von diesem „schön aufgemachten Band“, in dem die Zeichnungen von Keuchenius den Text in gewisser Weise kommentieren, sondern lobt zudem auch den *omega verlag*, in dem dieser Band erschienen ist, da dieser sich erfolgreich bemühe, dem Normalbürger die Philosophie näher zu bringen.“
www.perlentaucher.de

echo!

ABO · Förder-ABO · ABO · Förder-ABO

Philosophie ist eine brotlose Kunst. Um eine Philosophiezeitschrift, zumal eine so aufwändige wie die vorliegende, am Leben zu erhalten, bedarf es einer Vielzahl an großzügigen Mäzenen, Abonnenten, Förderabonnenten...
Das Jahresabonnement des *blauen reiters* (zwei Ausgaben) kostet € 25,10 – Sie sparen € 5,10 gegenüber der Einzelbestellung. Das Förderabonnement für Freunde des Geistes kostet € 46,10 (alle angegebenen Preise verstehen sich zuzüglich Porto- und Versandkosten).
Und so bekommen Sie Ihren *blauen reiter* direkt zu Ihnen nach Hause geschickt: Einfach die Postkarte ausfüllen (oder kopieren und dann ausfüllen) und senden an:

omega verlag · Siegfried Reusch e. K.
Cheruskerstraße 9 · D-70435 Stuttgart
Tel.: 0711 / 87 907 46 · Fax: 0711 / 87 907 44

Bestellen können Sie auch per E-Mail unter:

philosophie@omegaverlag.de

Weitere Informationen finden Sie unter:

www.derblauereiter.de
www.omegaverlag.de

In der Schweiz ist *der blaue reiter* lieferbar über:

B+M Buch- und Medienvertriebs AG
Hochstraße 357 · CH-8200 Schaffhausen
Tel.: 00 41 / (0) 52 / 64 354 30
Fax: 00 41 / (0) 52 / 64 354 35

Bibliografische Information der Deutschen Bibliothek

Die Deutsche Bibliothek verzeichnet diese Publikation in der Deutschen Nationalbibliografie; detaillierte bibliografische Daten sind im Internet über http://dnb.ddb.de abrufbar.

Impressum

der blaue reiter
Journal für Philosophie Nr. 19 (1/04)

Verlag:
omega verlag Siegfried Reusch e. K.
Cheruskerstraße 9
D-70435 Stuttgart
Tel.: 07 11 / 87 907 46
Fax: 07 11 / 87 907 44
E-Mail: philosophie@omegaverlag.de

Homepage: www.derblauereiter.de
www.omegaverlag.de

Bankverbindung: Postbank Stuttgart
BLZ 600 100 70 · Kto.-Nr.: 36 4541 703

Herausgeber:
Dr. phil. Dipl. chem. Siegfried Reusch,
Prof. Dr. Dr. Otto-Peter Obermeier,
Prof. Dr. Klaus Giel

Chefredakteur:
Siegfried Reusch

Stellvertretender Chefredakteur:
Frank Augustin

Redaktion:
Klaus Erlach, Thomas Bach, Manfred Matheis, Elke Uhl, Klaus Keul, Karl-Heinz Mamber

Bildredaktion:
Monika Reutter, Beate Reutter

Freie Mitarbeiter:
Sabine Touissaint, Thomas Gutknecht, Luzia Schuhmacher, Richard Seidel, Petra Jaksch, Markus Rapp, Silvia Lipski, Alexander Brabandt, Elke Reichmann, Wolfgang Foldenauer, Tanja Faude, Ralf Kretschmar-Auer, Anne Guth, Otto Pannewitz, Maureen Lukay

Künstler dieser Ausgabe:
Wolfgang Gäfgen
Wolfgang Gäfgen lebt und arbeitet in Stuttgart und Paris.

Gestaltung:
schenk + partner mediendesign
Bismarckstr. 50 · 70197 Stuttgart
Tel.: 07 11 / 71 36 69

Korrektorat:
Elisabeth und Martin Pohl

Druck:
Präzis-Druck GmbH, Karlsruhe

Erscheinungsweise:
zweimal jährlich

V. i. S. d. P.:
Siegfried Reusch

© omega verlag Siegfried Reusch e. K., Stuttgart 2004
Die Zeitschrift und alle in ihr enthaltenen Beiträge und Abbildungen sind urheberrechtlich geschützt. Jede Verwertung außerhalb der engen Grenzen des Urheberrechtsgesetzes ist ohne schriftliche Genehmigung des Verlags unzulässig und strafbar. Das gilt insbesondere für Vervielfältigungen, Übersetzungen, Mikroverfilmungen und die Einspeicherung und Verarbeitung in elektronischen Systemen.
Mit der Annahme eines Texts zur Veröffentlichung in der Zeitschrift *der blaue reiter – Journal für Philosophie* durch die Redaktion überträgt der Autor alle Rechte und Nebenrechte des gedruckten Texts räumlich und zeitlich unbegrenzt auf den omega verlag Siegfried Reusch e. K. in Stuttgart.

ISBN: 3-933722-10-1 · ISSN: 0947-6563

Hiermit bestelle ich je ____ Exemplar/e
☐ Nr. 3 ☐ Nr. 4 ☐ Nr. 6 ☐ Nr. 7 ☐ Nr. 8 ☐ Nr. 9
☐ Nr. 10 ☐ Nr. 11 ☐ Nr. 12 ☐ Nr. 13 ☐ Nr. 14 ☐ Nr. 15
☐ Nr. 16 ☐ Nr. 17 ☐ Nr. 18 ☐ Nr. 19 ☐ Nr. 20 ☐ Nr. 21

der Zeitschrift **der blaue reiter – Journal für Philosophie**
Einzelpreis: € 15,10; sfr 27,50

☐ Abonnement (€ 25,10/Jahr)   ab Nr. _____
☐ Förderabonnement (€ 46,10/Jahr) ab Nr. _____
☐ Geschenkkartons mit 3 Flaschen „Symposion" –
   Sekt für Freunde des Geistes (€ 43,50)
☐ Geschenkkartons mit 1 Flasche „Symposion" (€ 15,10)

_____
Name, Vorname / bei Geschenkabonnement bitte Liefer- & Rechnungsadresse angeben

_____
Straße, Hausnummer

_____
PLZ, Wohnort

Ich bezahle auf folgende Weise (bitte ankreuzen):
☐ gegen Rechnung oder
☐ bequem und bargeldlos per Bankabbuchung.

_____   _____
Bankleitzahl   Kontonummer

_____
Datum, Unterschrift

Der verbilligte Abonnementspreis gilt nur für den aktuellen Jahrgang bis zum Erscheinen der zweiten Ausgabe des entsprechenden Jahres. Alle Preise zzgl. Porto und Versand. Stand 1.2004

Auslieferung für die Schweiz:
Buch- und Medienvertriebs AG
Hochstraße 357
CH-8200 Schaffhausen

Diese Bestellung kann innerhalb von 14 Tagen schriftlich widerrufen werden bei: omega verlag Siegfried Reusch e. K. Cheruskerstraße 9, 70435 Stuttgart. Das Abonnement gilt immer für ein Jahr (zwei Ausgaben) und verlängert sich automatisch. Es ist kündbar bis sechs Wochen vor Jahresende für den folgenden Abonnementszeitraum. Gerichtsstand und Erfüllungsort ist Stuttgart.

☐ bitte als Postkarte ausreichend frankieren

omega verlag
Siegfried Reusch e. K.
Cheruskerstraße 9

70435 Stuttgart
DEUTSCHLAND